知识流动视角下的产业创新网络国际化与技术创新

万　炜　著

世界图书出版公司
广州 · 上海 · 西安 · 北京

图书在版编目（CIP）数据

知识流动视角下的产业创新网络国际化与技术创新 /万炜著 .
-- 广州 : 世界图书出版广东有限公司，2014.12（2025.1重印）
ISBN 978-7-5100-5701-4

Ⅰ . ①知… Ⅱ . ①万… Ⅲ . ①产业经济—创新管理—国际化—研究②产业经济—技术革新—研究 Ⅳ .
① F062.9

中国版本图书馆 CIP 数据核字 (2014) 第 308612 号

知识流动视角下的产业创新网络国际化与技术创新

策划编辑： 李　平
责任编辑： 翁　晗
封面设计： 彭　琳
出版发行： 世界图书出版广东有限公司
地　　址： 广州市新港西路大江冲 25 号
电　　话： 020-84459702
印　　刷： 悦读天下（山东）印务有限公司
规　　格： 787mm × 1092mm　1/16
印　　张： 14
字　　数： 230 千字
版　　次： 2014 年 12 月第 1 版　　2025 年 1 月第 4 次印刷
ISBN　978-7-5100-5701-4/F · 0166
定　　价： 78.00 元

自 序

当前，产业成本的国别差距逐渐缩小，技术创新步伐日益加快，全球产业技术创新博弈已经拉开序幕。与此同时，在技术创新全球化背景下各国（地区）技术创新活动的协调融合发展，以技术为基础的产业分工跨越国家边界拓展到了全球范围，为我国的产业创新网络的国际化提供了良好的契机。产业创新网络的国际化意味着国际化节点、国际化联结与国际化资源进入到东道国的产业创新网络，必然会对东道国的网络结构、网络中的知识资源存量、知识资源质量、知识流动速度、知识流动方向产生影响，进而影响东道国的技术创新产出。目前关于产业创新网络国际化的系统研究还不多见，大多数研究针对产业集群、产业技术创新系统、某一具体产业或者是某特定产业中的企业创新国际化发展进行分析和探讨。由于时间序列数据难以获得，从整体网络层面分析和刻画产业技术创新体系国际化演进过程；对产业创新网络国际化对技术创新产出的影响进行实证检验的相关研究更为缺乏。因此研究产业创新网络国际化的演进过程及对技术创新的影响这一问题具有重要的理论与实践意义。

本书通过文献阅读与理论推演，阐明了产业创新网络国际化演进的特征、影响因素及演进过程；分析了产业创新网络国际化程度对技术创新产出的影响机理；运用专利计量法、社会网络分析方法、计量经济分析方法、问卷调查法直观刻画产业创新网络的拓扑图，展示国际化演进过程；构建计量经济模型对产业创新网络国际化程度与技术创新的影响关系进行实证检验;通过问卷调查，分析了产业创新网络国际化的背景下企业国际化活动的广度与深度对技术创新的影响机理，以及企业内生的知识吸收能力对创新绩效的调节作用，并通过问卷调查采集数据，进行了实证检验。主要的内容包括：

第一，分析了产业创新网络国际化演进的机理与过程以及国际化演进对技术创新的影响机理。技术创新全球化是产业创新网络国际化的主要背景，整合全球创新资源以及知识资源互补是主要动因。产业创新网络国际化具有互动性、渐进性等典型特征。创新基础、产业特征以及知识属性对产业创新网络国际化产生影响。在跨国公司研发国际化的推动以及本地企业技术学习的拉动双重机制的作用下，产业创新网络国际化的不同阶段出现的不同的网络特征。知识溢出与知识转移是产业创新网络中跨国知识流动的主要形式；产业创新网络具备知识耗散结构特征，从外界不断吸收新的知识是维系其有序发展的主要动力。表征产业技术创新国际化的四个变量为：国际化子网规模、国际化子网相对规模、国际化联结以及国际化子网密度，它们对突破式技术创新，以及渐进式技术创新产生的影响。

第二，定量描述与直观刻画产业创新网络国际化的演进过程，对前面提出的相关假设进行实证检验。先以汽车产业为样本，采集合作专利数据，采用Ucinet软件构建产业创新网络，分析其国际化演进过程；接着，搜集汽车产业1991—2010年在中国知识产权局由境内申请人申请的所有专利总量，应用协整理论与方法对国际化子网规模、国际化子网联结、国际化子网密度与自主技术创新产出的关系进行实证检验，实证结果显示了国际化子网规模对我国自主技术创新的“挤出”效应，国际化联结、国际化子网密度对我国的自主创新有显著的积极作用。

第三，分析了企业创新活动国际化程度对技术创新绩效的影响。基于知识流动的视角，分析国际化广度及国际化深度对技术创新的影响并发展出假设，进而推论出产业创新网络国际化背景下，知识吸收能力应该由知识识别能力、知识获取能力、知识转换能力以及知识运用能力构成。并对知识吸收能力对技术创新的调节作用进行分析并发展出相应的假设；最后构建了相关概念模型。

第四，通过问卷调查法对企业技术创新国际化深度、广度及知识吸收能力的调节作用进行实证检验。首先发展出相应的测度指标体系；其次通过访谈与试调研对量表做出修订并发展出最终问卷；最后用多元回归积极分组回归的方式对国际化广度、深度的主效应，以及知识吸收能力的调节效应进行了实证检验。结果表明，企业创新国际化广度和深度对技术创新绩效有显著影响，知识吸收能力对广度与创新绩效之间关系的调节作用显著，知识吸收能力对深度与创新绩效之间的调节作用不显著。

最后，在总结实证研究结论的基础上，结合全书的研究，从产业、企业两个层面提出了推动技术创新能力提升的政策建议与管理对策。本书的主要创新点在于基于双维视角对产业创新网络国际化如何影响技术创新展开了深入探讨，从产业和企业两大层次，建构了一个包含产业创新网络国际化、跨国知识流动、技术创新产出三大范畴共19个变量的理论框架，系统地揭示了产业创新网络国际化以跨国知识流动为机制影响产业及企业技术创新绩效的过程。

万　炜

2014年9月于岳麓山下

目 录

自 序 …… 1

第 1 章 绪 论 …… 1
1.1 选题背景与研究意义 …… 1
1.2 概念界定及研究问题 …… 6
1.3 研究方法与研究框架 …… 9

第 2 章 理论基础及文献综述 …… 13
2.1 理论基础 …… 13
2.2 方法基础 …… 20
2.3 创新网络中的知识流动 …… 28
2.4 产业创新网络形成与发展 …… 30
2.5 产业创新网络国际化 …… 33
2.6 本章小结 …… 37

第 3 章 产业创新网络国际化的演进分析 …… 38
3.1 产业创新网络国际化的背景及动因 …… 38
3.2 产业创新网络国际化的内涵及特征 …… 42
3.3 产业创新网络国际化演进的影响因素 …… 50
3.4 产业创新网络国际化的演进机制与过程 …… 55
3.5 本章小结 …… 64

第 4 章　产业创新网络国际化演进对技术创新影响机理分析 …………… 65
4.1 知识流动与产业创新网络国际化演进 …………………………… 65
4.2 产业创新网络国际化子网规模对技术创新的影响 ……………… 74
4.3 产业创新网络国际化联结数量对技术创新的影响 ……………… 80
4.4 产业创新网络国际化子网密度对技术创新的影响 ……………… 83
4.5 本章小结 …………………………………………………………… 87

第 5 章　产业创新网络国际化演进及对技术创新影响实证研究 ………… 88
5.1 数据收集与产业创新网络刻画 …………………………………… 88
5.2 产业创新网络国际化的演进 ……………………………………… 95
5.3 研究方法与模型构建 ……………………………………………… 102
5.4 实证结果与分析 …………………………………………………… 111
5.5 本章小结 …………………………………………………………… 121

第 6 章　企业创新活动国际化对技术创新的影响分析 ………………… 123
6.1 产业创新网络国际化与企业创新活动国际化 …………………… 123
6.2 企业创新活动国际化广度对技术创新的影响 …………………… 126
6.3 企业创新活动国际化深度对技术创新的影响 …………………… 129
6.4 国际化背景下企业知识吸收能力对技术创新的影响 …………… 133
6.5 本章小结 …………………………………………………………… 141

第 7 章　企业创新国际化对其技术创新影响的实证 …………………… 143
7.1 企业创新国际化与技术创新绩效的关系模型与测度 …………… 143
7.2 研究方法 …………………………………………………………… 151
7.3 模型检验 …………………………………………………………… 155
7.4 实证研究结论 ……………………………………………………… 162

7.5 本章小节 …… 164

第 8 章 政策与对策建议 …… 165
8.1 产业创新国际化的政策建议 …… 165
8.2 企业创新活动国际化的对策建议 …… 168
8.3 本章小节 …… 174

结 论 …… 175

参考文献 …… 183

插图索引

图 1.1 SCI 相同关键词文献分布情况 ……3
图 1.2 本书研究问题 ……9
图 1.3 本书研究内容、方法与研究路线示意图 ……11
图 2.1 扩展的资源基础理论框架 ……14
图 2.2 产业技术创新价值链模型 ……18
图 2.3 知识系统演化的一般动态模型 ……19
图 3.1 境外企业推动东道国产业创新网络国际化示意图 ……56
图 3.2 发展中国家逆向学习三阶段模式 ……58
图 3.3 近 10 年中国境内新增外商投资企业数 ……61
图 3.4 近 5 年我国海外投资项目数 ……62
图 5.1 产业创新网络拓扑示意图 ……94
图 5.2 汽车产业创新网络规模的演化 ……96
图 5.3 汽车产业创新网络密度演化示意图 ……97
图 5.4 汽车产业国际化子网与本地子网规模的相对演化 ……97
图 5.5 国际化联结数与网络整体联结数的演化示意图 ……98
图 5.6 国际化子网密度与本地子网密度的相对演化 ……98
图 5.7 1990—1992 汽车产业创新网络结构拓扑图 ……99

图 5.8 1993—1995 汽车产业创新网络结构拓扑图……………………………99
图 5.9 1996—1998 汽车产业创新网络结构拓扑图……………………………100
图 5.10 1999—2001 汽车产业创新网络结构拓扑图 …………………………100
图 5.11 2002—2004 汽车产业创新网络结构拓扑图 …………………………101
图 5.12 2005—2007 汽车产业创新网络结构拓扑图 …………………………101
图 6.1 创新网络国际化背景下知识吸收能力的构成 …………………………136
图 7.1 企业创新国际化程度、知识吸收能力与技术创新绩效的关系模型
……………………………………………………………………………………144
图 8.1 知识吸收能力与企业国际化战略选择匹配图 …………………………170

表格索引

表 2.1 产业创新网络的联结模式 ………………………………………… 33
表 2.2 企业国际化程度的测度 ………………………………………… 36
表 3.1 产业国际化维度 ………………………………………………… 43
表 3.2 中国产业网络国际化主要阶段 ………………………………… 49
表 3.3 不同产业、网络及国际化的特征表 …………………………… 53
表 3.4 产业技术创新研网络国际化进程的特征表 …………………… 63
表 4.1 产业创新网络国际化程度测度指标 …………………………… 74
表 5.1 专利信息与网络构建 …………………………………………… 89
表 5.2 以三个专利为例的合作申请人表 ……………………………… 93
表 5.3 申请人之间一一对应的协作研发关系 ………………………… 94
表 5.4 描述申请人之间协作研发的 01 矩阵 ………………………… 94
表 5. 5 特征数据表……………………………………………………… 94
表 5.6 产业技术创新网络国际化演进特征数据 ……………………… 95
表 5.7 基于协整方法开展的研究 ……………………………………… 103
表 5.8 研究变量及数据来源 …………………………………………… 106
表 5.9 模型相关变量与数据统计 ……………………………………… 107
表 5.10 单位根检验结果 ……………………………………………… 111
表 5.11 国际化子网规模与国际化联结影响技术创新的协整方程 …… 112
表 5.12 残差序列 ε_t 的单位根检验结果 ……………………………… 113

表 5.13 产业创新网络国际化影响突破式技术创新的协整方程 ……… 115
表 5.14 残差序列ε_t的单位根检验结果 ……………………………… 115
表 5.15 产业创新网络国际化影响渐进式技术创新的协整方程 ……… 117
表 5.16 残差序列ε_t的单位根检验结果 ……………………………… 118
表 6.1 不同学者对知识吸收能力的理解 ……………………………… 134
表 7.1 知识源与国际技术创新合作伙伴 ……………………………… 145
表 7.2 吸收能力题项的构成 ………………………………………… 147
表 7.3 知识吸收能力的测量指标内涵 ……………………………… 149
表 7.4 企业技术创新绩效测量题项 ………………………………… 150
表 7.5 样本概况（N = 256） ……………………………………… 153
表 7.6 各指标的平均值和标准差（N = 256） …………………… 154
表 7.7 量表各题项的因子载荷和 t 值 ……………………………… 156
表 7.8 国际化广度与深度对技术创新影响的回归模型 …………… 157
表 7.9 知识吸收能力高低分组情况表 ……………………………… 159
表 7.10 知识吸收能力调节效应的分组回归分析 ………………… 160

第 1 章
绪 论

1.1 选题背景与研究意义

1.1.1 选题背景

世界经济发展的轨迹表明往往是产业的迅速发展带动一国经济的快速上升。当前，美国逐渐加速的“再工业化”以及美国政府对“制造业回归”的强力推动正在改写全球制造业格局；德国、日本竭力保持在高技术产业领域的优势和垄断地位；发展中国家的低成本优势对我国产业发展也造成巨大压力，国与国之间产业成本的差距逐渐缩小，技术与创新步伐日益加快，全球产业技术创新博弈已经拉开序幕。国家《“十二五”产业技术创新规划》指出，为了尽快实现产业升级、结构转型，国家鼓励企业、高等院校、科研院所承担的产业技术创新项目积极开展国际合作，更多利用全球科技资源，积极拓展国际科技合作渠道，引进国外先进技术、先进经验。

在技术创新全球化的大趋势下，产业技术创新国际化得到了进一步的重视与推动。技术创新全球化是指在全球化的趋势下，各国（地区）技术创新活动协调与融合的发展过程,由技术这种生产要素不断追求最大收益的本质所决定，是技术发展和产业分工格局变化的必然结果。信息技术的发展使创新全球化的沟通成本降低，全球消费结构趋同使规模化、模块化的生产变得有利可图，以技术为基础的产业分工跨越国家边界拓展到了全球范围，使得技术创新全球化的趋势日益明显，为产业创新网络的国际化提供了良好的契机。

趋势一：全球需求结构出现明显变化，围绕市场、资源、人才、技术、标准等的竞争更加激烈，技术升级加速，研发费用不断上升，任何企业都难以独立掌握全部与其发展相关的前沿技术和专门能力，而产品生命周期却在不断缩短。在开放式创新的背景下，创新过程以及创新的某个具体阶段都可能因为对不同技术的需求以及共性技术的开发而形成合作创新关系，科技创新活动的全球化成为现阶段经济全球化最重要的特征，由多中心、多节点组成的全球创新网络日益形成。

趋势二：跨国企业在海外的生产网络不断扩展，向海外转移先进技术的速度也随之加快，技术研发成果往往很快在其全球生产体系内使用，产品同步推向全球市场，甚至以转让核心技术获取收益。与此同时，跨国公司研发活动国际化趋势明显，海外研发实验室 / 基地增加；企业与企业、企业与政府或高校之间形成的国际协作研发网络出现并迅速增长；全球创新核心网络成员间技术资源的互动频率、密度和质量增加。

趋势三：网络成员从外部获取技术的渠道日益丰富，包括许可经营、参股、建立合资企业、建立技术联盟、收购目标企业等等。另外，产业内形成的大量专业型研发与设计企业，接受其他企业的委托从事研发和设计工作，通过技术合同、专利许可、技术出售获得利润，也成了技术获取的重要来源。技术来源特别是跨国技术来源的影响日益增加，许多重要产品或复杂产品的技术系统受到国界的约束和限制减少，成为全球性的技术系统，使发展中国家通过积极参与科技全球化进程而缩小与发达国家之间的科学技术差距成为可能。

总之，技术创新全球化为产业创新网络成员提供了一种互动、开放式的拥有大量优质知识资源的学习平台，在这样的大背景下，研究产业创新网络的国际化对技术创新的影响，讨论如何通过产业创新网络国际化扩大技术创新的产出与产业优势适逢其时。

本书的选题来源于曾德明教授的国家自然科学基金面上项目《知识流动视角下高技术产业创新体系国际化理论与政策研究》（项目编号：71173071）。曾德明教授为学术带头人的学术团队为本书的研究提供了项目支撑，本人也积极参与了曾德明教授主持完成或者在研的其他科研项目。这些项目所取得的研究成果为本书在分析技术创新网络国际化演进机理、知识流动视角下的合作创新打下了坚实的基础。

1.1.2 研究意义

为了进一步确定研究方向的理论意义，登录 Web of Science 网站，用本书的关键词“Industrial innovation network”“internationalization”“technology innovation”搜索 SCI 二十年相关文献收录情况。图 1.1 从左至右依次是采用“Industrial innovation network”；“Industrial innovation network & internationalization”“Industrial innovation network & internationalization &technology innovation”查到的相关文献情况。

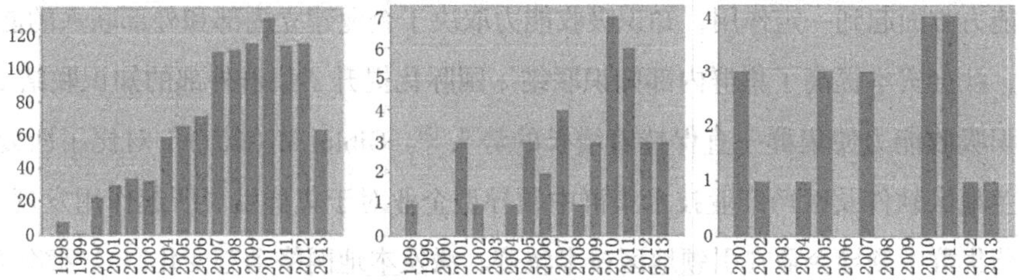

图 1.1 SCI 相同关键词文献分布情况

最左边的图表明，从 2007 年到至今，每年与“Industrial innovation network”相关的文献在 100 篇以上，其中有 175 篇来自中国。数据说明近 5 年来包括中国在内的世界各国都意识到了从网络视角讨论产业创新体系的结构、治理、绩效对于产业发展具有重大意义，展开了大量的研究。中间的统计图是用“Industrial innovation network & internationalization”进行搜索获得的相关统计数据，共有文献 38 篇，其中意大利 8 篇，中国 2 篇；最右边是同时用“Industrial innovation network & internationalization &technology innovation”进行搜索获得的文献分布情况，共查得文献 21 篇。最近 5 年的 10 篇相关文献中有 3 篇对中国的区域创新以及产业创新问题进行了探讨。Liu M, Chen S H（2010）讨论了中国台湾企业对大陆建立研发中心的区域选择问题，认为台湾企业倾向于选择具有强大的知识应用和开发子系统以及具有强大的知识产生与扩散子系统的中国大陆区域建立研发中心，且采取母国基础技术扩充的海外研发战略[1]。Peilan

Fan（2010）以华为和中兴为研究对象，讨论了中国通讯产业在全球化背景下利用科技资源进行技术追赶，最终在移动通信领域获得创新性新兴技术的过程[2]。Liu J，Wang Y，Zheng G（2010）对中国跨国公司研发国际化的驱力与组织结构进行了探讨[3]。

此外，Arbuthnott A，von Friedrichs Y（2013）通过研究位于瑞典北部的区域汽车检测集群发现，推进本地网络、提高国际化和提高当地的基础设施有助于外围区域的创新创业并通过提供有盈利的服务以实现外围地区工业复苏[4]。Valdaliso J，Elola A，Aranguren M（2011）以西班牙巴斯克地区电子信息通讯企业集群发展过程为研究对象，认为社会资本与国际化在提升整个集群知识吸收能力方面起到一定作用，知识吸收能力取决于企业建立内部和外部联系的能力，社会资本提高了集群内部知识联结；国际化提升了集群外部的知识联结；知识吸收能力使集群一直保持着增长的势头[5]。Giblin M（2011）对比了西爱尔兰地区软件及医药产业技术集群中领导型企业对于集群发展所起作用发现，医药集群中领导企业在引领地区技术轨迹、激发本地网络动态变化以及网络聚集方面起到重要作用，即便在领导企业与本地网络联结不多的情况下，领导企业的国际化联结对本地企业的创新仍然起到重要的影响作用；相比之下软件行业中领导企业没有体现出显著地促进本地集聚的效用[6]。Alberto Di Minin and Mattia Bianchi（2011）基于美国的专利数据，分析了通讯行业巨头诺基亚、摩托罗拉等从 1990 年以来将关键研发项目尤其是与电信标准相关的专利限制于本国的趋势，通过质化研究揭示了企业研发网络中不平衡的创新成果独占性程度基于企业总部编织的专利安全网，在国际化的力量下庇护本国研发网络，为企业创新性活动提供了更理想的配置[7]。

综观以上文献，近期关于产业创新网络国际化的系统性研究还不多见，大多数研究针对区域创新系统中的产业集群、某一具体产业，或者是某特定产业中的企业自我网络的国际化发展进行探索性分析和探讨。由于时间序列数据难以获得，从整体网络层面分析和刻画产业技术创新体系国际化演进过程，针对产业创新网络国际化及其对技术创新产出影响进行实证检验的相关研究更为缺乏。因而，还存在很多理论问题值得进行深入探讨。

开放性结构与关联互动机制的理论模型揭示了国际区域产业结构整体性演进是区域内各产业结构相互关联成整体运行，以及全球其他区域产业结构体系互动演进的结果，作为世界经济产业结构大系统的组成部分，依赖于开放的全球产业结构系统[8]。“开放创新”强调多主体参与、重视外部知识资源对于创新过程的重要性，并要求从内部和外部两个渠道加快技术研发和商业化速度，降低科技和产品的研发成本和研发周期，从而带来更高的效益和利润指标[9]。任何产业创新网络都是开放的系统，我国产业应该如何在全球产业网络、全球创新网络的框架下培育产业系统的内生生长因素，提升创新能力？

金碚（2012）将我国各个产业国际化发展进程浓缩成四个阶段：第一个阶段是生产能力的国际再配置阶段，吸引发达国家将产业链中的低、中端生产环节转移；第二个阶段是生产设备和技能的国际再配置，吸引先进的制造设施和高水平的技能人力资源的国际转移；第三个阶段是研发创新能力国际再配置，研发活动的主体从发达国家向中国的国际转移；第四个阶段是品牌优势国际再配置，具有综合优势和技术文化实力的品牌从发达国家向中国的国际转移[10]。在这四个转移过程中，跨国公司充分利用我国的技术、资本、人力、管理优势，在全球范围内实现研发资源的优化配置，降低交易成本，提高效率，从而实现其全球性研发、技术合作与转移的目标。在产业国际化的这四阶段中，我国的产业技术创新获得了哪些收益？我国的产业创新网络是如何发展演进的？

在新一轮全球科技资源流动和重组推动下，全球化成为经济国际化的重要组成部分，我国的产业获得了在更广泛的范围内参与全球产业链的分工与合作的机遇。纵观我国产业国际化的历程，国际分工的背后隐藏的是技术创新弱势方在分工地位中的差距以及利益分配的不平等。如何抓住机遇，通过技术创新网络的国际化，贮备丰裕的知识资源与构建学习平台，提升中国产业的创新能力，在新一轮的产业分工中获得权利反转？

R&D 国际化的广泛影响已经导致了国家创新体系各组成部分的功能调整与属性变化。产业创新体系的结构、内容和形式也相应发生了重大变化。从本质上看，产业创新体系是一个动态演化的系统，不能采用静态的均衡分析框架。在开放条件下，产业创新体系必然受到由跨国公司和其他国家创新体系组成的全球创新体系的影响。技术创新能力的增强有赖于跨国公司内外部技术资源的互动频率、密度和质量。在创新过程中，知识的传播是产业创新网络主体间不断合作的重要环节。企业在国际化的产业创新网络中，应该如何搜索知识资源与加强吸收能力？

为了寻求以上问题的答案，本书从知识流动的视角探寻产业创新网络国际化的演进机理、产业创新体系国际化程度的评价维度，整合利用全球科技资源的机理，从产业层面和企业层面探究产业创新网络化对技术创新的影响，为产业创新网络国际化理论研究构建基础框架，具有一定的现实意义和理论意义。

1.2 概念界定及研究问题

1.2.1 概念界定

1.2.1.1 产业创新网络

要清晰地界定产业创新网络，首先对产业网络以及产业技术创新的内涵进行分析。产业网络由行为主体、活动和资源三大要素构成。行为主体是产业网络的主体；活动是行动者之间进行物质资源和信息资源流动的过程；资源包括物质资源（机械设备、原材料等）、金融资产、人力资源和信息资源以及关系资源[11]。

基于产业创新的过程观认为，产业创新是位于企业创新和国家创新体系之间，以提高产业竞争力为目标，通过技术开发、引进、消化吸收、生产、商业化到产业化一系列活动完成的创新[12]。基于产业创新的系统观认为：产业创新是一个包括技术创新、组织创新和管理创新在内的一个综合系统，是产业升级换代的动力和源泉。产业创新是一个依附于产业链、技术链的价值增值活动，各创新主体之间交互作用体现出一种非线性网状链接模式，具有网络性特征[13]。

承接产业创新的过程观与系统观，本书只针对技术创新进行研究与分析。对产业创新网络做出如下的概念界定：产业创新网络是产业内的行为主体（企业、大学、研究机构、政府组织及其中介组织）之间在长期正式或非正式的合作与交流关系的基础上，所形成的具有开放边界的、有利于推动技术创新的、具有良好的组合与运行方式相对稳定的系统。在这个网络中，创新知识流动、扩散并在各个网络节点内部发挥作用。网络联结是传递可编码的显性知识以及不可编码的隐形知识的重要渠道，企业是网络中产生知识、转移知识和吸收知识最重要的主体。

1.2.1.2 知识流动

OECD（1997）的报告指出创新主体之间知识与信息的流动能够大大影响创新绩效，创新与科技发展是各类知识的主体在创造、传播、应用过程中发展错综复杂关系的结果。知识流动关系着创新网络中的各主体之间的联系与交流，如果没有知识流动，创新网络将无法形成一个动态、发展、联系的开放系统。创新主体之间只有通过知识的传递、共享、使用，才能完成创新并通过生产要素的重新组合实现可持续发展。

知识溢出是知识流动的一种方式，是经济外部性的一种表现，其知识传播一般是被动的、无意识的、非自愿的或表现为技术交换中信息的占有[14]。Kokko（1992）把外商企业所拥有的知识没有正式转让给本地企业，却被本地企业获取的现象称为知识溢出[15]，从知识溢出中获益是企业国际化活动的重要原因。知识转移的过程可类比为信息沟通传递的过程，是知识在一个特定的情境下从来源方向接收方的知识传输过程。吴林海等（2006）认为溢出与转移的主要区别在于：技术溢出是技术知识无意识的被动性扩散行为；技术转移主要是有目的的主观经济行为[16]。企业的知识搜索行为分为本地搜索（local search）和远距离搜索（distant search）两种。本地搜索主要是对与现有知识相似相关的知识的利用，远距离搜索则强调超越当前组织惯例和知识基础的限制，对外部知识渠道中的异质性知识的开发和利用[17]。根据 Zahra 和 George（2002）对于企业的知识吸收能力的界定，知识吸收是企业通过获取、消化外部知识，并将其转化和应用来发展组织动态能力的一系列组织惯例与过程[18]。

根据以上概念以及要解决的核心问题，本书在讨论产业创新网络中知识流动时，将从产业创新网络间的无意识的知识溢出与有意识的知识转移，企业主动的知识搜索行为与知识转移活动以及知识吸收能力的提升几个方面逐步展开。

1.2.2 研究问题

本书在探讨产业创新网络国际化对技术创新的影响时，把企业技术创新活动国际化对技术创新的影响作为重要研究内容，主要基于以下三点原因：

首先，企业是产业创新网络中最活跃的独立决策节点，也是创造价值的最重要技术创新单元。企业生产知识、吸收知识、应用知识的能力直接决定产业创新体系绩效的高低。从企业战略的角度来看，企业创新的最高层次是实现产业创新；其技术创新成果是产业整体技术创新产出的重要组成部分，产业创新网络实质是企业、科研院所及相关研发基地技术创新能力的集成，是推动企业技术进步的重要网络支撑[19]。因此探讨产业创新网络国际化对技术创新的影响时，网络中企业技术创新活动国际化对技术创新影响是必不可少的研究内容。

其次，企业是产业创新网络嵌入全球生产和创新网络，实现国际化发展的最重要主体。它主导了产业创新网络的国际化发展过程的各个方面。企业自觉的创新国际化行为有序地推进了产业创新网络国际化的进程。企业与产业创新网络的其他成员通过发生直接或间接交互关系作用而联结。如果企业没有实现国际化的动机并实施创新国际化行为，产业创新网络的国际化就无从谈起。

第三，产业政策的制定需要对企业行为的细致分析，企业战略的制定需要对产业技术创新环境的全局了解。只有把企业技术创新国际化行为也纳入分析框架时，才能真正清楚网络技术创新网络国际化对技术创新的影响机理，才可以选择适宜有效的国际化路径和更为踏实有效的产业对策与企业战略。

综合对产业创新网络和知识流动的概念界定，本书的主要研究问题如图 1.2 所示。

研究问题一：产业创新网络国际化发展与演进。具体问题包括：产业创新网络国际化的内涵、主要特征、影响因素、演进的机制和演进过程。

研究问题二：产业创新网络国际化演进对产业技术创新的影响研究。具体问题包括：产业创新网络中促进跨国知识流动的机制；表征产业创新网络的国际化程度；从知识溢出与知识转移的视角变量对产业技术创新影响的机理。

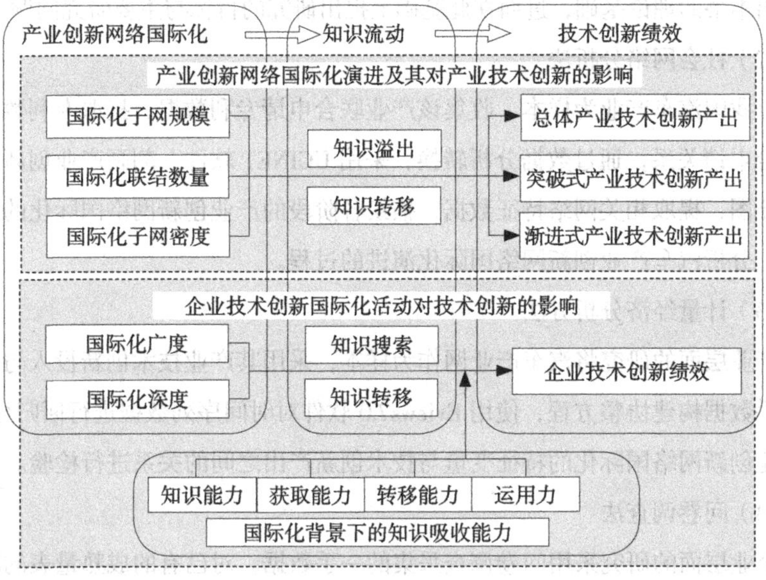

图 1.2 本书研究问题

研究问题三：产业创新网络国际化背景下，企业创新国际化活动对技术创新的影响。具体问题包括：知识搜索视角下企业创新国际化广度和深度对企业技术创新绩效的影响机理；国际化背景下企业知识吸收能力对技术创新的调节作用。

1.3 研究方法与研究框架

1.3.1 研究方法

本书采用规范研究与实证研究相结合、定性研究与定量研究相结合的方法，遵循“文献分析—理论推演—发展假设—采集数据—实证分析—形成结论”的研究思路逐步展开。采用的具体方法如下：

（1）文献分析法：利用Google学术搜索引擎，以及CNKI、万方、SCI、Elsevier数据库专业数据库检索了国内外最近十年有关产业技术创新、产业网络、产业国际化、企业国际化、研发国际化、知识流动等方面的研究文献，阅读了最近期刊杂志上的相关论文。通过文献阅读与归纳，辨析产业技术创新、产业网络、产业国际化，研发国际化之间的概念关系，归纳了国内外相关研究的现状，梳理出本书的理论基础，进而在此基础上提出研究的目标与主要研究问题。

（2）社会网络分析法

以我国汽车产业为样本，收集该产业联合申请专利数据，提取专利数据中的联合申请关系，通过数据分析转换，采用 UCINET 软件，刻画产业创新网络的拓扑图，提取相关网络特征数据，描绘各阶段的产业创新网络国际化的网络图谱，分析汽车产业创新网络国际化演进的过程。

（3）计量经济分析方法

产业层面的研究将汽车产业网作为样本，采用其产业技术创新投入与产出的二手数据构建协整方程，使用 Eviews7.0 软件对时间序列数据进行回归分析，对产业创新网络国际化的特征变量与技术创新产出之间的关系进行检验。

（4）问卷调查法

企业层面的研究采用问卷调查采集的一手数据。对已有的成熟量表的题项在访谈与试调研的基础上进行修订改进，进而设计出符合本书框架的问卷，对企业技术创新国际化的广度、深度、技术创新绩效、吸收能力等展开调查。

（5）统计分析法

本书应用相关统计分析方法，借助 SPSS17.0 软件，对相关数据进行信度、效度检验及多元回归、分组回归分析。

1.3.2 研究框架

依据上述的研究思路与方法，文章结合理论研究与经验研究分八章对技术创新网络国际化及其对技术创新的影响机理进行深入系统分析与实证检验，研究内容及框架安排见图 1.3。

第 1 章为绪论，主要分析研究的背景与意义，界定研究问题的领域并明确研究对象。在此基础上，明晰研究的思路、方法与整体的结构安排。

第 2 章为文献综述，主要针对本书的理论基础、方法基础以及现有的关于创新网络的知识流动、产业创新网络的形成与发展、创新国际化等内容进行了梳理。

第 3 章研究分析产业创新网络国际化的背景与动因、内涵与特征、影响因素、国际化演进的机制与过程。首先对产业创新网络国际化的背景与动因进行了分析；对其内涵进行了界定；分析了产业创新网络国际化与企业技术创新国际化的互动特征、渐进性特征；从产业层面和企业层面分别讨论了创新国际化的动机；其次讨论了创新基础、产业特征和知识属性对产业创新网络国际化的影响；最后对产业技术创新国际化的演进机理以及演进过程进行了分析。

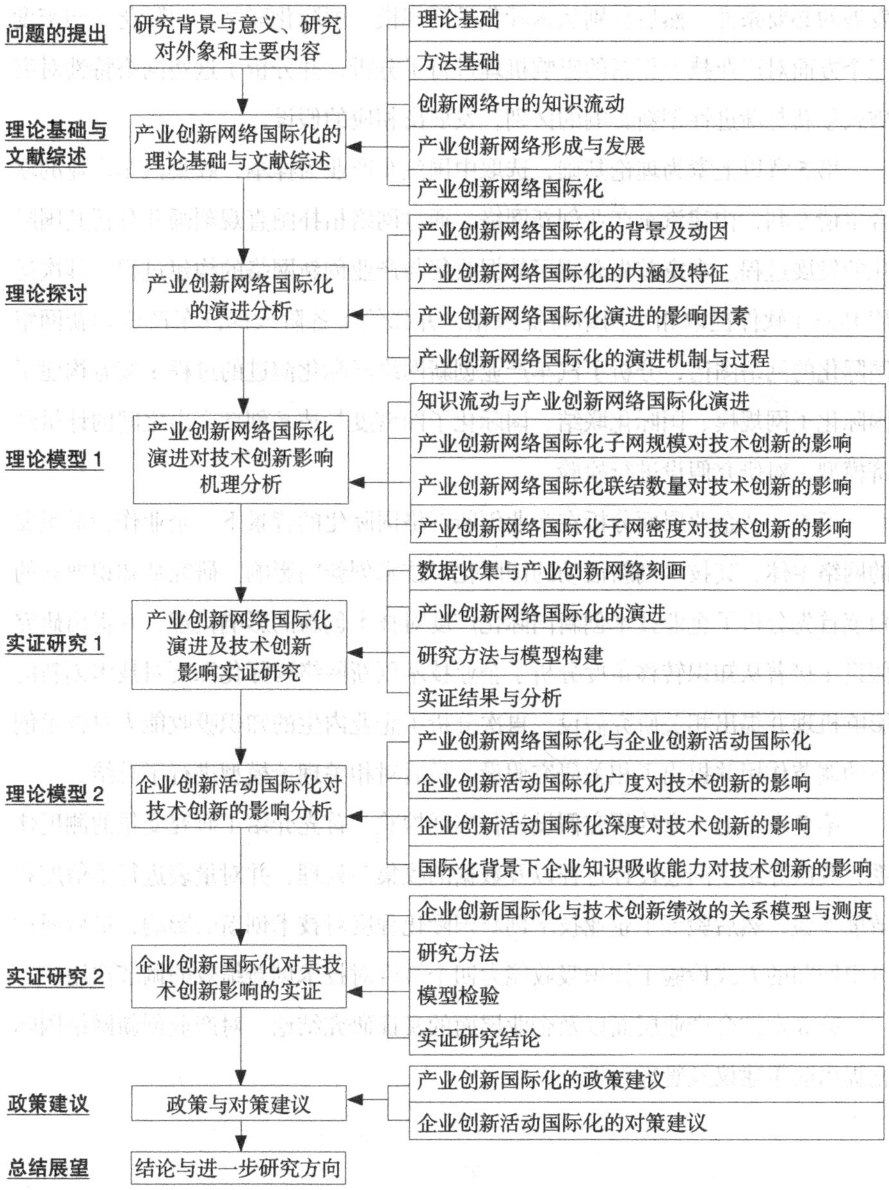

图 1.3 本书研究内容、方法与研究路线示意图

第 4 章从产业层面分析产业创新网络国际化的网络特性及其对技术创新的影响机理。首先分析了在产业创新网络中跨国知识流动的方式，通过对产业创新网络的知识耗散结构特征分析，提出跨国知识流动是维持产业创新网络有序发展的必要条件。然后分别从国际化子网规模、国际化联结、国际化子网密度三个方面对产业技术创新的影响机理进行了分析，并分析了这些网络特性对突破式创新与渐进性创新影响的区别，发展出相应的假设。

第 5 章以上章为理论基础，选取中国汽车产业为样本，收集汽车产业的联合申请专利，构建汽车产业创新网络，通过网络拓扑图直观刻画并分析其国际化的发展过程。本章首先介绍了数据收集与产业创新网络的构建过程，其次运用 Ucinet 软件提取相关网络特征数据，并描绘了各阶段的汽车产业创新网络国际化的网络图谱，分析了汽车产业创新网络国际化演进的过程；接着构建了国际化子网规模、国际化联结、国际化子网密度与技术创新产出之间的计量经济模型，对研究假设进行检验。

第 6 章从企业层面分析在产业创新网络国际化的背景下，企业作为最重要的网络主体，其技术创新活动的国际化对技术创新的影响。研究从知识搜索的角度首先分析了企业技术创新国际化广度对技术创新的影响机理，并提出研究假设；接着从知识转移角度分析了企业技术创新网络国际化深度对技术创新的影响机理并提出相关研究假设，再次分析了企业内生的知识吸收能力对技术创新的调节作用并提出了相关研究假设，最后对相关理论模型进行了总结。

第 7 章对上一章的研究假设进行实证检验。首先介绍了研究变量的测度体系，其次介绍了问卷设计过程以及数据的收集与处理，并对量表进行了信度和效度检验，然后验证了企业技术创新国际化程度对技术创新的影响，最后通过分组回归的方式检验了知识吸收能力四个维度对技术创新绩效的调节作用。

第 8 章结合产业层面以及企业层面的实证研究结论，对产业创新网络国际化提出政策建议及管理对策。

第 2 章 理论基础及文献综述

2.1 理论基础

2.1.1 资源依赖理论

资源依赖理论扎根于开放系统理论，资源依赖理论的 4 个基本假设为：没有任何一个组织是自给自足的,所有组织都必须为了生存而与其环境进行交换。获取资源的需求产生了组织对外部环境的依赖。Pfeffer（1977）指出资源的稀缺性和重要性则决定组织依赖性的本质和范围，依赖性是权力的对应面。资源依赖学派还区分了两个概念，效力（effectiveness）和效率（efficiency）。效力是指组织满足不同群体的需求，以获得有效结果的能力。效率则强调组织要正确地做事，衡量的标准主要是资源的投入产出比。由于效率带来了组织间联系和依赖的加深，组织在获取和维持资源方面的效力至关重要[20]。

资源观认为企业是一组异质资源的集合。Grant（1991）指出资源可以分成有形资源、无形资源，以及基于人员的资源[21]，A kintoye & E Chinyio（2005）提出知识资源的难以模仿和社会复杂性是组织长期竞争优势的基础[22]。而 Amit & Schoemaker（1991）提出了一个更为明晰和确切的关于资源的定义资源是“企业拥有或控制的可利用因素的存量”[23]。根据资源的定义，资源只有限制在企业的边界内，才能被企业所“拥有”或“控制”。然而 20 世纪初，大量的实证研究表明企业网络或联盟伙伴在企业基于资源的竞争优势构建过程中发挥了重要的作用。

2003年Chesbrough提出了开放式创新模型，强调技术绩效不仅取决于内部研发，更取决于企业能否将内外部资源利用起来，并将其创新有效地整合到整个技术创新过程之中。资源获取可以来自于一个与其有直接联系的组织或个体，也可以来自于与其有非直接联系的诸多组织或个体，它的网络是多维度的。因此，资源依赖的范围并不仅仅局限于与其有直接合作关系的其他组织或个体之间，也可以扩展至与其无直接联系的组织或个体。资源整合意味着其他组织和企业之间的创新活动依赖一系列有别于科层及市场的一系列丰富的组织与制度安排，构成企业与外部创新主体间相互依存关系网络。资源依赖理论可以部分解释企业等创新主体在创新活动中形成网络，是为了获得网络资源以及外源性研发帮助。

图2.1是扩展的资源基础理论的分析框架[24]。Barney（1997）指出，企业的网络资源是那些企业所控制的能够使企业构思和实施设计好的战略效果和效率来提高企业绩效特性，包括全部的财产、能力、竞争力、组织程序、信息、知识等等[25]。

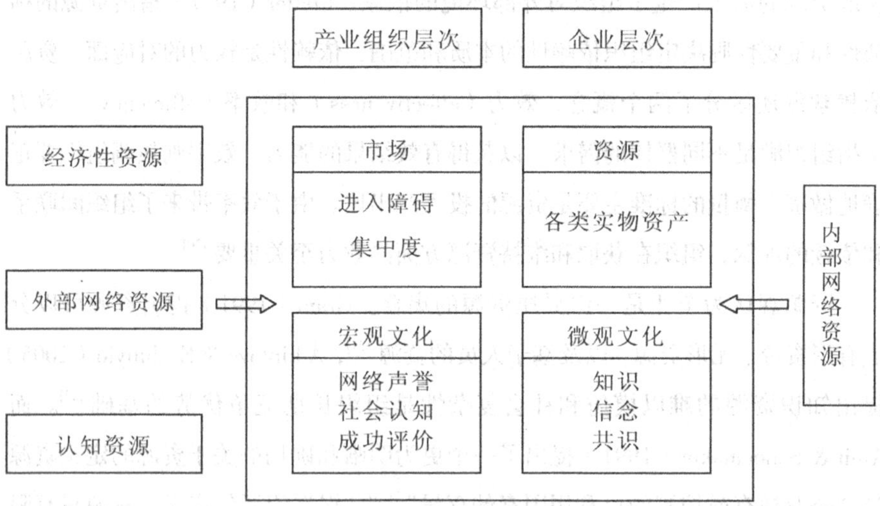

图2.1 扩展的资源基础理论框架

Gulati首先提出企业间联系也是不可模仿的资源，即网络资源，包括网络结构资源、网络成员资格、关系链形态和网络管理能力等资源。网络资源为企业国际化成长提供了丰富的资源支撑，关系网络资源获取是中小企业国际化核心机制。

企业为了生存，需要企业从环境中其他组织处获取必要的创新资源以实现持续创新。正因为创新资源具有稀缺性，创新主体才依赖于环境中其他成员。随着全球经济的发展，商业环境的开放性增强，各种知识资源已经分散在不同的组织或区域中，而企业只能通过实现跨组织或区域知识资源的整合才能取得成功[26]。Christian Debrensson 主编的《经济的互相依赖和创新活动》一书，以及随后发表的论文《一个企业家不能单独创新，创新网络是必须的》中通过统计分析与理论分析，说明了创新组织之间的交互作用，这种交互作用影响着创新活动的特点。并且认为关注创新组织个体的研究方法忽略了整个社会经济现象中各个创新组织之间的相互依赖与复杂的交互作用[27]。

资源依赖理论对本书启示在于：通过产业创新网络，积累和配置战略性的知识和创新资源，可以达到产业内多方共赢的场面。针对我国技术发展水平较为落后的现状，资源依赖意味着通过获取、吸收、消化、应用国外知识资源，实现速度经济、技术跃迁和后发优势，弥补自身研发能力的不足，加快技术追赶进程。

2.1.2 交易费用理论

科斯在 1937 年发表的《企业的性质》一文中首次提出“市场制度的交易成本存在决定了企业这种组织形式的流行，企业是对市场替代”的假说，开创了以交易成本为前提研究企业理论的道路。此后，威廉姆森在《市场和等级组织》一文中肯定了介于市场和企业之间的中间性组织，还指出它具有一定的稳定性。产业集群和产业组织都是典型的中间性组织，它们在一定条件下可以节约交易成本、提高资产专用性水平和企业创新能力[28]。

Rikard Larsson（1993）把交易费用与资源基础理论结合起来，用资源依赖程度替代资产专用性并且认为：当召集成本较低，内化成本较高，或行为者之间信任程度较高时，若不确定性、交易频率和特定资源依赖程度越高，则资源的配置有赖于由介于市场和科层之间的中间组织网络进行[29]。由此可见，网络已成为市场和科层组织之间更有效的配置方式。Yamin M & Otto J 在 2004 年提出，由于市场合约很难涵括交易的所有细节，网络关系更适合复杂性缄默知识的转移。当技术知识的复杂性、隐性程度增大时，监督和识别交易对象的成本也随之增加。这时“紧密联系”联合体的治理结构会更好[30]。此外，企业间网络作为一种能够降低交易费用的治理结构而存在的原因还在于参与各方过去多次成功的交易行为，使得信任机制在参与各方中慢慢地建立起来，从重复性交易理论的视角来说，网络参与者相互意识到对方将来有可能继续诚实地进行交易。出于对自己声誉的考虑，以及相应惩罚机制的建立，将导致机会主义趋向会降低，监督成本也会降低[31]。另外，企业成员之间非经济关系的积累，如信任、惯例和隐形知识，具有降低交易成本的作用（Cooke & Heidenreich，1998）[32]。

交易源于分工，交易费用是一种源于分工的制度成本。分工和专业化程度的提高也是产生交易费用的决定因素。Buckley 和 Casson（1976）将 Coase 的交易成本理论运用到了对跨国公司国际化动因的分析，认为跨国公司将市场建立在公司内部，建立海外子公司的过程，以内部市场取代了原来固定的外部市场。实行内部化的动机主要是减少交易成本[33]。国际化理论的发展进一步丰富了交易费用理论的内容，在原有的成本测量纬度上必须考虑由于知识的粘滞性带来的跨国界的知识转移成本[34]。

交易费用理论对于本书的启示在于：企业和市场是两种可以相互代替的资源配置方式，产业创新网络是介于市场和企业之间的一种资源配置手段，它不仅可以减少市场交易费用，也可以节省企业组织费用。为了减少跨国界知识转移成本，整体产业创新网络的开放性，国内企业的吸收能力等都是很重要的影响因素。

2.1.3 技术创新理论

熊彼特 1912 年在《经济发展理论》一书阐述了“创新”的概念，创新是企业家将“生产要素和生产条件的一种重新组合并引入生产体系使其技术体系发生变革”以获得“企业家利润”或“潜在超额利润”的过程[35]。弗里曼（1982）认为“技术创新是技术的、工艺的和商业化的全过程，其导致新产品的市场实现与技术工艺与装备的商业应用”。傅家骥（1998）对创新的概念进行了准确概括:“技术创新是企业家抓住市场的潜在的盈利机会,以获取商业利润为目标,重新组织生产条件和要素，建立起效能更强、效率更高和费用更低的生产经营系统，获得新的产品、新的生产（工艺）方法、开辟新的市场、获得新的原材料或半成品供给来源或建立企业的新的组织，它是包括科技、组织、商业和金融等一系列活动的综合过程。”[36]R Rothwell 总结了工业创新过程中的主导模式演进,认为 90 年代是网络模式,强调知识积累和外部联系[37]。Chesbrough(2003 ）提出了开放式创新模式，强调创新过程要进一步外化，以充分利用知识产生的结果[38]。

随着技术创新理论的发展，学者探讨了技术创新的动力来源、市场结构、企业内外因素的交互能力对于技术创新的影响。Kogut B（1997）聚焦于知识网络与创新网络以及跨国公司的知识与技术进化理论；他指出网络规模对企业创新产出和绩效具有积极的正向影响[39]，网络中传递的信息受制于每个合作伙伴的网络位置，不同的网络位置代表着企业获取对于新产品开发或创新至关重要的新知识的不同机会，网络位置对企业合作关系数量具有正面影响[40]。Powell 的研究领域是创新网络动力学、产业与大学知识转移等等[41]。Caldeira（2003）认为，产业技术联盟是指基于某一产业的技术研发、技术产业化、市场拓展等成员的共同目标，通过适当的组织形式和运作制度，多家具有相同或类似产业背景的企业（包括企业科研机构、中介服务组织等）联合起来的具有战略意义的产业组织形式[42]。蔡宁(2008)对产业技术创新价值链进行了分析，他认为在产业技术创新环境的影响下，各创新主体的利益关系相互协同，各创新主体只有提高自身活动的质量和效率，发展与其他主体的协作关系，才能实现彼此利益的共赢，实现创新成果的最大价值[13]。

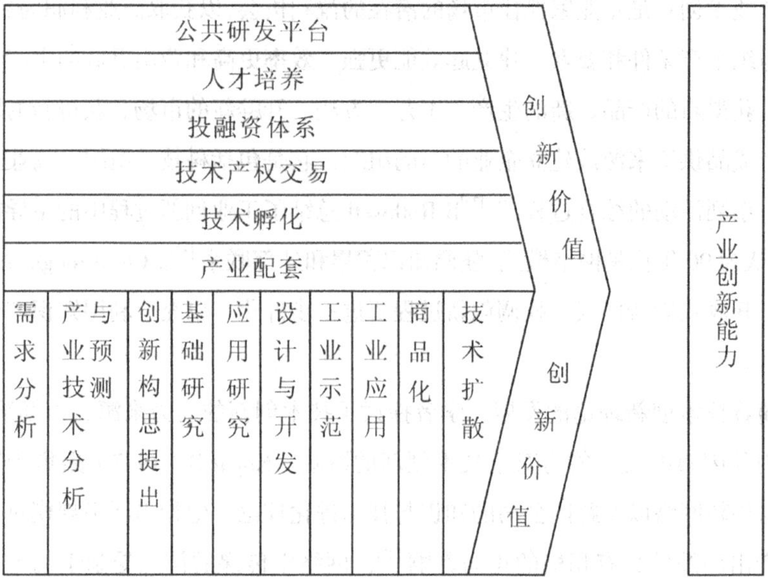

图 2.2 产业技术创新价值链模型

2.1.4 知识管理理论

知识管理的概念从上世纪 90 年代兴起，知识概念的抽象以及理论基础的跨域性使知识管理的理论研究呈现出发散状趋势，形成了知识管理“丛林”（Scholl et al.，2004）[43]。迈克尔普拉尼（1966）将知识的类型划分为显性知识与隐秘性知识，Leonard 和 Sensiper（1998）进而认为知识是从显性知识端到隐秘性知识端的连续光谱[44]；野中郁次郎（1991）在隐形知识和显性知识划分的基础上，提出了 SECI 的知识螺旋[45]，为后续的很多相关研究奠定了基础；Leonard–Barton（1995）将知识划分为组织知识与员工知识[46]；OECD（1996）将知识分为关于事实的知识（know–what）、自然原理和规律方面的科学理论（know–why）、技艺和技能（know–how）、谁知道和谁知道如何做某些事的信息（know–who）[47]；Leidner（2001）将知识分为描述性知识、程序性知识、因果性知识、情景性知识和关系性知识[48]。

知识管理理论的基础性假设认为企业能创造出知识型资源而创造出经济租金。通过增加知识的存量和质量有助于增强企业的创新能力，并且有利于企业在竞争中获得优势[49]。知识管理是为了实现组织目标的知识的创造、传播、应用一系列活动的集合体[50]；Davenport（2001）指出知识管理渗透到企业管理的各个环节，应与竞争战略、工作流程、文化和行为等整合起来[51]；王德禄（2003）认为知识管理是为了提高组织中知识工作者的生产力，提高组织的应变能力和反应速度，创新商业模式，增强核心竞争力而进行的组织整体层面对知识的获取、存储、学习、共享、创新的管理过程[52]。

知识创新过程中，创新和累积的知识被不断地内生，这就使得知识的创新产生了一个积累和增长的效应。吴晓波，聂品（2008）将个人小组、组织和组织间知识获取与知识链重组之间的关系进行了分析，提出了知识系统演化的一般动态模型[53]。

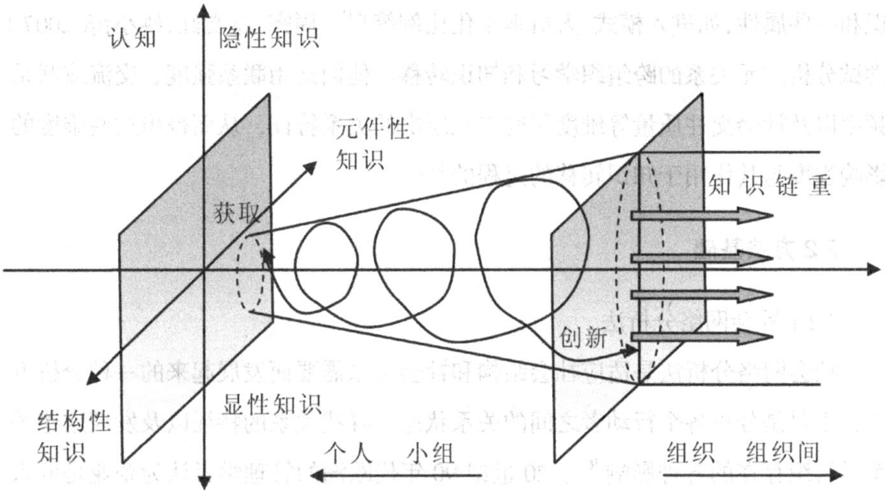

图 2.3 知识系统演化的一般动态模型

Asheim 和 Cohen 认为企业的知识基础正在由内部基础向分布式的企业价值系统或者依托于产品价值链的知识基础转变[54]。由于知识的分布性特征，任何企业所拥有的专业化知识都是不完全的，交互式学习是企业所采取的一种战略，用来补充企业自身不能提供的但在创新过程中必不可少的知识[55]。Rajiv D Banker 和 Robert J Kauffman（2004）认为技术扩散主要的途径是通过跨组织学习的信息交换[56]。Robert M Grant 和 Charles Baden-Fulle（2004）认为跨组织学习是企业为了利用和创造隐秘性知识而向外部获得知识的工具[57]。Chung，Singh 和 Lee（2000）认为，企业具有与其他企业的资源技术结合，形成联盟以提高经营绩效的倾向[58]。Dyer 和 Singh（1998）认为企业有合作意愿，资源技术共享，且投入程度很高时，合作双方均可获得竞争优势[59]。Zahra 和 George（2002）强调了企业的多种外部知识来源的重要性，他们认为企业可以通过采用许可证或契约购买，以及组织之间的各种关系来搜寻和获取知识。然而，并不是所有的组织都具有知识搜寻的强烈愿望，知识搜寻的有效性和强度往往取决于组织的学习愿望和市场导向[60]。Gupta 和 Govindarajan（2000）在研究跨国公司中母子公司间的知识流动时，发现子公司从母公司获取的知识与子公司的吸收能力有很大关联。而子公司的吸收能力又取决于子公司已有的知识和一些属性，如进入模式、人员本土化比例等[61]。周密，赵文红，姚小涛（2007）尝试分析二元关系的跨组织学习和知识转移。他们运用联系强度、交流或联系频率以及社会交往质量等维度研究二元层次的关系特征，从而得出这些维度的影响程度与其作用于知识转移的过程的[62]。

2.2 方法基础

2.2.1 社会网络分析法

社会网络分析法是适应社会结构和社会关系需要而发展起来的一种分析方法，主要是分析各个行动者之间的关系状态，寻找关系的特征以及发现这些关系对组织存在的各种影响[63]。20 世纪 90 年代欧洲的管理学者认为企业是嵌入在一个其自身被包括其中的商业网络，其运行机制以行为的联锁效应、资源的累积效应和网络共识（Anderson、Hakansson and Johanson，1994）[64] 作为基础。2007 年，Granovetter 提出存在一种来自于宏观文化、政治和制度架构的联系弥漫在社会网络之间，例如网络组织中的网络惯例[65]。弗里曼（1991）首先提出了创新网络的概念雏形，“创新网络是应付系统性创新的一种基本制度安排，网络构架的主要连接机制是企业间的创新合作关系”，并列举了创新网络的类型。协作研发联盟、专利引用、合作发明专利、合作科学论文等创新网络具有共同的结构特征：稀疏性、不对称性以及空间集聚性，彼此连通的网络主体形成高密度子群，被少量的跨派系连接联系在一起；网络拓扑结构与小世界网络的高聚集度和短平均路径长度特性相吻合[66]。

社会网络分析作为一种相对独立的研究社会结构的方法，已经发展成为一种具有专门的概念体系和测量工具的研究范式。社会网络分析研究技术与方法的特色在于跟数学方法和计算机技术相结合，图论法、矩阵法、社会计量学和代数法在社会网络分析中得到反复的应用。

2.2.2 社会网络的分析变量

社会网络理论提供了分析企业成长及资源获取的新的分析思路。Michael（1997）认为网络由结构要素、资源要素、规则要素与动态要素四种要素组成[67]。其中，结构要素是网络分析的基础，指行为主体之间联系的形式与强度，不同的网络形式和网络强调会产生不同的结果；资源要素是每个行为主体带入网络中的特征，确定行为主体通过网络获得资源的程度；规则要素是指网络中各种规则、制度、法则等；动态要素是指影响网络演进的机会和限制。

社会网络分析把整体网络作为研究对象，将网络视为一个社会体系中角色关系的综合结构，发展出网络规模、网络密度、聚集系数、网络中心性、平均最短径长度、派系或子群体、节点度分布（无标度网络）等特征变量来衡量；也可以把行动者间自我中心网络作为考察变量，从单个行动者的角度来考察个体行为如何受到其嵌入的社会网络的影响，核心概念包括联结强度（tie strength）、社会资本（social capital）、结构洞（structure holes）和嵌入性（embeddedness）等，分别从节点度数、中心性和结构洞等三个特征变量来衡量。网络的成员组成也是重要的衡量指标。

2.2.2.1 整体网络的研究变量

（1）网络规模（network size）指某个网络中所有成员的数量，数值越大则网络规模也就越大。网络规模形容一个网络里主体数量的多寡和网络的大小程度，可以用节点总数 N 来衡量。网络节点数越多，连接关系越多，网络规模就越大。对于无向图，节点数与可能存在的最大连接关系数量 L_m 满足下列关系：

$$L_m = C_N^2 = \frac{N(N-1)}{2} \tag{2.1}$$

（2）网络密度（network density），网络的密度也称为网络的可达性，是指网络中实际存在的联系数量占到所有可能联系数量的比例。即一个密度大的网络涵盖了大量连接。Mizruchi 和 Stearns(2001)用下面这个公式来表示网络密度：

$$D_i = \frac{\sum s_{jk}}{2(N^2 - N)} \tag{2.2}$$

其中，S_{jk} 表行动者 i 的直接联系者 j 与网络中成员 k 之间的联结强度；N 等于网络中除行动者 i 外其他成员的数目。

（3）聚集系数。创新网络的聚集程度反映整体网络的局部特征和集团化程度，聚集系数既衡量网络密度也反映了网络的连通性和传递性。假定一个网络的节点 i，有 C_i^{AD} 个邻居，这些邻居之间存在 E_i 条关联，它们理论上可能存在的关联边数为 $(C_i^{AD}-1)C_i^{AD}/2$，因此其集群系数可以定义为：

$$C_i = \frac{2E_i}{C_i^{AD}(C_i^{AD}-1)} \tag{2.3}$$

整个网络的聚集系数则定义为 C_i 对全部节点的平均。

（4）网络中心性。反映了网络的集中或集权的程度。它衡量了企业在所嵌入的网络中的位置情况，表示了节点在网络中的权力系数，即在多大程度上可以通过阻断信息流动或在信息传递中扭曲信息的内容，控制他人的思想和行为。计算公式如下：

$$C = \frac{\sum_{i=1}^{n}(C_{\max}^{RD} - C_i^{RD})}{n-2} \tag{2.4}$$

$C_{\max}^{RD}$ 表示图中最大相对中心度的最大值，C_i^{RD} 表示点 i 的相对中心度，再计算这些差值的总和，最后除以（n − 2），得到网络的中心势指数。

（5）平均最短路径长度。创新网络的平均路径长度反映了网络中各节点间连接的平均距离，影响着整个网络创新资源传递的效率。平均最短路径长度值越小意味着网站中的节点可以通过相对较少的节点迅速达到其他大量的节点，从而较容易地获取知识和信息等资源。

（6）派系。派系是网络子群体的典型表现形式，派系的拓扑结构特征为：网络密度为 1；任何一个成员与其他成员邻接且距离为 1；组内关系到组外关系比例达到最大；至少包含三个点的最大完备子图。派系成员之间往往具有直接、紧密、经常或积极的关系。派系高密度、高聚集以及成员之间全连通的网络特征对网络成员的创新行为和创新网络的绩效产生的影响体现在合作风险、信息流动、知识的获取与扩散等方面。Melissa A Schilling, Corey C Phelps（2007）通过实证研究得出高聚集度和高联结强度的创新网络比不具有这些网络特征的创新网络更具有创新产出能力[68]。

2.2.2.2 个体网络的分析变量

（1）节点度分布

点入度和点出度：组织在网络中占据中心或外围位置是否基于组织与其他组织建立的网络连结数？度数中心度是指组织与网络中其他组织保持的直接联系数。对点入度和点出度的计算都是可以做到的，表达的是组织从网络中其他组织获得的资产以及从组织流向其他组织的资产，例如资源、信息以及顾客。

节点度数分为绝对点度，为直接与该点关联点的数目，可用 C_i^{AD} 表示。由于这种测量忽略了与该点间接相连的点，测量出来的中心度称为“局部中心性”。另一种是相对度，是节点的绝对点数与图中最大可能的度数之比，用 C_i^{RD} 表示。对于总节点数为 N 的网络：

$$C_i^{RD} = \frac{C_i^{AD}}{N-1} \tag{2.5}$$

（2）中心性

行动者在社会网络中占据的位置和周围连接情况决定了其权力与影响力，网络中心性是衡量行动者在社会网络中所处位置居于核心地位程度的指标。Freeman（1979）提出了网络的三种中心性：点度中心性（Degree centrality）、接近中心性（Closeness centrality）和中介中心性（Betweenness centrality）。点度中心性越高表示其在网络中联系的成员多，拥有的权利和影响大；接近中心性越高表明行为主体与其他成员的距离越短，获取信息就越快；中介中心性用以考察行为主体的中介位置，中介中心性越高，表示行为主体越占据控制信息流动的关键位置。若节点 k 对于节点 i 和 j 的中介性用 b_k^{ij} 表示，如果 i 和 j 相连，存在的最短路径数目为 n_{ij}，而在 i、j 最短路径的连线中，经过节点 k 的路径数目为 n_k^{ij}，则节点 k 对于节点 i 和 j 的中介性为：

$$b_k^{ij}=\frac{n_k^{ij}}{n_{ij}} \tag{2.6}$$

节点 k 在整个网络中的中介性为：

$$B_k=\sum_i^N\sum_j^N b_k^{ij},\quad i\neq j\neq k,\ 且\ i<j \tag{2.7}$$

（3）结构洞

在过去的 20 年里，Burt 的结构洞理论成为社会网络研究中最有影响力的理论之一。Burt（1992）以弱连接优势（Granovetter，1973）、网络中心度概念（Freeman，1977）和独特交换伙伴的权力（Cook，1977）等理论为基础，将“社会网络中某个或某些个体和有些个体发生直接联系，但与有些个体不发生直接联系、无直接或关系间断”的现象称之为结构洞[69]。连接结构洞的网络成员居于重要的联络地位，可以获得累加而非重复的信息利益和控制利益[70]，在竞争的环境下，结构洞的优势尤其明显。结构洞一般采用有效规模（Effsize）、效率（Efficiency）、限制度（Constraint）、等级度（Hierarchy）等 4 种方式进行测量。有效规模侧重于对企业资源层面的测量，而效率、约束水平和等级度侧重于对企业效率层面的测量。其中结构洞的有效规模（Effsize）以及效率（Efficiency）主要用来测度企业与其合作伙伴之间的非冗余关系以及网络联接的效率。二值网络的有效规模（Effsize）测量为：

$$ES_i=n-\frac{1}{n}\sum_j\sum_q m_{iq},\quad q\neq i,j, \tag{2.8}$$

其中 j 表征与自我点 i 相连的所有点，q 是除了 i 或 j 以外的每个第三者，有效规模（Effsize）等于该点个体网的规模 n 减去该个体网络成员的平均度数[74]。在创新网络中，若与企业直接联系的节点越多，且这些节点之间的联系越少，那么该企业所占据结构洞的有效规模就越大[71]。效率（Efficiency）也经常被用来对结构洞进行测量，效率（Efficiency）即为该点的有效规模除以该点所在个体网络的实际规模。Baum（2000）对加拿大新创生物企业进行研究时测量了网络的非冗余的联结并验证了非冗余联结对绩效的正向影响[72]。有效规模侧重于对企业资源层面的测量，而效率、约束水平和层级侧重于对企业效率层面的测量。

2.2.3 社会网络分析在创新网络研究的应用

由于技术创新网络是围绕企业形成的各种正式与非正式协作关系的总结构，技术创新过程的复杂性迫使企业与其他组织交换技术创新所需的各种知识与技术，以整合合作各方的竞争优势[73]。因此，社会网络的联结机制及其特性，为技术创新网络的分析提供了相关的理论工具。

2.2.3.1 整体网研究

整体网络研究需要大量的时间与经费的投入，倾向于讨论整体网络的演化过程，纵向研究更为常见。整体网的研究主要针对网络特征与演进，网络产出展开。

（1）网络特征与演进。整体网的研究关注于密度、中心势以及子网或派系的存在。Lipparini & Lomi（1999）研究表明一般网络结构和网络中每个组织的位置影响信息在网络中的传递[74]。网络中的连结密度，特别是密度重叠将随着时间增加而增加（Venkatraman & Lee，2004）[75]。尽管中心势影响网络的整合与协同，密度与中心势不能同时最大化[76]。在两者间必须取得折衷，大量连结的存在并不意味着网络一定是集中的。不同类型的网络模式步入成熟阶段的时间不同，一些过去的结构往往比当下的结构对绩效发挥更大的影响。时间会改变通过网络的流量，随着密度和中心势的变化体现网络结构的优势（Soda，Usai & Zaheer，2004）[77]。

网络的发展可以视为使用资源和规则、规范，作为驱动网络发展的指导机制[78]。这些规则取决于单个行动者赋予它们的意义，所以网络的发展依赖网络中所有组织的机制、意义、目标以及价值[79]。网络中一组关键的节点（组织）以及它们的领导者经常扮演关键的角色，作为这些规则和实践的主要执行者经常反映它们所处的环境（Hendry et al.，1999）。这些关键节点的实践与承诺将造成网络和社区层支配逻辑的发展，网络内的主导核心可能驱动网络如何发展和演化。Powell 等（2005）发现少数稠密的组织支配着网络，并成为这些网络内协作的关键行动者。Bazzoli 等（1998）研究指出。关键网络能够通过集中时间和精力用于教育利益相关者以及网络内的其他组织来改变网络的演化 [80]。

（2）网络的产出。网络产出是整体网研究的另一个主题。在商业社会中，研究者更关注效率而不是效果，他们认为组织层面的产出比网络层面的产出更有实际意义，因为网络中不同组织对效果的看法是不一样的。实际上，在某种情况下，合作网络对整体经济会产生负面影响（例如卡特尔组织），而且被证明是组织间甚至是区域间不稳定的竞争优势的结构性来源（Grabher，1993）。网络也是会失败的。例如，Human 和 Provan（2000）发现网络的持续性取决于内部和外部的合法性并在演化的初期阶段获得支持。他们总结认为正式网络，如果不是基于先前的合作关系更容易分崩 [81]。

与个体网络研究的丰富程度相比，整体网的研究规模仍然是十分有限的。目前为止，大多数的整体网研究都使用定性的数据或者标准化的问卷进行结构化的网络分析，较少使用客观的定量数据进行研究。

2.2.3.2 网络结构对技术创新的影响

社会网络理论提供了两种不同的视角来审视创新网络结构如何加强对知识的创造。Coleman 强调社会资本以及团结的好处，闭合的网络可以使人们更愿意交换隐秘性知识。密集结构的社会网络保证了相互信任、规范、权威和制裁等制度的建立和维持。因为具有同样的第三方合作伙伴，高密度网络减少企业间的信息的不对称性，增加各方知识基础上的信任 [82]；高密度网络会产生大量的企业间联系，网络内信息和资源将更快速地流动。信息传递的平均路径的缩短，有利于创新知识和成果的迅速传播、学习和转化。网络中组织间的连接构成了网络资源配置的路径，在网络中，密集的关联边代表了更为广泛的资源配置范围和更为高效的资源配置效率。由于网络封闭性使投机行为可见，企业会约束自己的行为避免合作的障碍，更有利于合作与知识共享。

Burt 强调信息与控制的好处，松散的网络有许多结构洞的网络提供更多的非冗余知识信息资源 [83]。他认为网络中的关系并不是均匀分布的，有的地带稀疏，有的地带稠密，而一个网络中最有可能给组织带来竞争优势的位置处于关系稠密地带之间而不是之内，他称这种关系稠密地带之间的稀疏地带为结构洞。网络结构洞能加强企业知识的创造，断开的节点意味着企业可以及时接触到多样化的信息，有利于企业的创造力与创新。

两个理论观点激发了许多研究者进行相关的实证研究。Arndt，Sternberg（2000）对欧洲 ERIS 项目的调查数据进行分析，认为 10 个欧洲区域中，拥有紧密合作网络的制造类企业更加成功并表现出更好的经济绩效[84]。张永安，李晨光（2010）认为适当缩短创新网络主体间的平均最短路径长度、提高聚集程度、加大主体顶点度分布可以促进创新资源向收益的转化[85]。Melissa A Schilling，Corey C Phelps（2007）通过实证研究得出高聚集度和高联结强度的创新网络比不具有这些网络特征的创新网络更具有创新产出能力[68]。Corey C Phelps（2010）对通讯行业 77 家企业的创新行为进行研究，进一步证明网络密度（闭合网络）加强了探索式创新的绩效[86]。许多研究都认为两者应该有一个折中，两种结构的有效性取决于不同的任务性质。Hansen（1999）证明相对复杂的不确定的任务会从闭合网络中受益，不那么复杂、确定的任务则从松散网络中受益[87]。Uzzi（1997）得出了相似的结论。然而，Gabbay and Zuckermans（1998）研究发现反过来也是对的。在典型的复杂及不确定的基础研究领域，科学家从松散的有许多结构洞的网络中受益，在典型的不复杂、确定的任务中，科学家从密集网络中受益[88]。

学者们不同的研究结论促成了另外的研究假设：成功的网络能够平衡社会资本的益处与风险。例如 Perry-Smith and Shalley（2003）认为网络均衡团结，信息和控制效益最有利于创造性工作[89]，Uzzi and Spiro（2005）通过网络测度（网络规模、联系频率、网络中心性）证明知识创造与倒 U 型曲线相关[90]。王发明、蔡宁和朱浩义（2006）在探讨集群网络成长过程中的风险中认为聚集程度高、联结稠密的网络结构使得网络的开放性及弹性降低，网络僵化，最终可能导致衰败；而聚集程度低、联结稀疏的网络结构的开放和灵活性，有利于外界信息的流入，在变化剧烈的环境下创新的产生更有利[91]。另外，还存在少量的研究验证 Coleman 和 Burt 的观点不是互相替代的，而是互补的。McFadyen et al.（2009）研究表明，那些在松散网络中（与所有可能的合作者已发表的出版物数量）参与强联系的科学家（同一作者联名发表的论文的重复次数）最经常在高影响因子的期刊上发表文章[92]。

小世界网络的研究把强联系与结构洞整合到了一起。小世界网络即具有高度闭合与强联系的本地集群，同时也具有大量的弱联系桥接其他的集群。在研究中认为同时拥有两个条件（集群中的强联系与其他集群的桥联系）的团队或区域是最具有创造性的（Capaldo，2007；Fleming et al.，2007；Uzzi and Spiro，2005）。小世界网络带来的研究启示在于网络关系的连接强度与结构洞需要同时进行验证和分析，与其把它们看成是相同架构中的两个极端，还不如认为它们组成了不同网络边界中的两个架构[93]。

社会网络分析法为本书对于产业创新网络国际化的研究提供了完整的分析框架。该方法尤其适用于产业创新网络的研究。采用整体网的分析思想，连续跟踪整体网络的特征变量能够很好描述产业创新网络的国际化演进路径，进而分析国际化演进对技术创新的影响。个体网络的分析思路与测度指标则帮助我们研究和探讨产业创新体系中的重要主体——企业个体的国际化战略选择对技术创新的影响。

2.3 创新网络中的知识流动

2.3.1 知识流动的概念

随着全球经济一体化进程的加快，跨国企业的创新 R&D 活动不再局限于某一区域，而是出现了向全球拓展的态势，人员和技术的跨国转移必然伴随知识的转移、溢出和扩散，因此知识流动的范围也呈现出全球化的趋势。随着知识管理研究的推进，Teece（1977）在讨论跨国企业技术转移的过程中[94]，第一次提出知识转移的概念，开启了知识流动研究的大门，引起了各国学者的广泛关注。据 OECD（1997）的报告，创新主体之间知识与信息的流动能够大大影响创新绩效，并且创新与科技发展是各类知识的主体在创造、传播、应用过程中发展错综复杂关系的结果。如果没有知识流动，创新网络将无法形成一个动态、发展、联系的开放系统。创新主体之间只有通过知识的传递、共享、使用，才能完成创新并通过生产要素的重新组合实现可持续发展。

Boisot（1995）从企业技术战略发展的视角探讨了知识流动的概念[95]，他认为知识流动包括知识的扩散、知识的吸收、知识的扫描以及问题解决四个阶段。Szulanski（1996）认为知识流动是组织内或组织间跨边界的知识共享，即知识源与知识接收者之间交换过程，Argote 和 Higram（2000）则强调知识流动是组织通过不同渠道转移知识，实现组织知识共享，从而有效利用现有知识的过程[96]。

Zanfei（2000）将跨国企业获取知识的方式以及创新活动的组织方式形容为一个双向的流动网络，并将这个双向流动网络划分为内部网络和外部网络。前者是发生在跨国企业内部机构之间的知识生产和使用活动，后者是指跨国企业与当地企业之间的技术知识流动[97]。Hai Zhuge（2002）将知识流动界定为：知识在主体之间流动的过程或者是知识处理的某种机制，知识流动包含三个要素：流动主体、流动内容和流动方向[98]。顾新（2006）从创新的角度提出知识流动是指知识在参与创新活动的不同主体之间的扩散和转移[99]。陈良民(2009)从组织的角度，参考势能的观点，指出知识流动是知识从知识势能高的组织转移到知识势能低的组织的过程，包括知识的创造、知识的编码、知识的转移与扩散、知识共享与交流[100]。

2.3.2 创新网络中知识流动的影响因素

在企业跨国 R&D 过程中，许多因素会影响知识流动的效果和效率。知识并非我们通常想像的那样容易流动和转移,知识的流动取决于知识自身被传送、解释和吸收的难易程度，因而面临着很多障碍。有学者将知识的不易流动特征称作“知识惰性”（Inertness of Knowledge）。影响知识流动的关键因素主要有以下几点：

（1）知识的特性。Kogut 和 Zander（1993）发现在跨国企业内部，知识的默会性与转移的难度成正比。“知识惰性”是知识流动的障碍，知识复杂性和隐性程度的提高意味着可传授性程度的降低，知识转移到合作伙伴那里的难度增加[101]。知识的专用性程度越高，知识在跨国企业内流动的难度将越大。Phene et al.（2005）指出母子公司的技术专用性是影响跨国企业知识流动的重要因素，进一步表明知识专用性这一属性对跨国企业知识流动的影响[102]。此外，知识存量的价值对跨国企业知识流动也有很大的影响，源单元的知识存量价值越高，其对另外单元的吸引力就越强，源单元知识的流出量也就会越大[103]，这一假设也得到了实证支持。

（2）目标单元的吸收能力。Cohen and Levinthal（1990）提出的“吸收能力”的概念是另一个被后人广泛接受的影响知识流动的因素[104]。他们指出，企业能否识别新的外部信息的价值，吸收能力与知识转移双方各自单独积累的知识存量有关系，吸收能力是知识存量的函数，并指出吸收能力对知识转移有重要的影响。

（3）源单元分享知识的意愿与能力。知识流动的顺利发生也离不开知识发送方对知识的传送或者传输能力。跨国企业在知识流动过程中，知识发送方以及接收方的激励水平是知识“内部粘性”的一个重要方面，较低的激励水平是知识流动的一大障碍，对知识流动双方的激励水平影响着跨国企业的知识流动[105]。

（4）传输渠道的存在与丰富程度。沟通渠道的非正式性、开放性和沟通的密度等都会影响到跨国企业网络间知识的流动。薛求知和闫海峰（2001）认为，一个子公司同其所在的全球网络中的其他单位联系得越广泛，沟通的密度越高，则越有助于知识的流出；同时也有利于来自母公司和其他子公司的知识流入[106]。

（5）知识流动的情境。知识流动情境包括众多影响知识转移的控制变量，包括企业的战略目标、组织结构、企业文化、组织控制机制、外部文化环境、空间距离等。Pablos（2004）认为组织文化和国家文化是影响跨国企业总部人力资源管理体系在分子公司中复制程度的关键因素之一[107]。此外，由于跨国企业的分子公司及其R&D机构分布在世界各地，因此国家文化差异也是跨国企业知识流动过程中不得不考虑的因素。

2.4 产业创新网络形成与发展

“创新网络”有着多种概念界定，王大洲（2001）认为创新网络是创新活动进行的场所，包括各种正式的非正式的结构[108]。刘卫民和陈继祥（2004）

将创新网络看成通过企业研发网络深化发展而来，既包括正式关系，也包括非正式关系的一种协作关系的总和[109]。司春林，刘兰剑（2009）认为技术创新网络是多个企业及相关组织组成的松散耦合，动态开放的新型组织[110]。党兴华和郑登攀（2011）认为技术创新网络是为了应对系统型技术创新中的不确定性和复杂性，由具有互补性资源的参与者通过正式或非正式合作技术创新关系连接形成的网络组织[111]。创新是一个知识重构过程，组织间网络是企业获取知识的关键渠道[112]（Whittington et a1.， 2009），能够提升企业的创新潜力。创新网络的边界从大到小可以分为区域创新网络、产业创新网络、企业内部网络，但各个层次的创新网络目标均是统一的，都是以传递知识为途径，最终实现技术创新。

2.4.1 产业创新网络的形成与演化

Imai 和 Baba（1991）认为行为主体、活动以及资源三个要素构成产业创新网络[113]。在产业创新网络内,行为主体(节点)不仅包括个人、企业或企业群体，而且还包括政府部门、金融机构、大学 / 科研机构和中介组织等；网络节点的联结代表网络成员间多元化的联系类型。产业创新网络中的资源则包括物质、金融、人力、知识资源等产业创新体系的成员通过开放的边界与外部环境进行物质和能量交换，产业创新网络不断地进行动态演化[114]。

产业创新网络的形成是一个对初始状态具有明显路径依赖性的动态选择过程，Larry，Janice（1995）通过对半导体产业的研究发现产业创新网络的形成是某一家或几家企业从最初的简单的技术创新开始，逐渐地吸引更多的企业和研究机构加入到多样化的应用创新中，竞争的加剧、大学的参与以及政府的支持，促进了技术和产业组织方面的大规模融合的过程[115]。骆品亮和杨树(2008)研究得出我国基因工程制药业创新网络是由大学和科研机构在政府资金的大力扶持下最先发起，同时医院以及合资机构在网络形成中也起到较大作用[116]。产业创新网络研究将产业结构中的行动者概念化成个体、团体和组织等形式，成员之间的关系成为资金、技能、知识、社会支持、声誉等资源流通与共享的渠道，网络结构为每一个成员提供机会与限制[117]，网络连接方式、网络成员互动方式的动态变化映射出产业创新网络的形成与演化过程。Doz & Ring(2000)

提出创新网络演化存在自生过程和构建过程[118]。王月琴，许治（2012）从复杂网络的视角审视产业创新系统，网络的成长与优先连接机制导致产业创新网络结构从随机网络向无标度网络演化[119]。

产业创新网络的演化可以表现为网络内活动主体的增减，网络关系强度、治理形式、网络结构的变化等方面。田钢，张永安（2010）认为产业集群创新网络变化的根本动力就是主体根据环境变化所做出的行为调整；基于资源禀赋以及环境不确定性的强弱变化，创新成员会做出减少或增加企业间连接的决策，网络相应出现网络规模缩小期、网络结构稳定期、网络关系加强期和网络迅速扩张期[120]。程跃，银路，李天柱（2011）从技术和市场两大环境不确定因素入手，以网络企业间联系的频数、网络的大小和范围作为指标，描述了萎缩、稳定、加强、动态平衡、紧缩和动荡六种创新网络类型，建立了创新网络演化模型[121]。刘宏程，仝允桓（2010）认为产业创新网络的演化是所有参与者合力的结果，也会受到产业政策、市场规律以及技术发展等因素的限制[122]。吴传荣，曾德明，陈英武（2010）对高技术产业创新网络进行系统建模与仿真，发现提高协作研发力度、推进标准化、加快知识转移是促进高技术企业技术创新网络发展的有效方法[123]。

2.4.2 产业创新网络的联结模式

产业创新网络主体之间通过资源、知识和技术的双向流动进行联结[126]。由于网络中主体成分、主体特征、创新任务以及社会环境、经济水平和资源禀赋、技术发展程度不同，存在多种联结模式。基于产业网络中合作对象的属性，Estades 和 Ramani（1998）认为创新网络包括科学、政治、专业、金融以及企业间网络等几个类型[126]。基于与产业网络中合作对象的竞争关系，Yashino 和 Rangan（1995）认为创新网络包括竞争联盟、前竞争联盟、后竞争联盟以及非竞争联盟[127]。基于创新驱力和创新过程，我国学者郭小川（2001）将其划分成四种合作创新模式，即为政府驱动的创新前期合作模式、政府驱动的创新后期合作模式、企业主导的创新前期合作模式和企业主导的创新后期合作模式[128]。基于创新网络资源与创新任务，党兴华，刘兰剑（2006）将合作研发组织划分为以资产合作与非资产合作；上游、下游和水平合作；双边、多边、网络合作；发现型、开发型合作模式[129]。Freeman（1991）认为创新网络可以分为合作 R&D 协议，分包、生产分工和供给者网络，合资企业和研究公司，政府资助的联合研究项目。

表 2.1 产业创新网络的联结模式

	联结模式	文献来源
合作对象属性	企业间联结、科学网络、政治网络、专业网络、金融网络	Estates 和 Ramani（1998）
与合作对象的竞争关系	竞争型、前竞争型、后竞争型、非竞争型	Yashino 和 Rangan（1995）
合作的方式	合作 R&D 协议，分包、生产分工和供给者网络，合资企业和研究公司，政府资助的联合研究项目	Freeman（1991）
创新驱力来源与创新过程	政府驱动的创新前期合作、创新后期合作模式、企业主导的创新前期合作、创新后期合作模式	郭小川（2001）
资源与创新任务	资产合作与非资产合作；双边、多边、网络合作；发现型、开发型合作	党兴华，刘兰剑（2006）

2.5 产业创新网络国际化

对于产业创新网络国际化问题的研究，是在产业技术创新国际化以及企业技术创新国际化的基础上进行的。

2.5.1 产业技术创新国际化

技术创新国际化是指以全球性获取创新资源，创新人才国际化、创新组织网络化为特征，企业通过跨国并购、建立国外 R&D 机构以及建立国际技术联盟等形式，将技术创新活动扩展到国外的技术创新范式[130]。它使企业在广泛的知识交易网络中更广泛地借助外部的知识和信息源构建自己的技术知识结构[131]。研发是技术创新中最主要的环节，创新活动是集科学、技术、组织、政策、资金等多方面的综合体[132]。韩江波，蔡兵（2009）对于技术创新与产业发展之间的互促关系进行了阐述，他们认为原发性技术创新通过对产业活动空间的拓展，推动旧结构的优化升级和新产业的诞生[133]。Sylvie K Chetty，Loren M Stang（2010）指出技术创新国际化对于那些经济总量小而且开放的体系，如新西兰、澳大利亚、瑞典、芬兰和丹麦十分重要，这些国家通过技术补贴和出口促进计划，鼓励它们的中小企业通过创新和国际化实现经济增长[134]。

通过 Web of Science 进行搜索，发现近期与产业创新网络国际化相关的文献内容主要包括对我国通讯产业、瑞典北部的区域汽车检测产业、西班牙电子通讯产业、西爱尔兰软件以及医药技术产业、美国通讯产业的等相关研究。

Peilan Fan（2010）以华为和中兴为研究对象，讨论了中国通讯产业在全球化背景下利用科技资源进行技术追赶，最终在移动通信领域获得创新性新兴技术的过程[2]。Arbuthnott A，von Friedrichs Y（2013）通过研究位于瑞典北部的区域汽车检测集群发现，推进本地网络、提高国际化和提高当地的基础设施有助于外围区域的创新创业，并通过提供有盈利的服务以实现外围地区工业复苏[4]。Valdaliso J，Elola A，Aranguren M（2011）以西班牙巴斯克地区电子信息通讯企业集群发展过程为研究对象，认为社会资本与国际化在提升整个集群网络知识吸收能力的方面起到一定作用，知识吸收能力取决于企业建立内部和外部联系的能力，社会资本提高了集群内部知识联结；国际化提升了集群网络外部的知识联结；知识吸收能力使集群网络一直保持着增长的势头[5]。Giblin M（2011）对比了西爱尔兰地区软件及医药产业技术集群中领导型企业对于集群发展所起作用发现，医药集群中领导企业在引领地区技术轨迹、激发本地网络动态变化以及网络聚集方面起到重要作用，即便在领导企业与本地网络联结不多的情况下，领导企业的国际化联结对本地企业的创新仍然起到重要的影响作用；相比之下软件行业中领导企业没有体现出显著的促进本地集聚的效用[6]。Alberto Di Minin and Mattia Bianchi（2011）基于美国的专利数据，分析了通讯行业巨头诺基亚、摩托罗拉等从 1990 年以来将关键研发项目尤其是与电信标准相关的专利限制于本国的趋势，通过质化研究揭示了企业研发网络中不平衡的创新成果独占性程度基于企业总部编织的专利安全网，在国际化的力量下庇护本国研发网络，为企业创新性活动提供了更理想的配置[7]。

2.5.2 产业创新网络中的企业技术创新国际化

产业创新网络国际化是产业内企业技术创新国际化行为成果的总体表现，网络模型认为企业的技术创新国际化是企业在国际化的产业创新网络中建立、发展与境外企业发展网络关系的过程。景劲松，陈劲，谢觐红（2004）认为母国与东道国的产业结构均对企业技术创新国际化产生直接影响[135]。与此同时，企业与东道国的供应商、消费者的创新互动的程度以及和东道国各行业间的国际化联结程度的决策，也会影响到东道国产业创新网络的国际化程度。因此在研究产业创新网络国际化时，企业技术创新活动国际化也是主要的研究内容之一。

企业技术创新活动国际化使企业在产业创新网络内部编织了一个多样化异质性知识流动的个体知识网络，企业可以更广泛地借助外部知识和信息源构建自己的技术知识结构。企业技术创新国际化是在跨国公司的研发国际化的推动下发展起来的，我国企业应该以国内市场和国内研发为起点，采用中心—边缘型研发组织结构，从技术和市场两个方面实施国际化战略；通过与跨国公司开展技术合作逐渐过渡到更高的技术创新国际化阶段[136]。陈劲，朱朝晖（2003）探讨了当时我国企业技术创新国际化的资源配置问题，发现我国整体国际化资金配置不足，主要资金流向发达国家与地区以跟踪、监测、获取先进技术知识为目的；海外研发机构的人力资源构成中外国人比例较低；对于国外信息资源的获取重视不够[137]。李鑫，姜照华和陈禹（2012）指出东软集团（Neusoft）以自主创新与技术引进融合、产学研融合、软件产业与制造业融合三个方面形成了中国企业技术创新国际化的模式[138]，汪建成，毛蕴诗和邱楠（2008）以案例研究的形式探讨了格兰仕在产业价值链以及全球生产网络中通过 OEM、ODM 与 OBM 三个阶段，实现企业在产业网络“制造”、“研发”和“销售（品牌）”的技术创新国际化演进的路径与经验[139]。

2.5.3 国际化程度的测度

国际化行为的复杂性与国际化概念内涵的丰富性，使国际化测度方式呈现出多样性。Hitt et al.（1997）将国际化程度定义为企业跨越国界进入不同市场和区域的扩张程度[140]。国际化程度衡量的就是企业海外市场的卷入程度（Gomes and Ramaswamy，1999）以及企业国际市场卷入能力的大小[141]。国际化的深度（depth of internationalization）和国际化的广度（breadth of internationalization）是国际化程度测量的两个主要维度。国际化深度指的是针对某个具体而特定的市场企业资源投入的程度（degree of commitment）。国际化广度指的是企业海外运营市场的广泛程度，用企业国际化经营所涉及的国家数以及这些国家与母国市场的心理距离进行衡量。“心理距离”常常被近似地用“文化距离”指标来替代[142]。在讨论研发国际化广度时，Chung-Jen Chen，Yi-Fen Huang，Bou-Wen Lin（2012）采用熵测量公司研发国际化创新系统的地理多样性，公式为 $\sum_i = [N_i 1\mathrm{n}(1/\mathrm{N}_i)]$，$N_i$ 表示指定年份由公司国外分公司在 i 国申请的专利数除以公司全部专利，$\ln(1/N_i)$ 是对每个国家的权重，取 N_i 倒数的自然对数[143]。国际化测量指标总结如表 2.2。

表 2.2 企业国际化程度的测度

国际化维度	测量指标	学者
国际化深度	海外子公司数占总子公司数的比例	Dunning（1988），Daniels & Bracker（1989）；Hu et al.（1992）
	海外分支机构创造的销售额占总公司销售额的比例	
	海外资产占总公司资产的比例	
	海外分支机构员工数占总公司员工数的比例	
	海外研发支出密度	
	海外广告支出密度	
国际化广度	企业在海外从事附加价值的活动的国家数	Dunning（1988）；Chung-Jen Chen，Yi-Fen Huang，Bou-Wen Lin(2012）
	高附加价值活动的国际化范围	
	海外国家与母国市场的心理距离	
	研发国际化创新系统的地理多样性	
国际化态度	高层管理者的国际化经验	Sullivan（1994）
	国际营运的心理分散度	

2.6 本章小结

本章对构建整体研究的相关理论、方法以及现有的研究成果进行了梳理。作为本书的主要的理论基础，资源依赖理论与交易费用理论阐明了网络的形成机理以及开放式创新模式的经济学解释。技术创新理论从最初的企业层面创新推演到产业创新层面，为本书研究产业创新网络与企业技术创新活动的互动提供了支撑。知识管理以及组织学习理论是本书探讨知识流动视角下的产业技术创新国际化的根本出发点。社会网络分析方法是本书的重要方法基础，其分析变量以及测度方法成为本书构建产业创新网络并测度其国际化程度的主要参考。

通过对网络中的知识资源、产业创新网络的形成与发展，产业技术创新网络国际化以及企业技术创新活动国际化的研究成果进行整理，我们发现尽管有大量的文献研究网络特征对技术创新的影响、企业网络中的知识流动、产业技术创新国际化、企业技术创新活动国际化等重要命题，但是在产业层面研究创新网络的国际化问题及其对技术创新影响的文献还不多见。本章不但对主要的理论观点进行了系统的归纳与总结，也为后续研究的理论分析与实证检验提供了良好的基础。

第3章 产业创新网络国际化的演进分析

通信网络和交通网络的发展极大地突破了地理限制，加速了创新网络的国际化。科技全球化提升了外部知识的重要性，促使知识资源要素在全球范围内有效流动重组，增加了国家科技系统的开放性，促进了知识技术的跨国转移[144]。以技术复杂趋势、信息技术发展以及竞争的时间因素等为背景，创新网络呈现虚拟化、知识化以及国际化的趋势[145]。因此，在考虑产业国际化的内涵时，应以产业知识流动为切入点构建产业创新网络，将产业中的企业视为创新主体，重视其在技术创新全球化的背景下与其他各种行为者的合作互动，通过产业政策培育开放的产业创新环境，并通过相应的制度调节相关主体的国际化行为。

3.1 产业创新网络国际化的背景及动因

3.1.1 产业创新网络国际化的背景

开放性结构与关联互动机制的理论认为国际区域产业结构整体性演进，是各产业结构主体在域内相互关联、整体运行以及其他区域产业结构体系互动演进的结果，作为世界经济产业结构大系统的局部或组成部分，离不开全球产业结构大系统这个外部环境[8]。

R&D 国际化给产业创新网络的结构与功能带来新的变化，开放式创新意味着产业创新网络中的主要节点——企业的创新理念、创新战略以及创新活动国际化范围与深度产生了巨变，全球创新网络为产业技术创新提供了更广阔的知识获取与运用的平台。三者共同作用推动了技术创新的全球化发展，提供了产业创新网络国际化演进的合作环境与技术基础。

在这样的大背景下，通过技术创新国际化活动参与全球创新网络，有利于企业更好地掌握产业的整体发展趋势和技术前沿，利用核心网络内部广泛的技术基础迅速开展创新活动，同时获得辅助网络从资金到政策的支持，避免企业由于投入大量资金与人力成本进行重复的创新活动而导致丧失获得边际收益的可能。嵌入到全球科技创新网络，可接触与可利用的知识与技术资源的数量与质量将大大优于游离于网络外部的单元。由于网络成员之间密切联系，频繁地进行技术交流与探讨，在彼此之间互相信任和长期合作的基础上积累的信任度和默契感使得知识与技术的传递效果累积增加。

全球创新网络为网络成员提供了一种互动、开放式的学习过程，企业不仅通过合作创新，共同开发新技术提升知识基础、技术储量；同时从创新网络的核心企业获取先进的管理理念与方法，从人员培训、研发管理，组织机制等各方面学习到整合企业内外创新资源的方法、流程与技能，从而提升对不同来源的创新资源的掌控、驾驭、吸收与整合能力。创新全球化趋势使得产业创新网络国际化的收益与优势扩大，推动了网络国际化的发展。

3.1.2 产业创新网络国际化的动因

产业创新网络国际化的实质是通过产业政策与产业网络运行机制的作用，整合利用全球化的知识技术资源，形成集成创新能力，把握全球价值链的分工中的话语权，实现产业结构优化和提升；与此同时，产业内的企业在国际化的产业网络中联合其他网络成员，通过吸收国外先进知识来充实、提升原先薄弱的知识基础，降低自身的创新成本，增加产品的技术附加值，实现企业创新效益最大化。

产业创新网络的国际化与企业的技术创新国际化活动互相促进演化，共同推动产业内新技术或新知识的产生、流动、更新和转化，促进企业创新能力的形成和产业竞争力的提高。因此，我们在分析产业创新网络国际化的发展动因时，从产业创新网络国际化动因与企业技术创新活动国际化的动机两个层面进行分析。

3.1.2.1 整合全球化的技术资源促进产业发展

随着科技全球化趋势的出现，科技资源在全球的流动与重组是一个客观的经济过程，有日益加速的趋势[144]。经济全球化已经在经济活动的各个层面广泛展开，包括技术和研发在内的生产要素在全球范围寻求最佳配置，各国国家创新体系结构构成了科技资源的内涵，相互联系，发挥作用。随着外部技术来源特别是跨国技术来源的影响日益增加，许多重要产品的技术系统不受国界的约束和限制，成为全球性的技术系统，合作创新提供了遍及世界的创新机会，为获取位于全球任一区位的相关知识和经验提供了网络基础。

Freeman（2003）认为，创新体系不仅包括直接的 R&D 活动，还包括产业创新管理与资源配置的方式。产业层面的创新不是一个从原理开始的创新，而是知识技术的集成创新，不同层次集成创新需要来自全球不同领域的知识资源，通过全球资源配置来提升。加强集成创新能力，将促进竞争力的提高，从而在整体上为推动经济的发展产生影响[146]。尤其是在具有高度的复杂性和综合性的高技术领域，许多组织通过寻求合作来实现技术创新，各种战略联盟迅速发展成为市场竞争的重要组织形式，其中产业技术战略联盟的重要性日益突出，跨国公司纷纷缔结以 R&D 活动为核心的战略联盟[147]。由此，市场竞争将逐步转变为以产业技术联盟形式形成的网络形式竞争，网络中的组织在产业创新平台上创造、获取、分享各种知识和技术资源。

科技资源配置效率是影响中国产业国际竞争力提升的关键因素[148]。具有更丰富的外部网络资源的产业创新网络，一方面能够获得所需要的外部的互补性资源，提高自身资源创造价值的潜力；另一方面，网络所带来的机会识别方面的优势将能够更好地发挥产业内部资源能力的潜力，内部资源与外部资源两者的优化配置能提高企业的创新能力，推动经济社会发展，促进产业自主创新，提高国家综合国力[149]。此外，发展中国家利用外部技术资源还可以促进产业结构升级，不少发展中国家利用全球科技资源转移重组的机遇促进本土产业优化升级。通过产业创新网络开放的产业政策吸引全球科技资源，扩大科技全球化溢出效应，网络内各主体广泛地利用国内国外两种技术资源和市场，进行知识扩散、转移与共享与再创造，实现科技资源在全球范围内优化重组，集成全球优势要素是产业创新网络国际化的主要动因。

3.1.2.2 知识资源互补增强企业创新能力

在国际市场上，企业的竞争能力不仅取决于其内生的资源，同时取决于其整合利用社会化和国际化资源的能力[150]。处于科技全球化的背景之下，企业的国际化活动体现为一系列复杂的知识获取、转移、整合与创造过程[151]。

国际化的产业创新网络中包含了企业国际化成长所需的各类知识资源。这些知识资源分为编码化知识和默会知识。每年都有大量学科前沿领域的探索性知识以大学和科研院所的论文形式公开发表，与此同时，大量的发明专利或实用新型专利在企业、大学、科研院所的技术创新中产生并被公布。这些编码性的知识开放性最高，也比较容易获取。相对而言，默会知识尤其是涉及技术商业化的核心知识，为维持自身的技术优势企业会进行保护避免扩散，默会知识开放性程度低，企业较难获取。

企业密切监视和跟踪外部技术以及持续的市场与客户需求变化的信息流，积极获取开放性的编码知识，在密集的内部研发活动的基础上，根据自有的创新资源和核心能力优势，充分吸收并利用外部资源，可以弥补内部创新资源的不足[152]。

与此同时，企业通过积极的国际化活动嵌入到创新网络，有利于扩展知识搜索的广度，获取多样化的创新知识来源，利用更为广泛的科学家群体的知识和创意，以及更丰富的创意和信息来源提高创新的新颖性与效率。企业在国际化产业创新网络的深入嵌入，更有利于默会知识的吸纳，使企业逐渐与网络成员就沟通语言、符号和价值观念达成一致，潜移默化地吸收先进的创新理念与科学的研发流程，为国际化进程中的资源交换、组合与释放提供便利，提升知识转移的效率。

学者们针对创新收益差异性的来源进行研究发现，国际化程度是影响企业创新收益的重要因素。Mansfield 的研究结果表明：企业创新国际化的目的通常就是为了在更大的规模上运用其创新形成的技术优势[153]，企业需要在更为广阔的市场上获取创新收益。国际化为企业提供从外部市场获取创新所需各种资源的良机，获取多样化的网络资源，减少技术的不确定性，降低预测复杂创新中需要的知识、技能和隐含知识组合的难度，更有弹性地应对创新中可能出现的困难，提高创新效率，提升技术创新能力和市场竞争力是企业积极采取技术创新国际化活动的主要动因。

3.2 产业创新网络国际化的内涵及特征

3.2.1 产业创新网络国际化的内涵

产业创新网络是指产业内的行为主体（企业、大学、研究机构、政府组织及其中介组织）之间在长期正式或非正式的合作与交流关系的基础上，所形成的具有开放边界的有利于推动技术创新的具有良好组合与运行方式的相对稳定的系统。在这个网络中可编码的显性知识以及不可编码的隐形知识不断产生、传播、渗透，并在各个网络节点内部发挥作用。产业创新网络模型包括：

（1）网络节点，以产业内的企业和与产业有关联的大学、研究机构、政府和中介机构等为主要创新单元；

（2）网络的联结，由不同单元间所形成的各种正式或是非正式关系构成，包括纵向的产业链式结构，也包括横向的竞争与合作；

（3）网络的边界，行为主体所在区域的界限，由于网络内的各行为主体跨越网络的边界，与外部进行各种交流，节点可以自由退出和进入创新网络，边界也总是处于变化之中；

（4）网络资源，知识资源是产业创新网络中最重要的资源。知识资源在网络中技术、人员、资金及政策资源在网络提供的平台上频繁流动。产业创新网络提供了网络内不同节点之间互动的平台，节省了交易成本，加快了技术转移、知识转移、信息流通的速度，对产业链的整体发展有着重要的意义[154]。

为了更好地提炼产业创新网络国际化的内涵，我们对产业国际化的维度进行了进一步的梳理：

表 3.1 产业国际化维度

	产业国际化的维度
产业技术国际化	采用国际化的产品标准，与跨国企业与分支机构对进行合作研发
产业资源国际化	嵌入全球创新网络，产业资源在国际范围内分配与流动。根据国际分工进行产业的转移与承接
产业环境国际化	产业内引入国际化的竞争格局，全球范围内实现产业结构的调整升级
产业创新国际化	积极主动地参与和融入全球创新网络，在全球范围内有效地整合、配置和利用国内外创新资源，提高产业创新体系的运行效率和质量，提升产业的核心竞争力
企业经营国际化	产品的生产与销售过程不局限于国内市场，实现技术创新的国际合作

资料来源：文献整理。

从上表可以看出，当一国产业的运行已经不再局限于本国之内，而是突破国界甚至在全球范围内进行；当国与国之间产业运行联成一体、互动演进、相互波及、互动演化时，其产业的国际化演进已经到了较高的层次，伴随着产业国际化的进程，产业创新网络国际化程度也不断加深。结合产业创新网络模型以及产业国际化的维度，我们对产业创新网络国际化做出如下界定：

产业创新网络国际化是为了实现产业的升级和转换，提升产业核心竞争力能力，一国的产业创新体系积极主动地参与和融入全球创新网络，在全球范围内有效地整合、配置和利用国内外创新资源进行开放式产业创新的行为与过程[155]；具体体现为产业创新网络节点的国际化、网络联结的国际化、网络资源的国际化和网络边界的国际化。由于企业是产业创新动态系统中的一部分，彼此互连而形成了整体的网络化形式的产业创新系统。因此企业的创新国际化活动是产业创新网络国际化的重要组成部分。

（1）产业创新网络节点的国际化

在一国的产业创新网络中，其节点从只有少数的本国的企业、大学、研究机构、政府组织及其中介组织，逐渐发展到越来越多的产业关联机构加入。随后由于市场规模、劳动力、政策优惠等相对资源禀赋优势，跨国公司通过合作生产、协作研发，将原有创新成果进行技术扩散等方式，加入到该国产业创新网络。与此同时，与它相连接的其他成员，例如国外的大学、研究机构、行业协会、金融中介组织逐渐渗透均成为产业网络中的节点。网络节点中包含来自其他国家的创新主体是产业创新网络国际化的基本表现。

（2）产业创新网络联结的国际化

企业之间特定的联结是竞争优势的一种关键资源，企业的关键资源可能会跨越企业边界，嵌入于企业间的惯例和过程[156]。产业创新网络中的主体在与本国企业之间及大学研究机构建立创新合作关系的基础上，通过本地链接和远程链接对外寻找知识资源扩展自身 R&D 边界，与全球价值链的上游或下游的国际企业、全球市场上的竞争对手、国外的大学和研究机构及金融等中介组织，通过建立合资企业、协作研发或分包、技术许可、引进设备，进行信息交流与培训等方式形成正式或非正式的联结。各节点之间相互交流，彼此联系，知识在连接中流动或溢出。国际化联结的多少，与国外的企业或机构连接的紧密程度、联系的便利性以及联系成本高低是衡量产业创新网络国际化程度的主要指标，并影响到网络的创新活动。

（3）产业创新网络资源的国际化

产业创新网络中存在创新活动所需的各类网络资源，通过网络的国际化构建和国际化运作，资源在国际范围的分配和流动。这些资源包括国外的大学、公共实验室和学术团体的“知识源”，国外供应者、客户和竞争者的“信息源”，还有合资企业、咨询机构提供的其他外部网络资源。知识资源在产业网络中聚集流动，提升了整个网络的知识存量与技术水平，有助于网络中的企业发现和把握创新机遇，主动更新技术。产业整体网络中的技术更新越快，竞争越大，企业面对的创新压力越大，就更愿意利用外部资源，进行外部研发，形成了资源国际化流动的良性循环，产业创新网络资源国际化的状态尤其发生在汽车机械、电子计算机、半导体和生物技术等中高技术行业。

（4）产业创新网络边界的国际化

产业创新网络不是一个封闭的系统，网络的开放性使得创新网络与外界保持信息、知识的交流，避免产业创新网络的技术轨道锁定。知识开放度和空间开放度共同对开放性进行衡量[157]。知识开放度为衡量知识传播和扩散渠道的开放程度，空间开放度主要指网络内部知识、制度与外界适配程度。成员企业可以自主决定与其他成员之间关系的建立与中断，不断增强或减弱与合作伙伴的合作水平和规模，节点的增加与减少，节点与外部联结的增强与减弱，网络的边界一直处于动态变化之中。产业创新网络内的本国企业通过直接投资或战略联盟的方式进入国际市场和参与国际竞争，建立生产基地或研发中心，网络的实际边界和虚拟边界的国际化的推进意味着产业创新进入了一个新的阶段。

（5）企业技术创新国际化

企业技术创新国际化是企业在产业创新网络中，以知识搜索、知识学习和资源利用为出发点，更广泛地借助国际化的知识和信息构建自己的技术和知识结构，在利用世界科技资源进行创新全面提高企业技术能力的基础上，推进企业国际化的生产经营的企业行为。企业技术创新国际化以创新源的全球性、创新人才多元化、技术创新组织网络化为特征。技术创新国际化是企业提高技术创新能力和应对知识经济下竞争压力的优先选择[137]。

3.2.2 产业创新网络国际化演进中各功能主体的作用

在产业创新网络的国际化过程中，创新网络中的行为主体包括境内企业、大学、研究机构、中介机构和地方政府等，不同主体在产业创新网络国际化过程中承担着不同的角色。

（1）境外企业

境外企业出于为母公司服务东道国市场进行产品的创新改进，搜集技术经济情报、避税或套取优惠政策，最大限度利用发展中国家丰富而价格低廉的创新型人力资源为其全球战略服务等各种动因，选择直接到海外进行投资，与投资当地建立各种经济社会的资源连接关系，在发展中国家境内设置生产基地、采购基地与研发基地，成为东道国产业创新网络国际化的重要参与者与推动者。

（2）境内企业

技术创新中的应用研究与创新成果的市场化往往由企业主导并且推动。在产业创新网络中，根据企业在产业链中的前后顺序分为原材料或半成品供应商、设备提供商、制造商、销售代理商、经销商、生产服务机构以及企业用户等，各种企业在产品创新中作用不同，在产业技术网络国际化中也承担着不同的功能。境内企业在创新的各个环节都会通过与国内外的知识资源拥有者，即产业创新网络的其他节点获取知识、吸收知识、二次创新。由于企业具有从国际化中获得创新收益的强烈动机及实施主动性的国际化活动，企业成为产业创新网络实施技术创新国际化最重要的主体。

（3）大学、研究机构等公共机构

大学、研究机构等承担并推动产业技术发展所需的基础研究，是创新的知识的供给者。在某些产业，例如生物医药产业，大学和研究机构是产业创新网络中最核心的成员之一，大多数的生物技术企业都起源于科学研究，是拥有科研成果的优秀科学家与风险资本结合的产物[158]。在激光器和激光加工中，大学和科研机构对企业的技术优势形成了网络的新结构特征；位于我国武汉市的华中科技大学及其衍生的华工激光集团就在武汉光电子产业网络中居于核心地位[159]。由于全球性的信息网络促进了世界各国的科研人员、科研机构以及仪器资料等基础设施之间流动和信息共享，国际学术网络、国际科学数据库、国际虚拟研究中心、虚拟实验室、科学家之间在网上开展合作交流等已经成为国际合作的重要手段[160]。大学、研究机构通过国际科技合作，共同分享国际前沿科学成果，成为产业创新网络中必不可缺的功能主体。

（4）中介机构

中介机构在产业技术创新网路中充当企业和政府之间的桥梁和纽带。这些机构服务于产业创新网络各市场主体之间，或创新网络与国际市场之间主要包括行业协会、会计事务所、产权交易所、人才市场、金融服务机构、律师事务所、技术交易市场、专利事务所、创业投资公司等。在企业创新网络中起到沟通连结、咨询服务、协调重组作用。例如，在与欧盟或其他国家的贸易争端中，往往是行业协会代表中国企业进行国际谈判，为中国企业的国际化清除障碍，保证中国企业的合法权利；法律、金融、会计和管理咨询等中介机构在企业的对外并购中可以发挥重要作用。

（5）政府部门

政府部门的作用主要体现于制定产业政策和发展战略、打造技术创新平台、提供良好的产业创新环境等方面，政府部门通过引导、激励、保护和协调等方式影响着技术创新的整个过程 [161]。政府的宏观调控促进了高校与科研院所的基础研究工作，促使企业进行创新活动，提高科技成果的转化率和科技经费投入力度，形成合理的投入产出结构。面对我国技术创新动力不足的问题，政府采用创新激励政策，通过税赋的设定、公共投资、财政补贴促进鼓励企业的技术和产品创新、促进科研成果的转化、最终产生商业效益，使创新的企业获得较好的收益与回报，增加企业的创新活力和动力。面对大多数的中小企业技术能力较弱的问题，政府帮助技术中心、孵化器、咨询等创新中介机构的发展，通过活跃的中介服务促进中小企业的技术吸收和转化，减少中小企业在市场上搜索各种服务机构的成本，为中小企业提供与外部的网络关联 [162]。

在产业创新网络国际化过程中，企业与其他企业、大学、科研机构是与国外创新源进行联结的主体，而政府部门、中介机构则是产业创新环境的营造者、企业国际化活动的支撑者与辅助者，它们一同在产业国际化的过程中发挥重要作用。

3.2.3 产业创新网络国际化的特征

3.2.3.1 产业创新网络国际化与企业技术创新国际化的互动性特征

产业创新网络由企业、大学、科研机构、相关政府组织以及各种创新中介机构共同组成的，其中企业是最重要的成员主体。因此，产业创新网络的国际化与其内部的企业的国际化行为相互影响，密切相关。

产业创新网络国际化为企业国际化行为提供了知识平台。产业创新网络为各种市场知识、技术知识、制度知识溢出、扩散和共享提供了渠道；产业创新网络的中介组织为产业创新网络内部的企业国际化提供信息沟通、组织协调服务；产业政策对网络内企业的国际化行为进行扶持，从而对网络内的企业加快其国际化发展步伐，准确掌握市场动态，及时作出应变策略，为降低国际化过程中的成本与风险提供了极大的帮助。

企业是产业创新网络嵌入全球生产和创新网络，实现国际化发展的最重要主体。它主导了产业创新网络的国际化发展过程的各个方面。企业技术创新国际化是产业创新网络国际化发展的主要内容之一，如果企业没有实现国际化的动机并实施创新国际化行为，产业创新网络的国际化就无从谈起。企业自觉的创新国际化行为有序地推进了产业创新网络国际化的进程，即每个企业节点连接数的增加或减少使得整个产业创新网络也呈现出稠密或稀疏、扩张或收缩的态势。企业国际化所采用的方式也是产业国际化发展的最主要方式。然而，产业创新网络国际化方式不仅是网络内单个企业创新国际化行为方式的集合，还包含了产业政策的国际化引导与扶持，网络内中介组织与企业国际化共同成长的国际化活动。

产业创新网络国际化对整个产业自主创新能力的提升、国家创新系统的发展，以及产业在全球价值链的分工格局产生影响，同时也因为产业网络结构、网络组成以及连接形式的变化影响到网络内部节点企业的创新与发展。企业创新国际化所形成的绩效，表现为企业自身发展的促进或阻滞作用，正的绩效会促进企业进一步国际化发展；负的绩效则会阻碍企业的技术创新国际化活动。当然，企业的技术创新国际化也会对产业创新网络内其他企业产生影响，如对其关系密切的上下游企业产生影响；此外，其示范效应也会对产业集群内同类企业产生影响，对它们国际化起促进或延迟作用。

3.2.3.2 产业创新网络国际化的进程的渐进性特征

产业创新网络的国际化是一个逐步演化、从量变到质变的渐进过程。一方面体现为产业创新网络的国际化节点以及国际化联结是逐渐加入和形成的，网络中知识资源的溢出、扩散也是逐步传播的，产业政策的制定与需要时间，须结合产业演进的轨迹进行调整，另一方面产业创新网络中的企业知识的搜索与吸收进而转化为创新成果需要时间，其国际化活动出于对自身能力以及创新风险的考虑，大多数会采取渐进的方式。

我国产业体系的对外开放经历了 35 年的时间，以 FDI 为例[163]，如表 3.2 所示经历了 4 个阶段。

表 3.2 中国产业网络国际化主要阶段

发展阶段	境外节点数量及来源	开放的产业	产业环境
起步和渐进阶段（1979—1991 年）	东南亚邻国以及香港、澳门地区	旅游服务、食品纺织及部分家用电器行业、通信设备行业	经济特区试点；对外商投资提供优惠待遇
加速增长阶段（1992—1997 年）	境外的大型跨国公司 节点数增长	制造业：包括电子和通信设备、电器机械、交通运输设备和纺织服装等	扩大对外开放的范围，基础设施条件、体制环境和政策环境明显改善
稳定调整阶段（1998—2002 年）	境外大型跨国公司 节点数稳中有升	电子和通信设备、电器机械、交通运输设备和化学原料及化学制品等行业	竞争性市场结构形成，外资产业结构和技术水平升级
升级加速阶段（2003 年至今）	境外大型跨国公司及金融企业 节点数稳步增长	服务业特别是金融业	加入世贸组织，金融业开放

资料来源：根据江小涓（2008）论文整理。

起步和渐进阶段（1979—1991 年）：产业网络中的境外节点主要来自于东南亚邻国以及当时还属于英国和葡萄牙殖民地的中国香港、澳门地区，投资区域集中在经济特区，开放的产业主要是旅游服务、食品纺织等产业以及部分家用电器行业、通信设备行业；加速增长阶段（1992—1997 年），产业网络中的境外节点来自境外的大型跨国公司，1997 年年底，“财富 500 强”中已有 360 多户在华投资，开展产业合作，制造业为主要投资与合作产业，大型项目增多；稳定调整阶段（1998—2002 年）：境外节点数稳中有升，竞争性市场结构形成，外资产业结构和技术水平升级升级加速阶段;(2003 年至今）：境外节点继续增多，投向服务业的比重提高，合作方式开始多元化。从表中罗列的发展阶段可以看出每个阶段都历时 5—10 年，由此可知，产业网络的国际化发展是一个渐进的过程。

产业体系中，企业的技术创新国际化同样经历了渐进发展的历程。有效的国际化过程要求企业能够从国际化的产业创新网络中充分吸收来华投资的大型跨国公司的知识与技术溢出，也要在海外市场充分利用知识存量，并不断地通过国际化行为产生新的知识流量，形成企业知识发展与国际化行为之间的良性循环，从而促进竞争优势的不断扩大和提升[164]。Uppsala 国际化过程模型认为：由于国际化风险较之国内发展的风险更大，企业国际化是一个渐进过程，其主要特征是企业通过对海外市场的不断介入，经验性知识的不断积累，从而渐进式地向前发展。

3.3 产业创新网络国际化演进的影响因素

3.3.1 创新基础

技术创新全球化为产业创新网络国际化发展提供了很好的机遇和知识技术获取的平台。对于发展中国家和新兴国家而言，本国产业技术创新基础将对创新网络国际化的发展进程，预期效果产生深远影响。本国产业技术创新基础包括国内市场容量、国家现有的产业结构、产业集成创新能力、产业创新人力资源，以及产业科技环境等方面。

（1）国内市场容量

市场规模越大对跨国公司的进入越具有吸引力，产业创新网络中的国际化主体持续增多。产业内竞争的加剧迫使跨国企业为了争夺市场份额加快对先进技术的转移，有利于产业尽快从跨国公司获得先进技术，实现技术追赶。

（2）国家产业结构

包括产业结构的健全程度，产业规模的大小，是否形成完整的高、中、低技术基础的产业链，不同技术程度产业的格局等内容。产业结构将影响到通过网络国际化引进的外部先进技术，是否能够在大规模制造上得到应用，产生广泛的带动作用和技术外溢效应，进而对整体产业技术创新带来提升。

（3）集成创新能力

集成创新能力包括对专业技术知识、最新研究成果、知识与技术之间的关联、市场对技术的需求特点、最佳配套产业的分布、技术水平和成本要求之间如何平衡等重要的产业创新知识的吸收与运用的能力。集成创新能力的积累与丰富，直接影响到国际化知识吸收的效率以及对产业技术创新绩效。

（4）产业科技人力资源

科技人力资源指的是实际从事或有潜力从事系统性科学和技术知识的产生、促进、传播和应用活动的人力资源[165]，包括高水平的产业技术专家、进行产业基础性科学研究的研究人员、从事产业科研教学任务的大学教师以及受过良好的专业教育的企业技术工作人员等。产业科技人力资源是产业能够尽快识别和获取外部知识，利用外部技术资源并使之与国内技术开发进行良性互动的重要基础。

（5）产业科技政策

产业政策是指国家根据国民经济发展的内在要求，调整产业结构和产业组织形式，从而提高供给总量的增长速度，并使供给结构能够有效地适应需求结构要求的政策措施，是国家对经济进行宏观调控的重要机制[166]。产业科技政策对产业创新网络国际化起到极大的支持和调控作用。

3.3.2 产业特征

产业特征与产业国际化之间存在必然的相关性。不同的产业其国际化的潜力不同，产业的特征与发展阶段决定产业的国际化的必要性和可能性；产业的国际化进程对产业的发展存在影响。产业独特的市场结构和竞争压力必然导致独特的产业发展方向和产业内企业的发展战略。因此，产业特征成为产业创新网络国际化的重要影响因素之一。

（1）产业的竞争强度

根据波特的竞争分析框架，潜在进入者是决定产业竞争环境的一个重要因素，国内产业市场准入门槛低，不断有新的竞争者进入，竞争越剧烈，迫使产业内越来越多的企业为了生存，寻求更多的国际市场机会或通过学习国外的先进技术与服务，推出新产品新服务的动机也越强。产业创新网络中参与国际化活动的企业越来越多，产业创新网络的国际化程度也不断加深。

（2）产业的技术密集程度

产业的要素特征是影响产业发展和战略的重要因素。根据 Dunning（2008）

改进后的折衷理论,企业可以通过技术创新和并购来加强和创造企业特定优势。因此，中国相对落后的技术密集型的产业，由于技术创新的能力不强，有着通过外向型的创新网络充分吸收已有国际先进技术，快速提升自身的技术能力和创新能力，从而增强企业竞争力的迫切需要。技术密集型产业内的企业群体国际化行为，为产业获取和积累产业升级发展所必需的关键技术，带动和提高产业内企业的整体研发创新能力，推动了产业创新网络的国际化进程。

（3）产业中企业规模的大小

波特（1980；2008）的产业分析可知规模经济要求高的行业可以通过企业规模的扩大来降低成本、提高与上下游企业议价能力、防范新企业进入。为了提高生产规模和扩大销售市场，产业中规模大的企业逐渐开始外向型发展，将市场、生产和研发的触角伸向国际市场，构建起与国际客户、供应商、研发机构、行业协会之间的关系网络，逐渐引领整个产业创新网络向国际化方向演进。

（4）产业中企业的性质与能力

企业的所有权结构对企业国际化的广度和深度以及国际化的模式都有显著的影响（George，Wiklund and Zahra，2005）[167]。在协作研发、合作生产、合资建厂以及国际并购中，国有企业在外交、资金和行政等方面比较容易得到政府的支持。此外，国有经济比重较大的产业往往是关系到国家经济命脉的产业，如果这些产业的国际化有利于经济的可持续发展和提高国家竞争力，政府会给予更多的支持，进而影响到产业创新网络的国际化进程。

（5）产业中企业的吸收能力

Cohen & Levinthal（1989）认为外部资源对企业获取独特资源至关重要，企业只有保持对企业外部资源的开放和不断地吸收才能动态地占有独特资源。企业创新绩效的提升与否由企业外部网络和企业内部吸收能力共同决定，网络提供了获得更多、更有价值知识的可能，只有具备较强的吸收能力的企业才能实现这种可能。吸收能力存在多个维度，对技术知识和市场知识的吸收能力能影响组织间的学习、知识转移，进而能影响企业创新绩效的提升（Lichtenthaler，2009）[168]。

根据王飞[159]，徐丹[169]，王灏[157]的研究，表3.3分别给出了生物技术产业、半导体产业、光电子产业的产业特征、网络结构特征及产业网络国际化具体表现。

表 3.3 不同产业、网络及国际化的特征表

产业	产业特征	网络特征	网络国际化的表现
生物技术产业	高技术，高投入，高风险，长周期，行业技术壁垒高	结点之间交互式联结，水平层次上的联结不如与科研机构以及上下游联结多	国际化节点增多，大型跨国公司占据中心节点位置，连接关系复杂 企业关注国际研究成果和学术论文，购买国外专利，模仿创新；承接海外研发外包业务；吸引留学人员回国
半导体产业	高成长性，高渗透性，高附加值，产业重心不断转移	核心企业网络结构与区域集群网络结构	国际化节点以跨国公司分公司，合资企业为主体 企业从进口机器设备、OEM、国外企业技术授权学习获取国际化知识资源，借助中国台湾与美日等企业进行研发合作
光电子产业	风险大、技术含量高、技术融合度高、技术合作要求高、产品应用范围广	多极化的网络结构，国内该产业的网络节点权力偏低，产业创新网络分成若干子网	节点异质程度高，创新成果以论文，专利、机器设备等为主要载体，资本构筑技术知识外溢障碍 企业受到本地网络生长和国际网络嵌入的双重动力作用，受到国际化节点的控制

数据来源：根据文献资料整理。

3.3.3 知识属性

创新网络国际化过程中，外部知识资源在网络中不断产生、传播、渗透，并在各个网络节点内部发挥作用，对整个产业技术能力有重要意义。外部知识的属性影响知识积累的速度、可被保留的程度，以及在企业内部和企业边界之间扩散的难易度[170]，因此知识属性是产业创新网络国际化的重要影响因素。

（1）知识的隐密性

知识被划分为显性知识与隐性知识，隐性知识是通过干中学积累的技能中缄默性和难以编码的部分[171]；Szulanski（1996）指出知识的“内部粘性”阻碍知识的有效流动[172]。与显性知识相比，隐性知识往往与特定的行动联系在一起，传播起来更加困难，只有通过行动上的练习、认真的观察和模仿实践才有可能获取。当知识的发出者和接收者对被传播的知识有共同理解，双方要进行大量的反复互动和沟通，网络联系比较强时隐性知识传播效率会更高[173]。由于隐性知识往往嵌入在人员、工具和任务这三种基本要素以及三者交织而成的复杂网络中，使得这种知识更难获得[174]。隐性知识共享的过程不仅仅是知识传递、吸收的过程，而更是一个知识生成和创造的过程[175]。在产业创新网络国际化的过程中，知识可被编码的难易程度和可被教授的难易程度对国际化的知识转移的速度具有显著影响，同时也影响这企业国际化活动的方式，在获取显性知识时，注重国际化知识搜索的广度；在获取隐性知识时，必须注重与网络中国际化成员联系的深度。

（2）知识的复杂性

复杂性指的是与特定知识或资产相关的技术、惯例、个体以及资源相互依赖的程度[176]。知识的复杂性严重影响知识转移的效率。独立系统的信息技术，比它是某个大系统里面不可分割的一部分传播起来容易得多[177]。王玉丽等（2010）认为：知识的复杂性指在联盟中转移的特定知识的复杂程度，指的是转移方与接收方知识匹配与兼容程度。知识本身的复杂性决定了联盟知识转移的速度和效果[178]。当技术的复杂性增加时，跨国公司更有可能把技术传递给全资所有的子公司[179]。Sorenson，Rivkin & Fleming（2006）研究了社会网络中知识的复杂程度、知识源远近对知识接受的影响发现，简单的知识不论主体与知识源的远近具有相同的扩散程度；复杂的知识无论远近都难于传播；复杂程度中等的知识，离知识源近的主体通过当地搜索和保真传导接收知识[180]。因此知识复杂程度适中时，网络中离知识源近的主体与离知识源远的主体相比更具优势[181]。产业创新网络国际化的过程中，知识的复杂性决定了网络中主体获取国际化知识的难易程度，同时也对知识获取方与知识接收方的联结方式和地理距离产生了影响。

（3）知识的异质性

知识异质性主要来源于知识主体的异质性与知识本身的多样性。异质性主体拥有专门知识和特殊技术模块，在创造、理解、传播和吸收知识的能力上存在着较大的差异[182]。知识本身异质性指的是个体通过所在网络可获得的知识、诀窍、技能的多样性[183]。研究表明获取异质知识可提高企业的创造力，具有不同背景成员组成的异质群体与同质群体相比更有创造力[184]。McDermott & Corredoira（2010）研究了国内外不同类型的网络联系能够提供不同的知识，对于发展中国家企业的工艺和产品升级起到不同作用[185]。在产业创新网络国际化过程中，来自网络主体的异质性、多样性的知识能增加企业所获知识的相对新颖程度，提高企业利用国际市场机会的可能性，企业接触新知识的程度将影响新企业国际扩张速度[186]。

3.4 产业创新网络国际化的演进机制与过程

3.4.1 产业创新网络国际化演进机制

产业创新网络国际化演进是国内外两种机制作用的结果。机制一：境外企业进入东道国的产业创新体系构建自身关系网络并嵌入到东道国产业创新网络；机制二：东道国产业创新体系内部企业面临境内外的跨国公司竞争，彼此之间网络增强互动，与境外企业合作产生联结获取更丰富的创新知识源，不断扩展自身知识边界。两重机制互相影响，互相推动，促使产业创新网络国际化演进。

3.4.1.1 境外企业研发国际化的推进

境外企业的研发国际化行为是产业创新系统国际化的关键因素和诱因，也是东道国产业创新系统内向国际化演进的主要路径。

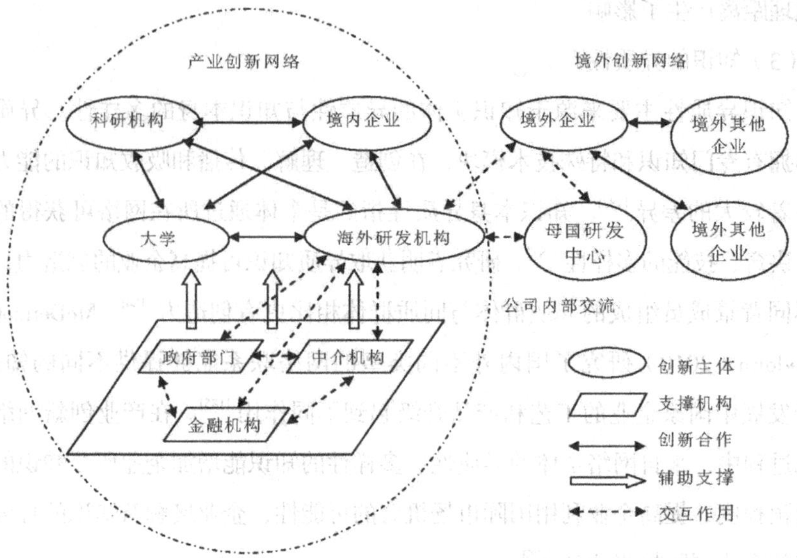

图 3.1 境外企业推动东道国产业创新网络国际化示意图

境外企业出于进一步利用自身垄断优势或者利用境外廉价资源等战略性考虑，选择直接到海外进行投资，与投资当地建立各种经济社会的资源连接关系，在发展中国家境内设置生产基地、采购基地与研发基地。大型跨国公司在华设立研发机构主要采取非独立法人形式，一般经过了"中国销售"、"中国生产"和"中国研发"等几个阶段，在华研发机构的设立普遍要晚于其生产机构的设立。境外企业与本地企业开展R&D活动主要采用的形式有：设立独资研究中心、技术开发中心；在合资企业内部设立研发机构；与大学、科研机构成立研究中心；与企业建立技术联盟。这些研发机构最初的使命一般是对生产性分支机构在东道国国内的生产和销售提供技术支持，然后才是针对东道国市场的继续开发。为了在东道国生产和销售更多的新产品，跨国公司在短期内会更多地利用母公司的知识存量；对当地市场知识有所掌握后，跨国公司研发机构开始进行知识反向的转移，此时母公司知识存量增加。

为了更好获取当地特有资源或提高经营效率，境外企业在当地不断结网，与当地的企业与机构进行联系，实现对东道国产业创新网络的逐渐嵌入。产业创新网络是“跨国公司”与“本地”两者互动的重要场域[187]。境外企业研发国际化的日益发展和深化引起了东道国的产业创新网络的结构变化。其在东道国的研发机构嵌入到东道国内部，成为东道国产业创新系统的特殊组成部分[188]，并与企业、科学与技术研究机构、政府机构形成不同程度的相互作用，从而增加了东道国国家创新系统的复杂性[189]。

具体而言，跨国公司的 R&D 国际化活动对东道国产业创新网络所产生的影响主要有三个方面:第一，境外企业在东道国投资研究中心或技术开发中心，增加了产业创新网络中的创新主体数目，直接增加了东道国原有创新网络的外部知识源，境外机构成为全球创新资源与东道国境内企业传递信息与知识的桥梁，增加了国内创新主体的知识存量与创新活动。第二，境外企业与产业创新网络中本地组织建立各种联结，增加了产业创新网络联结的数量。第三，境外企业在东道国的技术创新活动促进了东道国的企业联盟的建立，加强了核心企业与其他企业、大学以及科研机构的相互联结[190]。

3.4.1.2 境内企业技术学习的拉动机制

知识经济时代要素结构已经取代工业化时代的要素结构，决定一国的国际分工地位[191]。知识型要素的禀赋情况直接决定了世界各国产业结构知识化程度的差异，发达国家的产业结构知识化程度高于发展中国家，技术上的优势使得发展中国家企业始终处于产业价值链的低端。跨国公司到发展中国家的投资进一步挤占了发展中国家的市场，国际竞争国内化的趋势迫使大量的本地企业利用资源杠杆主动获取创造性资产，这种行为成为产业创新网络国际化的主要推动力。资源杠杆是指通过组织学习将不同来源的资源整合并产生竞争优势的过程，Mathews 认为后进企业应该采取与其资源基础相匹配的战略，首先通过战略联盟、创办合资企业等方式与先进国家的跨国公司建立关联，从国外获取先进技术、知识和市场，然后利用与跨国公司的伙伴关系为杠杆获取所需外部知识资源[192]。网络成员的对外部知识源的主动学习使得企业自身技术能力增长，构成了产业技术能力增长的基础，产业创新网络的整体学习能力同时也影响着成员企业知识获取的效果[193]。

Kim 提出的发展中国家的逆向技术发展的三阶段学习模式[194]，体现出发展中国家的技术学习对产业创新网络国际化的拉动作用（如图 3.2 ）。

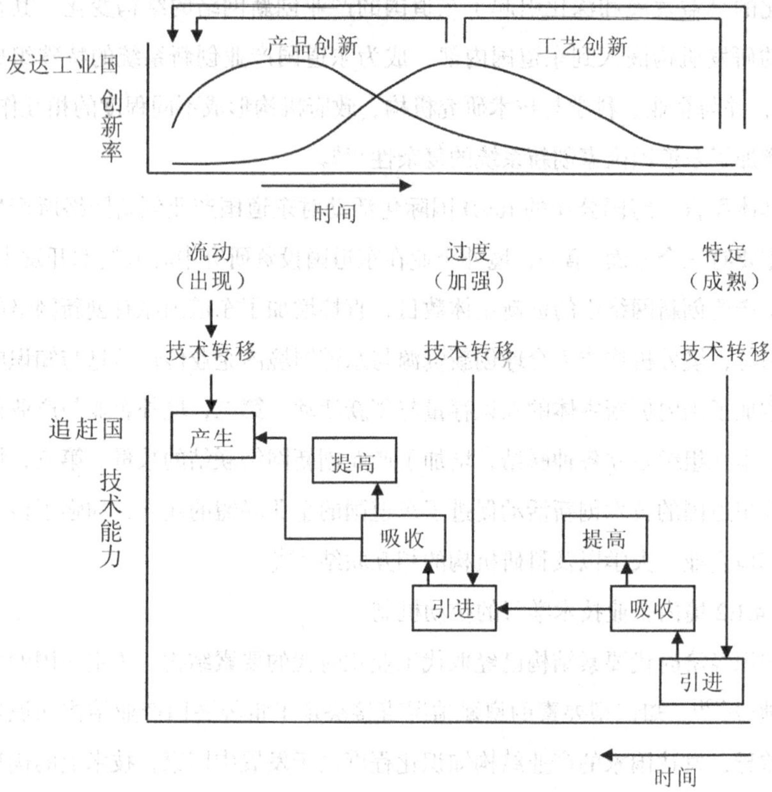

图 3.2 发展中国家逆向学习三阶段模式

在技术能力较低阶段，发展中国家通过政策推动吸引外资，引进发达国家的成套设备与成熟技术，将境外企业纳入到本国的技术创新网络。随着时间推进，发展中国家的企业技术水平提升，不再满足于引进成熟技术、生产技术含量和创新含量很少的基础产品，开始注重对那些创新含量较高的过渡阶段的知识技术进行引进，使得本地产业创新网络中出现一大批国际化的主体。等发展中国家的部分优秀企业人力资源具备、技术创新能力持续提升时，企业一方面走出国门，主动寻求创新率更高的知识技术，另一方面也吸引了境外企业将研发中心嵌入发展中国家的技术创新网络，对高技术人才进行争夺。此时产业创新网络中国际化节点日益增加。本地企业也因为竞争的加剧，与境外或境内的企业加强创新合作，使产业创新网络的节点、联结、资源和边界发生变化。

跨国公司 R&D 嵌入与东道国创新网络，打破了原有创新网络的平衡态或近平衡态，并进一步加强了系统的非线性机制，这些变化也影响到系统内部的创新机构，改变了东道国产业网络内成员之间的知识资源互动行为，这种不稳定状态，有可能使原有系统就越过临界点形成新的更加高级的有序状态或发生突变，推动了产业创新网络结构的演进。

3.4.2 产业创新网络国际化演进阶段

产业创新网络国际化是一个渐进的过程，与发达国家产业创新网络由本地结网向全球扩张的演化过程不同，发展中国家创新网络呈现出全球网络要素植入经本地结网至跨区扩张的演变过程。依据国际化节点、国际化联结、国际化资源从无到有的过程，被划分为封闭阶段、初级阶段、中级阶段到高级阶段。整个演进阶段的知识流动与 Mathews（1999）提出的后发国家“发展资源杠杆”的四个步骤契合：先建立技能基础，再利用杠杆获取外部知识；然后将知识扩散；最后通过大量研发投入，生产销售全球化或与发达国家企业联盟的方式增加、拓展企业杠杆获取能力[192]。

3.4.2.1 封闭阶段

在此阶段，产业创新网络中只有境内企业，他们随着产业的发展开始彼此的创新合作，网络联结主要出现在供应链上下游企业之间，或者是一些生产同类产品的企业“扎堆”在某个较小区域内形成封小型的较为封闭的产业创新网络。整个产业的技术水平不高，技术创新动力不足。随着产业规模的扩大，产业创新网络内出现了更多的配套企业和中介服务机构，政府机构也更加注重与企业之间的联系，鼓励高校科研机构对产业技术的参与。此时的产业创新网络中不仅网络主体增加，彼此联结密度增大，联结类型也变得更为丰富，出现了更多的与政府、高校、科研院所、中介服务机构专业化协会之间的水平联结，整体创新水平有了一定的提升。产业内的企业主要着眼于区域市场或本国市场，国际化的经营基本没有开展，产业创新网络处于封闭状态。

3.4.2.2 初级阶段

在这一阶段，产业的国际化主要表现为利用生产要素低成本优势和巨大的市场潜力吸引一些发达国家和地区的跨国公司进行投资。此时，少量的跨国公司进驻中国产业网络，在中国投资设厂或者采购、定牌生产和来料加工。跨国公司的进入为国内产业、产品以及市场与国际接轨提供了良好的渠道，产业创新网络中开始出现国外的创新主体。但此时跨国公司以消减生产成本占有东道国市场为跨国经营目标，将研发等与技术创新相关的工作留在母国进行，技术创新合作伙伴的选择更多地聚焦境外，很少与中国企业进行创新合作。产业创新网络中，通过生产设备与技术的引进，外资企业对本地工人的培训等方式实现了少量的知识转移，更多的是通过外资企业与本地供应商及销售渠道的联系，以及外商企业培训的员工转到本地企业就职等方式等渠道获取知识溢出效应[195]。此阶段，境内的产业创新网络中出现了国际化的节点；跨国公司与中国公司的技术创新网络分别处于两个相对隔离的创新子网，跨接其间的国际化联结很少；国际化知识资源的流量较少；由于境外企业及跨国公司以及境内企业的加入，产业创新网络边界出现扩张的趋势。初级阶段跨国公司对中国 R&D 投资还处于观望、尝试和准备阶段，独立的 R&D 机构很少。产业国际化主要采取大量利用外资、进口、购买专利、特许经营、合资合作等方式，凭借廉价的要素资源来吸引外资。而外资总在不断寻求更有性价比优势的地区进行产业迁移。为了避免这种“松脚型（foot-loose）”的国际化模式可能产生产业空心化的威胁，网络内的企业以国内市场为依托，通过进一步利用外资，引进国外产品学习先进管理经验，与大型跨国公司保持稳定合作关系来获得更多的知识资源。这样做一方面积累了自身的国际化经验，另一方面促使了产业创新网络国际化向中级阶段推进。

3.4.2.3 中级阶段

在此阶段，中国产业创新网络进一步开放，越来越多的跨国公司与境外企业进驻中国，合作方式也日趋多样化。研究证明，大型跨国公司在华投资成为我国利用外部技术资源的一个重要通道，我国电子及通讯设备制造业、交通运输设备制造业、化学纤维制造业等产业的高速增长与外商投资的密集程度表现出明显的相关性。以跨国公司为载体的外部技术资源进入我国产生技术外溢效应，使技术、管理和营销等能力从外商投资企业内部向我国本土企业扩散[196]。

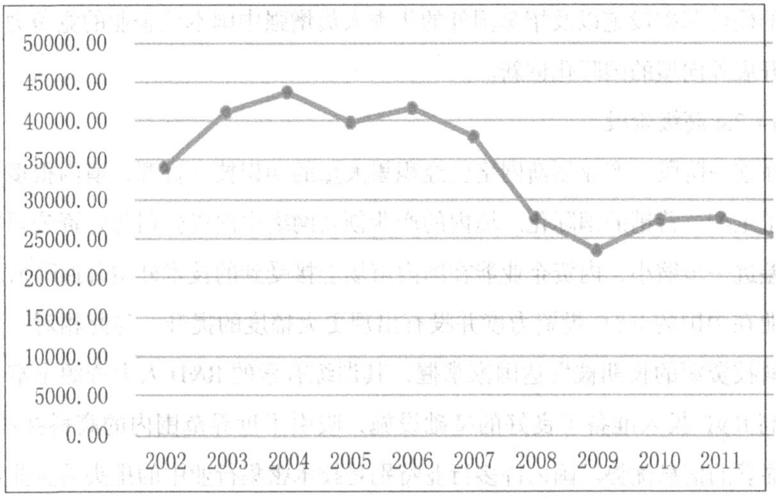

图 3.3 近 10 年中国境内新增外商投资企业数

由于中国产业技术进步巨大，产业技术人才充沛，跨国公司开始在中国设置研发中心。中国大学研究机构的研发水平提升，企业技术能力增加，加之市场竞争激烈，跨国公司加速了新技术的转移，将新的研究成果很快运用在中国的合资合作企业的生产与运作中。与此同时，实力雄厚的跨国公司来华投资带来了一大批与之存在长期协作关系（中间产品供应，物流、仓储、采购、咨询、会计和金融服务）的海外企业，促进了国际型产业集群的形成[197]，在网络拓扑结构中体现为出现了界限分明的国际型子网。此时，产业创新网络的国际化节点持续增加，跨国公司与境内的企业与大学研究机构等开始进行合作研发等技术创新活动，境外创新子网与本土创新子网之间的联结增加，由于跨国公司及外资企业主动的知识转移，产业创新网络中国际化的知识资源流量上升，存量增长;网络的边界进一步扩大。在这个阶段，大部分的中国企业立足国内市场，主要战略动机是和国外企业或研究机构进行项目合作，从国外对中国的技术转移中学习。国内企业通过 OEM/ODM 吸收知识，融入全球价值链获取知识，技术监听；以引进创新，合作联盟等四种方式获取 R&D 国际化知识并提升研发能力[198]。此阶段少量在产业技术创新中拥有专利，拥有关键技术及创新优势的企业已经开始着眼于走出国门，接近国外的环境、吸收成果溢出；利用国外良好的硬件基础设施以及招募国外的优秀人员增强中国本地企业的竞争力[136]，逐渐开展外向型的国际化创新。

3.4.2.4 高级阶段

在这一阶段，产业创新网络已经积累大量的知识技术资源，境内很多企业实现了生产、营销的国际化。境内的产业创新网络中内资公司与外资公司的技术势差进一步缩小，内资企业能在国内市场上接受到的技术外溢普遍降低。外资企业在中国的 R&D 投资力度并没有出现更大幅度的提升。与此相对，由于优质科技资源的长期被发达国家掌握，其训练有素的 R&D 人力资源丰富，长期的高 R&D 投入准备了良好的基础设施，吸引了世界范围内的高科技活动，具有显著的信息优势。国内许多行业特别是技术密集行业中的排头兵企业走出国门，逐步在国际产业中心和国际贸易中心设立企业境外研发机构、生产基地、企业境外销售网络、基地境外专业技术培训中心、基地联合营销体的境外产业分拨中心和采购中心等专业机构，开展以获取东道国智力资源、研发机构、信息等 R&D 资源为目标，旨在提升企业技术能力的技术寻求型 FDI[199]。从总体上看，这一阶段是内向型与外向型国际化综合发展、技术资源的引进与输出并存的阶段。产业创新网络体现出国际化节点的组成更加丰富，境内外科技合作加强，境外与境内创新子网中联结数量增加，网络内国际化知识技术资源流量加大，存量扩充，产业创新网络的边界呈现进一步扩大的趋势。

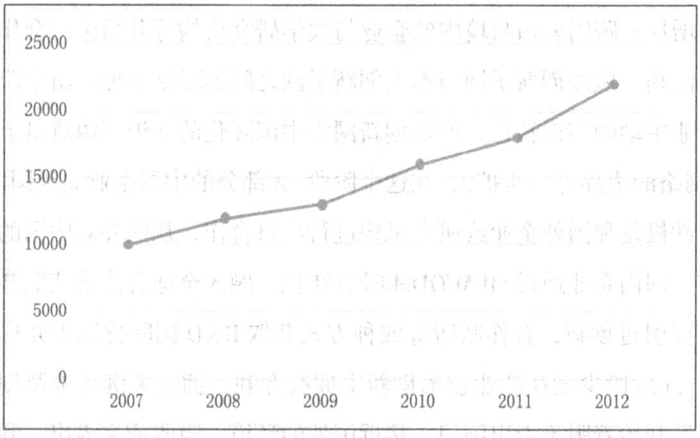

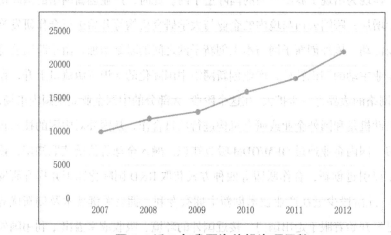

图 3.4 近 5 年我国海外投资项目数

表 3.4 对四个阶段做出了总结，产业创新网络的国际化演进可以划分成递进的四个阶段，但每个阶段之间并不是截然分开的，有着时间上的重叠与承接。

表 3.4 产业技术创新研网络国际化进程的特征表

	网络节点	网络联结	网络资源	网络边界
封闭阶段	以国内的企业与机构为主，极少有国外创新主体参与	境内境外的联结极少，近乎没有	技术知识主要靠国内的高校与研究机构供给	产业创新网络局限在国内
初级阶段	伴随国际间的产业转移，少量的跨国企业逐步进入	境外企业与境内企业形成两个子网，网络之间只有少量的联结	跨国公司的知识外溢，以及 OEM，ODM 环节的少量技术转移	境外企业与机构的加入，产业创新网络的边界呈现扩张趋势
中级阶段	境外节点增加，跨国公司以及与之关联的其他境外企业与机构出现在网络中	跨国公司采用合作生产、协作研发、合资等方式与境内企业产生联结，两个子网之间的联结逐渐增加	跨国公司知识外溢，以及有意识的知识转移	产业创新网络扩展
高级阶段	境外企业在网络中的节点数量趋于稳定，不断有境内新兴企业加入	中国企业主动到境外寻找新的合作伙伴，收购海外企业，形成新的联结	跨国公司知识外溢，技术知识转移，中国企业主动进行知识搜索和知识寻求	境内外资设置海外生产基地、组装中心或研发机构，网络边界扩展

数据来源：根据文献资料整理。

初级阶段对于外资的引进，为产业创新网络国际化向中级阶段提升打下了基础；中级阶段，产业网络边界的进一步开放，吸引了更多的跨国企业与境外企业参与到我国的产业技术创新活动中来，国际化发展程度加深，通过技术外溢与技术转移提升了我国的产业技术水平，催生了一批具有较高技术能力的国内企业，为进入网络国际化的高级阶段提供了基础和条件。随着国际化发展程度的加深，产业创新网络的结构也发生了变化。从最开始少量的国际化主体出现，到初级阶段国际化主体增多，出于网络同类性效用的考虑，国际化主体大多数与自己原来境外合作伙伴结网，本地企业的创新源也是来自本地的大学和研发机构，逐渐形成两个界限明显的创新子网，国际化到中级阶段，越来越多的企业进入到产业创新网络中且彼此之间的合作关系越来越紧密，国际化子网与本地子网规模都出现增长，两个子网之间的联结增加，子网之间知识信息资源的转移也逐渐增加。到国际化高级阶段，中国企业主动到境外结网，嵌入到境外的技术创新网络中。

3.5 本章小结

本章对产业创新网络国际化的背景、动因、内涵、特征以及各功能主体的作用进行了仔细的界定与分析。产业创新网络国际化是为了实现产业的升级和转换，提升产业核心竞争力能力，一国的产业创新体系积极主动地参与和融入全球创新网络，在全球范围内有效地整合、配置和利用国内外创新资源进行开放式产业创新的行为与过程。具体体现为产业创新网络节点中国际化节点的出现、国际化联结的增加、国际化知识资源流动、产业创新网络的国际化边界的推进以及网络主体企业技术创新国际化的开展五个方面。

从产业层面来看，产业创新网络国际化的动机是通过产业政策与产业网络运行机制的作用，整合利用全球化的知识技术资源，形成集成创新能力，把握全球价值链的分工中的话语权，实现进产业结构优化和提升;从企业层面而言，产业内的企业在国际化的产业网络中联合其他网络成员，通过吸收国外先进知识来充实、提升原先薄弱的知识基础，降低自身的创新成本，增加产品的技术附加值，实现企业创新效益最大化。

产业创新网络国际化具有互动性、渐进性以及复杂性等特征。其国际化的发展演进受到本国创新基础、产业特征、网络中流动的知识属性的影响。在跨国公司研发国际化的推动以及本地企业技术学习的拉动下，产业创新网络国际化的不同阶段出现了不同的网络特征。对产业创新网络国际化发展与演进的分析，奠定了后面几章讨论技术创新网络国际化对技术创新影响的分析基础。

第4章
产业创新网络国际化演进对技术创新影响机理分析

4.1 知识流动与产业创新网络国际化演进

OECD（1997）报告指出创新主体之间知识与信息的流动能够大大影响创新绩效，并且创新与科技发展是各类知识的主体在创造、传播、应用过程中发展错综复杂关系的结果。在开放经济条件下，一国的产业技术进步、经济增长不仅取决于国内R&D投入，其他国家的行为也通过各种传递渠道直接或间接地影响了本国的技术进步。国际知识的传导渠道包括国际商品贸易、FDI、劳务输出、国际专利、人口迁移以及信息交流等[200]。知识流动关系着创新网络中的各主体之间的联系与交流，如果没有知识流动，创新网络将无法形成一个动态、发展、联系的开放系统。李伟，刘军和董瑞华（2009）指出，技术低编码和抽象水平的隐秘性知识在技术创新中起着重要的作用，知识扩散的最重要途径是关系网络，技术知识的流动对网络关系存在很强依赖性[201]。Cowan(2004)认为知识流动是知识从一个主体流到另一个主体的过程，可以分为交易型和广播型，两者的本质区别在于知识在两主体间流动是否有条件[202]。吴林海等（2006）认为溢出与转移的主要区别在于：技术溢出是技术知识无意识的被动性扩散行为；技术转移主要是有目的的主观经济行为[9]。本章首先分析在国际化的产业创新网络中知识溢出及知识转移的机制与过程；再讨论产业创新网络的国际化程度对技术创新的影响机制，为下一章的实证研究进行理论准备。

4.1.1 产业创新网络知识溢出

知识溢出是知识扩散的一种方式，是经济外部性的一种表现，其知识传播一般是被动的、无意识的、非自愿的或表现为技术交换中信息的占有[203]。Kokko（1992）把外商企业所拥有的知识没有正式转让给本地企业，却被本地企业获取的现象称为知识溢出[204]。从知识溢出中获益是企业国际化活动的重要原因。

Pinglan（1996）根据知识溢出的过程，将其定义为跨国公司所拥有的知识伴随原材料的交换和东道国人才的流动流出或扩散出去的状态[205]。缪小明和李刚（2006）将知识溢出分为无介质的知识溢出、以产品为介质的知识溢出和以流动人力资本为介质的知识溢出[206]。我们将产业创新网络的知识溢出界定为两类，一类是伴随着跨国公司先进设备操作使用、产品生产及营销过程带来操作技术、工艺流程、产品标准、营销管理等类型知识的溢出，另一类是“纯知识”溢出，此类知识溢出不直接与实物流相关，而是通过专利信息、科学论文，以及研究人员、管理人员参与进行学术交流、参与行业展会，或人员流动带来的知识溢出。

4.1.1.1 基于示范与模仿的知识溢出机制

跨国公司是当今世界上绝大多数前沿性、关键性重大技术的创新者，也是全球技术转移与扩散的主体，一般拥有比东道国的内资企业更强大的“技术优势”和“管理优势”，并借此获得了巨大的市场份额和利润，东道国的企业通过模仿跨国公司示范的技术与管理优势，提升了技术水平，增加了知识存量。从示范与模仿中溢出的知识分类如下：

（1）境外公司在东道国申请的技术专利或公开的技术标准。进入国内市场之前，为了确保自身的技术优势不会在短期内受到挑战，往往会提前在东道国进行专利布局，从而在竞争中获取主动。跨国公司在东道国的专利活动可以分为两类：一种是跨国公司母公司或通过子公司将原来在境外申请过的专利在东道国重复申请，实施专利布局。另一种是跨国公司在东道国的子公司或研发机构，根据母公司的战略及当地市场需求进行创新并将创新成果在东道国申请专利。尽管跨国公司的专利布局造成了技术壁垒，但是公开的专利信息以及技术标准中所包含的核心技术信息，成为境内企业可以学习的主要编码知识，为本地产业的二次创新提供了知识基础。

（2）境外公司在东道国境内生产和销售的产品。作为知识溢出的一个主要介质，产品本身就是知识改进和创新的良好示范，东道国企业为了提高自身技术水平，对其产品所包含的技术、知识和理念进行分析分解，通过“逆向工程”进行模仿，在模仿的基础上创新。

（3）境外公司在东道国生产、销售、管理时采用的技术、流程与理念。跨国公司良好的生产运作规范、丰富的营销方法手段、科学的管理工具与理念带来高效率的生产与研发，给境内的本土企业以直观的示范与感受，其成功的经营管理经验对东道国的内资企业优化管理、提升效率而言极具参考价值。境内公司通过参观、学习、会议交流，以及雇佣在跨国公司工作过在受过培训的员工，从模仿中学习，进行能力和经验的积累，并将这些知识本土化，形成新的知识存量。

4.1.1.2 基于产业竞争的知识溢出机制

竞争是产业创新网络国际化知识溢出的重要作用机制。竞争发生于产业内的厂商间，知识溢出的强弱取决于市场环境和跨国公司与东道国厂商间的相互影响。

由于特定的社会、政治与经济等众多复杂的因素，发展中国家通常存在一些具有较高进入壁垒、较高集中度的垄断性行业，即使是本国的新创企业也往往很难进入到产业创新网络中，造成了行业创新网络规模小、节点类型少、边界僵化、知识流动不畅、整体产业效率低、技术水平落后、创新停滞的状态。为了改变这种状态，东道国产业政策制定时，往往会提供一些优惠政策鼓励外资进入，提升产业发展水平。跨国公司凭借政策、技术与管理的优势，迅速进入到产业创新体系中，与其存在业务关联的企业也被间接纳入这一网络，甚至在东道国的产业创新体系中复制原有的产业链，形成东道国产业创新网络中的子网，并且以高效率以及优良的产品创造更高的利润，与产业内原有的企业进行竞争。此时，本土企业不得不加大技术投入，改善资源配置，加强与本土企业和机构的技术合作，主动在产业创新体系中结网，扩充企业以及企业关系网络中的技术、管理与服务方面的知识存量以应对境外公司的竞争。

从动态的角度讲，跨国公司与当地企业博弈的结果促进了当地企业的技术进步，并缩小了二者之间的技术差距，跨国公司为维护其在竞争中的技术比较优势必须进行新的技术开发或从母国引进更先进的技术，导致了新一轮的知识溢出。

跨国公司对我国通讯设备、电站设备、汽车和工程机械等许多行业的竞争成为内资企业技术水平提升的重要推力。我国金融保险、批发零售、电信服务等行业不断提高其对外开放程度，跨国公司 FDI 大规模的投入，促使了行业效率的提高，服务层次明显提升[9]。

也有观点认为，竞争机制导致了知识的反向溢出。跨国公司在产业网络中占据重要位置，控制网络中知识的流动，通过吸引当地大批优秀的人才，吸收与本地相关的市场知识，抢占了原本由本国企业利用的知识资源，最终导致东道国本土企业竞争能力下降，从而进一步削弱东道国的经济发展水平（Haddad and Harrison，1993）。

4.1.1.3 基于人力资本流动的知识溢出机制

境外公司的知识溢出往往以在该公司系统接受培训和工作过的人员（尤其是技术人员）为载体扩散到东道国的本土企业。发展中国家人力资本的水平相对较低，为了巩固自身的技术与管理优势，节约人力资源成本，境外企业开始大量雇佣并培训本地的员工进行生产与基层管理，这些培训知识不可能完全固化于生产设备与企业机构之中，一旦人员的流动，这些技术与管理知识就会随之溢出。另一方面，东道国企业突然面临来自跨国公司在国内市场的竞争，原有的技术知识、管理知识老化，需要大量的新知识涌入以提升自身的技术水平，使企业对合格人才产生极大需求，特别是在产业活动空间集中的区域或人口密度多样化的城市中，本地人才的回流，以及由于乡缘地缘等关系同行业人才之间的非正式交流，都会成为境外先进技术管理知识的溢出渠道，促进了知识在不同群体和区域之间的传播扩散，进而促进技术进步。境外公司在东道国产业体系中的规模扩张以及投资水平的提升，使得境外公司培训的人数与层次也会增加或提高。

4.1.2 产业创新网络知识转移

产业创新网络知识转移的过程可类比为信息沟通传递的过程，是知识在一个特定的情境下从来源方向接收方的知识传输过程。本书认为知识转移是某一系统特定时段的知识转移总量，反映系统知识扩散的速度和水平[207]。陈菲琼（2001）在研究我国企业如何利用与跨国公司建立知识联盟获得先进技术和管理知识时，将知识转移分为装配，零部件的调整，本地化，产品再设计与自主的产品设计四个层次[208]。

产业创新网络的知识转移存在不同的模式，影响技术创新网络演化的因素也众多，且具有不同的作用机制。

4.1.2.1 基于产业链上下游联结的知识转移机制

在产业创新网络中，知识可以通过跨国公司的分支机构与产业链上下游企业之间的联结进行转移，既包括与产业链的上游企业的后向联结，也包括与产业链的下游企业的前向联结。

后向联结指的跨国公司上游的东道国厂商为跨国公司提供所需的原材料、零部件和相关服务而发生的关系互动。跨国公司在全球范围内寻求长期的高效资源要素配置。东道国的企业由于劳动力成本、原材料及零部件价格相对较低，具有对本土文化情境较好的融合性等有利条件，降低了境外公司在东道国生产经营的风险，增加了产品在国际及本地市场的竞争力；跨国公司将外围业务外包，能够集中优势专注于核心业务，大量削减管理成本。因此，跨国公司在权衡了付出的知识转移成本与节约的本地采购成本之后，为了帮助东道国供应商达到其产品标准，保证产品质量，作为知识的输出源为东道国的供应商提供一定的技术支持与培训。具体措施有：帮助建立生产设施，提供技术协助和相关信息，为供应商进行管理培训，提供甄选合格原材料的知识与信息等。跨国公司要求其国内供应商采用它们母公司一样的生产工序和技术，或者要求东道国供应商供应优质低价的商品，促进了跨国公司将原本属于本公司的先进产品、工艺技术或市场知识通过转移给东道国的企业。东道国供应商在知识积累技术创新后获得了更高的生产效率以及更好的生产技能，越来越多国内企业进入跨国公司的国际分工体系，进而从产业网络中的境外节点获得更多的知识转移。

前向联结是指在产业链中处于跨国公司下游的东道国厂商为跨国公司提供成品市场营销服务，或半成品、零部件和原材料的再加工和各种维修服务等产生的关系互动。跨国公司进入当地的产业体系也是看中了东道国当地有巨大潜力的未发育完善的市场。因此在服务当地市场的战略导向中，跨国公司会在当地培育下游企业，提供产品性能、使用及服务方面的技术指导与帮助，转移产品组装、配套、维修、服务方面的知识，使得下游企业能够更好地为本地市场服务。

通过产业链上下游的联结，跨国公司的先进技术和管理经验会沿着产业链进行纵向扩散，并转化为下游企业自身的创造性活动。

4.1.2.2 基于技术战略联盟的知识转移机制

跨国知识转移可以通过跨国公司与东道国企业的技术战略联盟的组织形式来进行。技术创新联盟是包括两个或多个企业集团之间进行知识传递、知识分享、知识整合以及知识管理等多维互动过程在内的跨学科、跨部门、跨区域的网络组织。技术创新联盟包括协作研发与技术标准联盟两种主要的组织形式[209]。

协作研发是以现代化的信息技术为技术平台，以知识技术共享为作用基础，以共同提高技术开发的速度与质量为目标组建的跨时间、空间和地域的组织模式。主要优点在于充分利用协作方的稀缺性知识资源，实现优势互补，资源共享，有利于双方私有知识的共享，分担创新成本减小风险。主要缺点是由于不同组织之间的战略目标、组织文化不同，涉及到管理过程和利益分配时会出矛盾和冲突，形成良好的长期的合作关系需要合作各方付出较高的协调成本。

技术标准联盟是企业为了产业技术标准而组建的战略联盟，在技术标准联盟中，参与的企业形成通过提高劳动生产率、推动创新以及刺激新型市场或业务的出现而加速了整个经济的健康发展和社会组织的不断进化[210]。技术标准联盟中技术与标准共同开发，境内企业参与到技术标准联盟中，可以获准使用联盟专利池中的专利，学习联盟中的技术和标准知识，这不仅可保证企业自己开发的技术与随后产生的国际标准相容，而且也有利于企业学习国外的先进技术和成熟的商业运作模式，顺利地获得联盟中的转移的知识与技术。

吴传荣（2009）对于协作研发与知识转移的因果关系进行了研究，发现企业间研发协作以及企业与研究机构间合作研发引发知识转移，影响创新网络经济增长，进而吸引更多企业和科研机构加入创新网络[211]。

4.1.2.3 基于技术引进、许可及技术并购的知识转移机制

技术引进是指通过购置设备和软件等方式，获取企业所需要的技术，也是最常见的技术知识转移方式之一。技术产品和设备承载的显性知识随着中间产品、机器设备、工具的所有权变更发生转移。这种知识转移的优点是能够快速获取成熟知识、获得技术提供方的培训或指导，投资获利较快，市场风险相对较小。随着技术的复杂程度和系统性越来越强，技术中包含的难以表达的隐秘性知识越来越多，对引进技术的学习也变得越来越困难。发达国家出于政治、经济的考虑，为了维持其技术地位，保持国际竞争力，一般会严格控制其最先进的技术，而出售对技术引进国尚属先进且在本国已经过时的技术。自1991年以来，我国逐步控制成套设备进口，提倡和鼓励企业采用多种方式从国外引进软技术，如许可证贸易、技术服务、顾问咨询、合作生产、联合设计等技术引进逐渐向以“软件”为主的方向转移[212]。

技术许可，通常授权的有专利使用权、商标使用权和专用技术使用权，知识是以授权的形式流入东道国。技术许可为企业运用他人的知识产权提供了机会，是目前技术知识转移最为重要的方式之一。技术许可的费用与效益之比取决于技术与市场的性质、企业技术战略和技术创新能力。为确保受让企业能够快速掌握和高效率使用许可技术，许可企业通常对受让企业进行培训、示范、指导，帮助受让企业提高质量控制等，大量许可合同之外的重要隐秘性知识和技术随着这种交流、沟通等互动活动发生了转移。购买技术许可证可以降低开发费用，减少技术和市场风险，加快产品开发速度，缩短产品进入市场的时间。使用许可证的缺点主要包括：受到许可证转让者的条款限制，除了购买费用外还有搜寻对比谈判等交易费用，对企业技术创新核心能力的提升不够明显。

技术并购是以获取目标方技术资源为目标的并购活动。通过技术并购，收购方获得了目标方的控制权，将组织外部的技术资源转化为组织内部的技术资源，可以根据企业发展战略对目标方的技术资源重新整合，是技术转移的最彻

底形式。我国产业创新网络国际化发展到高级阶段，一些经济实力雄厚的大型企业通过对境外技术密集的企业进行并购的方式获取核心技术，实现知识的转移，获得先动优势和 R&D 能力，加快企业的技术创新速度，并将这种技术带入更高阶段的商业化。王玉（2007）以上海电气集团跨国技术并购为切入点，论证了跨国技术并购是适合我国企业获得核心能力的路径[213]。

4.1.3 产业创新网络国际化演进与知识耗散结构

借用物理学耗散结构理论我们得出知识耗散结构概念，知识耗散结构指非平衡状态的知识组织不断从内外环境中吸取知识和信息，使知识组织有序度增加大于自身无序度的增加，形成新的有序结构[214]。

产业创新网络是一个复杂网络，从系统的观点看它总是随着自身的调整及环境的变化而不断改变知识资源的存量与流量，处于非平衡的动态变化之中；产业创新网络是一个开放的系统，跨国公司的 R&D 国际化与东道国的组织在不断进行物质、能量和信息的交换，将人员、资金、信息等输入转换为新技术、新产品等输出；产业创新网络各主体之间进行知识的溢出、转移、共享、累积以及损耗，相互的影响呈非线性状态。可见，产业创新网络符合知识耗散结构的基本特征。

在耗散结构理论中，普利高津把平衡热力学所得结果推广到远离平衡状况，一个远离平衡的开放系统（力学的、化学的、生物的乃至社会经济系统）通过不断与外界交换物质与能量，在外界条件变化达到阈值时，可能从原有的混沌无序的混乱状态，转化为一种时间上、空间上、功能上的有序状态，这种远离平衡的情况下所形成的新的有序结构称为耗散结构。

在热力学系统中，系统的状态用熵 dS 表示，热力学第二定律的数学表达式：

$$dS = deS + diS \tag{4.1}$$

其中，deS 是外界供给系统的熵，而 diS 是系统内部的熵，对于孤立系统 $deS = 0$，因此热力学第二定律表达式为：$diS \geqslant 0$，即对孤立系统平衡时，熵增加或者不变。但是，只有在离平衡位置一定距离才能产生耗散结构，只有在与外界交换物质与能量时，即 $-deS > 0$ 时才能维持耗散结构。

同样，产业技术创新体系的熵变 dS 由熵产生 diS 与熵流 deS 两部分组成。

其中 diS 总是正的，以 deS 在封闭系统中不存在，在开放系统中既存在正熵流 de + S（无序度增加），也存在负熵流 de-S（有序度增加）[215]。构建产业技术创新体系的熵变数学模型如公式 4.2 所示：

$$dS = diS + de + S + de\text{-}S \quad (4.2)$$

正熵流是产业创新网络中阻碍知识流动的因素，例如组织结构的膨胀、老化，知识流通渠道延长、节点增多、知识的老化等，这些要素都从不同层面使组织的知识创新效率逐渐递减，从而稳定地出现知识熵增趋势，使知识系统从有序向无序演变。此时，产业创新体系的国际化，也即跨国知识流动能作为负熵流来有效抵消正熵流对产业创新体系的威胁。

跨国知识流动的过程是产业创新网络中国际化主体与本地主体之间通过直接或间接方式进行互动、交流、知识传播的过程。显性知识可以编码化、记录，以专利或书面文字等形式存在，能够通过间接的方式在比较大的空间范围内进行传播。隐秘性知识难以进行编码化或记录，只能通过直接的互动和交流，在特定区域范围内通过面对面的交流和不断接触等形式进行交流传播[216]。

产业创新网络中的跨国知识流动是由三个环节循环转化的动态过程。第一步，国际知识源对产业创新网络中企业的用知识输入；第二步，企业吸收网络中的知识并进行知识创造；第三步，企业创新产出在网络中知识重新扩散。由于知识的累积性，知识流动的循环使产业创新网络中知识存量不断增加，形成持续的竞争优势[217]。产业网络主体对知识吸收导致整个创新体系的知识存量增加，一部分知识作为新的知识源参加整个产业网络的知识流动循环，另一部分知识会通过企业的吸收及运用变成新的知识，通过企业间的学习在产业中扩散，影响并促进其他企业的技术创新活动及创新绩效的提高，出现更多新知识源加入到产业创新网络的知识资源流动中。

知识资源依据结构和功能在创新主体及其构成网络上流动，产生乘数效应和再循环效应，随着更多创新资源注入创新主体，网络总效应成倍递增，创新资源再循环增加输出[218]。同时，技术创新存在交叉激发效应，随着产业创新网络各主体间不断进行资源共享、优势互补、知识溢出及知识转移，从而实现各主体间物质、能量和信息不断流动[219]。总的看来，产业创新网络国际化使网络从外部获取能量大于系统耗散能量，即 de–S > de + S，负熵流大于正熵流时，系统产业创新系统才能克服熵增现象不断演进。

由此可见，产业创新网络内国际化知识资源的溢出与转移对产业创新体系的整体发展产生很大的影响。通过知识转移及溢出效应，创新网络成员之间可以通过合作或者交易改善双方创新绩效，这种共赢模式可以从不对称收益开始形成正反馈，吸引更多企业参与到创新网络中[220]，加强创新网络合作，进而提升整个产业创新网络的绩效。

基于知识流动视角，产业创新网络国际化程度具体由三个网络指标进行测度，其对技术创新的影响如下表所示；

表 4.1 产业创新网络国际化程度测度指标

指标	定义	对产业技术创新的影响
国际化子网规模	国际化子网的节点数	决定网络国际化知识溢出及知识转移的资源的数量
国际化联结	国际化子网与本地子网之间的联结数	决定网络国际知识流动的渠道多少与流量大小
国际化子网密度	国际化子网稠密程度	决定国际化知识流动的质量和效率

（1）整体网络内国际化子网规模。国际化主体的规模决定网络国际化知识源的知识溢出及知识转移的数量，对产业创新网络中本地子网自主创新绩效产生影响。

（2）整体网络中国际化联结。国际化子网与本地子网的联结的数量决定网络国际知识流动的渠道多少与流量大小，进而对产业创新网络的技术创新产生影响。

（3）整体网络内国际化子网的密度。国际化子网的密度对网络中知识溢出及知识转移的质量和效率产生影响，进而对产业创新的自主创新绩效产生影响。

下面就这三个方面分别进行分析。

4.2 产业创新网络国际化子网规模对技术创新的影响

刘辉群（2006）运用主成分和回归分析的方法，基于 1990—2004 年统计数据，比较研究了中国大中型企业 R&D 活动与三资企业 R&D 活动对中国国家创新系统的影响[221]。结果表明，跨国公司和国内企业 R&D 投资对国家创新系统的知识创造力、知识流动能力、企业技术创新能力、技术创新环境和创新绩效都具有影响。其中，跨国公司显著地促进了知识流动能力和技术创新环境，国内企业则对知识创造力、企业技术创新能力和创新绩效的影响作用更大。本章将对产业创新网络国际化子网的规模对产业技术创新的影响进行分析。

4.2.1 国际化子网规模对技术创新的积极作用

产业创新网络的国际化使东道国的产业创新网络中出现了大量的国际化节点，本节将具体分析网络国际化节点数量，即国际化子网规模对技术创新的正面效应。在只考虑国际化节点规模而不考虑国际化联结的情况下，产业技术创新的国际化子网规模的增加主要是通过国际化知识溢出给提升整个创新网络知识资源的丰裕度，供给本地子网创新互补性及异质性知识，给技术创新尤其是探索式创新带来正面影响。

国际化子网规模的增加，意味着更多的跨国公司进入到东道国的产业创新网络。Uzzi（1998）通过实证发现足够数量的网络成员是沟通和知识交流转移的基础，网络规模的增大能够使网络中可获得的信息量大大增加。具体来看，国际化子网规模的增加会给整个产业创新网络带来如下变化。

（1）更多来自国际化主体的专利信息以及公开发表的学术成果在网络中流动

跨国公司的专利申请往往随着其产品及市场开拓流动，例如索尼公司随着其战略中心向亚洲市场转移，该公司在亚洲的专利申请量已经超过了其在美国的申请量，到 1996 年更是超过了其在欧洲的申请量[222]。跨国公司将与产业技术密切相关的专利在东道国进行布局，除了维护其技术优势之外，还可以通过专利许可直接获得利益。对于东道国本土企业与机构，跨国公司在东道国注册专利的公开信息，成为东道国技术学习的一个重要知识来源。公布的专利信息中包括完整而详细的专利说明书，使本土企业很容易了解某技术领域内跨国企业的专利布局及技术特点，从而通过示范模仿机制获得同一技术领域内的知识溢出[223]。专利所透露出来的发明思想被公众知晓，受到启发，进而运用于新发明创新中，一方面节省了东道国对相同技术的重复研发投入，另一方面加快了新知识新技术的社会化，加速了知识积累的速度。

（2）更多与国际接轨的新产品在本地生产和销售

产品是先进研发理念、研发流程、新产业技术的重要介质，本土企业通过逆向工程这种内部组织学习机制，拆解竞争对手的产品（来自国内或国外的），产品研究从而获得制造产品的方法，获取了相应产品设计思想、产品材料、产品外观等知识，在模仿的基础上进行了二次创新。外资企业新产品的不断推出市场竞争加剧，逼迫本地企业加快技术改进，更好地配置资源。

（3）更多先进的企业运作与管理的知识被本地企业观察并模仿

国际化主体的企业运作与管理所带来的高效率使得本土企业竞相模仿，跨国公司良好的生产运作规范、丰富的营销方法手段、科学的管理工具与理念带来高效率的生产与研发，给境内的本土企业以直观的示范与感受，其成功的经营管理经验对东道国的内资企业优化管理、提升效率而言极具参考价值。境内公司通过参观、学习、会议交流，以及雇佣在跨国公司工作过受过培训的员工，从模仿中学习，进行能力和经验的积累，并将这些知识本土化，形成新的知识存量。

（4）更多本地技术管理人才得到跨国公司的系统培训

随着产业创新网络国际化主体规模的增加，外资企业为了降低成本适应本土环境实施的人才本地化战略。通过系统的培训、严格的管理，培养了大批技术人员和产业工人以及丰富的技术人员和管理人才；较高的工资与福利待遇吸引了海外人才回国就职的同时也留住了不少本来要出国深造的本地人才。这些国内外的优秀人才提高了中国人力资本的素质，促进了中国科技人才数量的增长。随着他们的流动，也使来自境外企业关于技术管理营销方面的隐秘性知识在产业创新网络中流动，促进了整个网络研发水平的提高。

（5）更多与本地子网互补性与异质性知识

除了国际化子网规模的增加带来的丰富的知识资源以外，其知识资源的异质性以及与异质性资源的互补程度也对提升技术创新绩效的产生重要影响。在纳入国际化主体之前，产业创新网络的知识来源主要是国内的高校与研究机构，以及企业之间协作研发的成果。随着合作的不断推进，境内企业与机构之间，企业间的知识学习和交流也将进一步深化，双方的知识将由最初所具备的一定互补性逐渐趋同，进而导致双方的合作基础丧失及合作结束[224]。境内子网成长到一定阶段以后，在产业扩张与升级的压力下，产生了大量的知识需求，例如要对产业内、产业间、产业外的技术创新情况，以及全球产业技术发展水平有较清楚的把握，在产业发展过程中需要大量的多样化的资源支持，管理技能也需要从外部学习，这些大量的信息和知识已经无法从原有的同质化的网络中获取[225]。因此对创新网络的规模以及来自国际化子网的异质性知识资源有了进一步的需求。尤其是在探索性创新中，创新的新颖程度更高，更需要持续地超越本地子网的知识搜寻，跨越不同技术 / 市场边界去获得新知识[226]。从国际化子网溢出的知识有利于理解和转化不同技术轨迹与国家区域的知识并启发出新颖的见解。国际化子网的规模的增加意味着整个产业创新网络中潜在知识供给者的多元化，以及异质资源的丰富程度增加[227]。多元化的知识溢出源使产业创新网络内的企业、大学和科研机构得以接触不同的技术知识池，提高它们对出现的新知识和市场机会的感知判断力，扩展了视野、提高了知识重组的灵活性和创造性，有助于吸收编码化知识。

总之，产业创新网络的国际化子网规模的增长，溢出的知识资源增多，产业创新网络中知识存量增加，互补性与异质性知识资源的流动刺激了整个产业学习容纳能力的提升，最终给产业层面的技术创新带来积极作用。

4.2.2 国际化子网规模过度增长对技术创新的消极作用

东道国的产业技术创新国际化子网规模并非越大越好，过高的国际化子网规模，尤其当国际化主体规模的增速超过本地子网规模的增速的时候，将伴随对东道国技术创新的负效应。具体体现为东道国研发资源被侵占、自主研发受到抑制、技术控制权转移等。

（1）国际化子网规模过度增长侵占了本地技术研发资源

Dunning（1994）指出跨国公司海外研发为东道国提供技术和管理技能，但另一方面跨国公司海外研发占用了东道国极为有限的研发资源，容易造成东道国人才的稀缺与外流[228]。越来越多的跨国公司在发展中国家建立研发机构，与发展中国家的大学、研究机构以及当地的优秀企业发展技术合作，在一定程度上形成了对战略性研发资源的竞争。对比1988年到2009年高新技术统计年鉴中跨国公司在华研发人员与本土研发人员人数所占比例，发现在华的跨国研发人员比例一直处于上升趋势，而本土企业研发人员比例却一直在下降，从1998年的83%下降为2009年的不到40%，说明了跨国公司在华研发投资对我国高技术产业人力资源有明显的挤出效应，本土企业研发人才外流现象较为严重，人力资源的流失对创新能力的提高产生负向影响。另外，跨国公司凭借其雄厚的研发实力和先进的科研仪器、管理经验对国内部分研究开发机构在研发项目投标中产生更大的竞争压力，使国内科研机构难以获得研究项目支助，其技术积累、人才培养等基础性功能难以发挥，有的研究机构甚至面临倒闭的危险。因此，随着产业创新网络中国际化子网规模的扩大，技术创新资源被侵占，使当地自主研发能力受到削弱，对产业自主创新产生不利的影响。

（2）国际化子网规模过度增长抑制东道国的自主研发行为

Klause（2003）指出跨国公司对外投资的本质是利润最大化，对能否产生利他的结果兴趣不大[229]。跨国公司是否允许正向溢出效应发生取决于他们共享外溢知识的机会成本以及阻止知识溢出的交易成本。伴随着跨国公司海外研发机构的不断设立，跨国公司在东道国产业体系中形成的国际化子网规模日益扩大，节点之间形成了一个与全球知识资源对接的庞大知识网络，跨国公司对先进技术的敏感以及彼此畅通的知识转移渠道，使子网中的跨国企业能够适应外部复杂多变的市场和快速发展的技术，抢占技术高地，提高技术壁垒，其产业技术研发的强势地位造成本地企业在技术进步方面主动权的丧失，形成对国际化子网知识溢出的依赖，有技术实力的当地公司，也会出于研发成本的考虑，采用技术引进的方式解决产业技术问题。潘菁和张佳荣（2012）测度出我国高技术企业的研发依存度指标逐年上升，10年间上升了近一倍，我国研发对外来技术的依赖已经到了较为严重的程度[230]。

（3）国际化子网规模过度增长削弱了本地企业的技术控制权

随着产业体系中国际化子网规模的扩大，外资公司与跨国公司的控制和协调能力不断提升，实现规模经济、范围经济与战略柔性的可能性也有所增加。成为本地企业更为强大的竞争对手，使处于本地创新子网中以本土知识为基础的企业面临更为严峻的挑战。为了尽快与先进的产业技术对接，避免成为技术孤岛，少数本地企业会主动参与国际技术战略联盟，但面对强大的跨国公司，本地企业在联盟中的话语权较小，在获得一些知识转移的同时，反而失去原有的技术诀窍、技术专利的控制权，关于本土的适应性知识、市场知识大量地反向溢出，与此同时跨国公司在联盟中严格控制技术溢出，本地企业因而面临自身技术的空心化，在产业链中位置也因为高端技术不足被固化在较低的位置，产业技术创新能力的提升受到限制[231]。

综上所述，国际化子网规模过度增长使本地产业创新子网中的企业面临更为强劲的竞争对手，更多的国外研发机构介入到东道国产学研技术创新链条中来，对东道国的技术资源进行争夺，造成本地研究机构人才与资金的流失，抑制本地的自主创新行为，削弱了本地产业体系的技术控制权，对产业技术创新起到负面作用。

4.2.3 研究假设

从产业创新网络中国际化子网规模的正负面作用分析可知，一国的产业创新网络，引入国际化的创新主体，由于其大量的研发、技术、管理、营销等方面知识的溢出，对充实本地产业创新网络的知识存量，与本地企业的知识相互补充，提供多元化的知识提升创新的新颖程度有正面的影响。

Freeman（1977）根据创新强度的不同将技术创新分为渐进式创新和突破式创新。渐进式创新是基于现有知识的演绎与拓展，对现有产品的改变相对较小，主要是进一步充分发挥已有技术的潜能，强化企业已有优势和组织能力，在本地子网中就能获得相应的知识资源，因此国际化子网规模即便有一定的正向影响，也不会十分显著。但突破式创新则不同，它需要偏离现有知识基础并建立在一整套不同的科学技术原理之上，有可能开启新的市场和潜在的应用，需要更多元化跨越学科、更新鲜的异质知识来支撑。显然，国际化子网知识源更加多元化，溢出的知识明显带有更强的异质性，更有利于产业技术的突破性创新。

H1：国际化子网规模对产业技术创新有显著的积极作用。

H1a：国际化子网规模对突破式产业技术创新有显著的积极作用。

H1b：国际化子网规模对渐进式产业技术创新有积极作用。

随着国际化子网规模的进一步扩大，尤其当国外子网规模扩张速度超过本地子网规模时，国际化主体将侵占本地企业创新资源，抑制本地企业自主创新，存在挤出效应，起到负面作用。同样的如果国际化子网规模过大，与本土企业争夺有限的经济及高端的科技人力资源，会对自主创新中的突破式创新的产生显著的挤出效应；对于渐进式创新来讲，尽管其创新的知识源主要来自于本地子网内部，但是本地子网创新资源的减少，同样会对其产生负向影响，因此国际化子网规模的过度增长对其产生显著的消极作用。

H2：国际化子网相对规模对产业技术创新有显著消极作用。

H2a：国际化子网相对规模对突破式产业技术创新有显著消极作用。

H2b：国际化子网相对规模对渐进式产业技术创新有显著消极作用。

4.3 产业创新网络国际化联结数量对技术创新的影响

知识溢出是跨国公司对外研发投资必然发生的一种内在功能，但其对东道国技术创新提升的效果，仍存在不确定的因素。一些跨国公司采用群体迁移的方式，在东道国短时间内整体复制其产业网络，这种封闭的国际化子网很少纳入本地企业以及其他外资企业。在这种情况下，尽管当地的产业创新网络中出现了国际化的主体，但是由于与本地子网的联结太少，嵌入程度很低，知识一般以溢出的方式流动，缺少有意识有目的有效果的知识转移。Feinberg and Majulndar（2001）对制药业跨国公司在印度研发投资的溢出效应进行测算显示，跨国公司在印度的知识流动主要发生在跨国公司之间，与印度企业之间的联系很少，因而跨国公司在印度的研发活动对印度技术水平的提升并不明显[232]。因此，研究产业创新网络国际化对于本地技术创新的影响，很有必要将两个子网之间的联结所产生的效应进行分析和探讨。Oltra & Jean（2009）认为网络联结作为创新系统中的重要特征对创新存在影响[233]。

4.3.1 产业创新网络国际化联结数量对产业技术创新的积极作用

网络联结指企业为获取资源，与其他组织形成的各类正式与非正式的关系集合。跨国公司在东道国建立了研发机构后，逐步完善了集研发、生产、销售为一体的完整产业链，为了迅速实现产业的当地化改造，外资企业与东道国的企业、大学、科研机构等创新机构通过战略联盟、研发合作、产业关联等形式发生相互作用。魏守华等（2011）论证了发展中国家从发达国家的强化技术学习过程有利于发展中国家技术水平的提高，发展中国家与发达国家的联系比发达国家间的联系具有更好的效果[234]。这些国际化联结促进了产业创新网络中的两个子网之间的知识流动与有效转移，对于产业技术知识的积累与产业技术的提升起到重要作用。

根据结构洞理论，桥接两个子网的企业占据了结构洞位置，一方面这些企业获得信息优势和控制优势，另一方面也为那些想发生联系但不能发生直接联系或发生直接联系成本很高的组织机构充当了信息沟通桥梁，有助于实现结构洞两侧子网之间的联系，使所有处于结构洞中的所有主体共同受益，减少了结构洞两侧信息或资源的不对称，从而使整个创新网络更好的运作[235]。国际化联结对创新的回报是多方面的，可从以下三个方面进行论述。

（1）国际化联结越多越有助于产业链上下游企业的技术水平提升

当东道国企业与跨国公司存在产业链的前后向关联时，东道国企业的研发机构与跨国公司 R&D 机构之间也就直接或间接地构成了前后向关联（杜群阳，2006）。为了提高自身产品或服务在国际市场的竞争力，通过为产业链上下游的当地企业提供技术服务与支持以提高这些企业的技术水平和产品质量成为跨国公司设立海外 R&D 机构的目的之一。从技术关联的视角，跨国公司与东道国供应商之间的知识转移水平从低到高分为三个层次：①低级技术关联，即有关产品质量及生产的交流以及质量控制方面的协助；②中级技术关联，联合设计开发零部件，向供应商提供诸如产品技术、设备布局、材料检测、原材料采购等方面的帮助；③高级技术关联，指跨国公司为供应商量身定制全新的技术开发与设计，包括产品设计、技术开发与工艺改进等。在跨国公司与本地企业建立垂直国际化联结的过程中，技术知识被有意识地转移给东道国的企业，使当地配套企业生产水平与产品质量得到提高，同时也提高了当地企业的技术水平和进行技术创新的潜力。

（2）国际化联结越多越有助于东道国大学与科研机构的创新知识水平提升

东道国大学和科研机构与跨国公司的合作增加了技术引进与知识交流的渠道。高校科研机构通过参与研发项目、使用先进的创新工具、工作中的学习与观察、成果的转让，多种形式的正式学术交流与研讨会的形式从国际化联结中获益。东道国大学和科研机构能够从跨国公司 R&D 合作中获取更多的研发经费，了解更多的先进的产业技术知识，更好地进行产学研结合，更好地培养具有跨国交流与合作的能力的科技人才，学习跨国公司先进的研发理念与研发流程等；促进了学科平台的建设，知识网络的扩展，对提升产业创新网络中大学与科研机构的自主创新能力产生了直接的推动和明显的催化作用；也加快了东道国自身技术在网络中的传播与扩散，加速了有技术的产业化进程，从而提高创新系统的效率[236]。

（3）国际化联结越多越有助于本地企业获取隐形知识，分摊创新风险

国际化网络联结通过将两个孤立的基于不同知识基础的国家技术能力结合，创造出独特的强有力的学习能力（Almeida，Inkpen 1998）。在全球化和跨国公司 R&D 投资分散化的背景下，发展中东道国在获取越来越多的溢出知识的同时也面临着跨国公司激烈的竞争。自主创新是一项投入巨大、风险很高的活动，创新过程存在许多不确定的因素，单个企业进行技术创新需要承担更多的风险，通过国际化联结，采用与跨国公司结成 R&D 联盟或者技术引进、转让、并购等方式，可接触与可利用的知识与技术资源的数量与质量将大大优于知识获取活动囿于本地子网内部的企业，可以更好地掌握产业的整体发展趋势和技术前沿，利用国际化子网内部广泛的技术知识迅速开展创新活动。由于网络关系密切频繁地进行技术交流与探讨，在彼此之间互相信任和长期合作的基础上积累的信任度和默契感使得隐秘性知识与技术诀窍的传递效果累积增加。

跨国公司通过在本地建立前向和后向的产业联系，有利于生产、技术、管理知识的转移。跨国公司与公共科研机构建立关系，也有利于基础研究成果的转移以及科学创新平台的建立。综上所述，国际化网络联结的优势主要包括：

帮助本地企业分摊创新的风险，获取技术及新市场的进入机会，积累企业互补性或异质性的知识，更重要的是，面对国际化的产业创新网络纷繁复杂的知识溢出，国际化联结提供了一种信息甄别和知识筛选机制，有助于产业创新网络中的企业节省集成本或比较费用，进而提升技术创新的效率。国际化联结使产业创新网络中的两个子网中形成相互关联、互动发展的知识转移机制，促进产业创新网络整体的创新意识的提高、创新水平的改善和创新能力的发展。

4.3.2 研究假设

关于国际化联结对产业技术创新的影响分析表明，当一国的产业创新网络中国际化的联结增加时，处于产业链上下游的企业会因为与跨国公司的前向与后向关联而获得技术水平不同的知识转移，联结越多，知识更容易从一个子网传递到另一个的子网；转移的知识越丰富，越有助于本地企业的生产技术水平的提高，进而提高自身的创新能力。国际化联结增加意味着本地高校、科研机构与跨国公司存在较多的合作关系，这样的合作有利于产业创新网络中非常重要本地知识源——高校与科研机构的知识水平提升，以及科技人力资源的培养，进而提升产业创新网络的创新能力。国际化联结越多也意味着本地子网成员通过加入技术创新联盟，获得质量更高的创新知识与技术，且减少创新的风险。国际化联结使本地企业，高校等有了获取跨国公司隐秘性知识的渠道。

不论是对于突破式产业技术创新还是渐进式产业技术创新，都能从与跨国公司的合作与技术交流中获得上述利益。因此我们得出以下假设：

H3：国际化联结对产业技术创新有显著的积极作用。

H3a：国际化联结对突破式产业技术创新有显著的积极作用。

H3b：国际化联结对渐进式产业技术创新有显著的积极作用。

4.4 产业创新网络国际化子网密度对技术创新的影响

网络密度指产业组织间连接稠密程度，即已有直接联结的数量与所有可能的直接联结数量之比，是影响产业技术创新效果的重要结构特征变量。产业创新网络国际化的进程中，国际化主体的加入以及在网络中的行为使整体网络的密度发生了变化，其国际化子网的密度变化对于整个创新网络中流动的知识的质量和数量产生影响。在本节将讨论国际化子网的密度变化对产业技术创新的影响。

4.4.1 国际化子网密度对技术创新的积极作用

创新网络的密度反映整体网络内连接的紧密程度。当产业创新网络密度较低时，网络内主体间联接较少，缺乏促进深度合作的紧密联系以及促进深度理解企业边界知识的互动，知识传递渠道较少，阻碍网络内隐秘性知识转移[237]。成员间监督效果较弱，存在投机行为，使网络主体面临机会主义风险，网络成员之间的信任水平较低，网络成员在复杂缄默知识的转移中会多有保留，知识信息的交换与整合遭到抑制[67]。过低的网络密度容易导致网络的知识转移能力不高，抑制网络知识扩散，阻碍产业创新网络的整体的知识增长[238]。

随着创新网络密度逐步提升，网络内联接数量和成员间互动频率将增加，成员违规行为受到的制裁效果将被放大，从而产生强制和威慑的信任[239]，促成网络成员间共享准则以及共同行为模式的形成，网络成员间合作和知识共享水平也将随之提高，伙伴间特定的知识共享路径逐步形成，能提高知识流动的速度，从而促进网络的知识扩散；创新网络内互动频率的提升使得网络成员可以通过与第三方伙伴的沟通来降低信息不对称所带来的风险。Baum 等（2003）基于小世界理论的视角，发现整体网的稳定性一部分取决于子网中的关系类型，随着子网的演化，网络的稳定性由网络中组织的地位这一属性决定。核心组织以及他们的子网倾向于使整个网络变得稳定，然而外围的行动者将破坏网络的稳定。实际上，网络产生的社会和信息影响将造成适应和演化（Kraatz，1998）。

国际化子网密度的演化对产业技术创新的影响体现在以下两个方面：

4.4.1.1 放大由示范、模仿、关联而产生的知识溢出与知识转移效用

高密度的国际化子网使得主体之间相互信任、规范、权威和制裁等制度的建立和维持。因为具有同样的第三方合作伙伴，高密度网络减少企业间的信息的不对称性，增加各方知识基础上的信任[240]。高密度子网会产生大量的企业间联系，网络内信息和资源将更快速地流动。信息传递的平均路径的缩短，有利于创新知识和成果的迅速传播、学习和转化。网络成员间频繁交流减少了网络成员间知识的差异，建立更加高效的知识转移机制，从而使得网络成员间传

递、吸收、整合、创新知识的过程更加顺畅，提升网络转移知识质量，推动创新网络的知识增长[241]。

国际化子网内部知识转移的数量与质量增长也使东道国产业技术创新整体网络中国际化知识溢出的数量有所增长。子网内部知识流动的速度加快，知识转移的障碍减小，整个子网内部知识分布均匀，使得本地企业只需关注和模仿，关联少数的国际化主体就可以获得产业先进的技术与知识。国际化子网密度放大了跨国企业的示范、本地企业的模仿以及国际化联结之间产生的知识溢出和知识转移的效用，促进了产业技术创新。

4.4.1.2 加速竞争，推动本地子网内部的创新合作与知识流动

由于特定的社会、政治与经济等众多复杂的因素，发展中国家通常存在一些具有较高进入壁垒、较高集中度的垄断性行业，造成了行业创新网络规模小、节点类型少、边界僵化、知识流动不畅、整体产业效率低、技术水平落后、创新停滞的状态。东道国往往会提供一些优惠政策、产业政策，以期通过国际化主体的介入提升产业发展水平，国际化主体凭借技术与管理的优势迅速进入到产业创新体系中，并将与其存在业务关联的企业一并纳入东道国的产业创新网络，形成密度较高的国际化子网络。高密度的国际化子网的成员之间合作关系稳固，信息与知识较少背扭曲，丰富的高质量信息的获得，使得境外企业能够在短期内，在产品、流程、市场和管理方面迅速地得到提升。此时，竞争成为促进产业创新网络国际化知识循环的重要作用机制，竞争发生于产业内的国际化与本地化的子网之间，以及位于两个子网的国际化与本地的网络主体之间。国际化主体与境外的企业、大学以及科研机构建立各种相互联结，增加了企业创新网络创新主体相互联结的数量；增加了知识流动的速度与效率，能够比本地企业更快地获得创新所需的知识与技术，推出更有竞争力的产品与服务，在东道国市场，以及境外市场与东道国的厂商形成多方位的竞争。

为应对来自跨国企业的竞争压力，本土企业不得不加大技术投入，改善资源配置，加强与本土企业和机构的技术合作，主动在产业创新体系中结网，扩充企业以及企业关系网络中的技术、管理与服务方面的知识存量，通过在内部获取更多的知识资源，使原本结构稀松、联结较少的本地子网加强合作。因此，

国际化子网密度的提升促进了东道国的企业联盟的建立以及企业与大学、科学院所之间的联系，加强了核心企业与其他企业、大学以及科研机构的技术创新的合作强度，从而对东道国的技术创新起到促进作用。

4.4.2 研究假设

从产业创新网络的国际化子网密度对产业技术创新影响的分析可以得出，当国际化子网密度较低时，出现在东道国的境外企业与跨国公司处于零散分布的状态，其知识溢出的效应相对较弱。当国际化子网的密度提升时，子网内部的信任关系建立，知识流动渠道更为通畅，在网络中流动的知识资源更加丰富，网络的平均技术与知识水平得到提升。处于本地子网中的东道国厂商，只需对少数的国际化主体进行关注，模仿与关联就能获得代表整个产业发展水平的技术与知识，由国际化带来的示范，模仿以及关联的效应得到放大，有利于东道国产业技术创新。另外，国际化子网紧密合作能加快产品与服务的更新，与本地企业形成多方位的竞争，促使本地企业提升资源配置效率，加强技术创新合作，注重获得与积累产业技术知识，通过缩小与跨国公司的技术差距，提升自主的产业技术创新水平，由此可得：

H4：产业创新网络的国际化子网密度对产业技术创新有积极作用。

对于突破式产业技术创新，东道国企业面临的问题往往是全新的，本地子网可能缺乏可支撑的知识基础，需要更多先进的异质知识来源。国际化子网密度的增加使其内部流动的知识质量与数量的增长，平均知识水平提升。本地厂商在观察模仿跨国企业的管理、技术与产品的创新时，能更有效率地汇聚高质量的产业技术知识，提升突破式技术创新的水平。另外，由突破性技术创新带来的突破性创新产品对于本地市场与国际市场的冲击更大，挤占本地企业长远发展的生存的空间，更易激活本地厂商的进行技术创新的动力。

相对而言，渐进式产业技术创新主要是对原有技术的改进，对于异质性知识的需求，竞争效应带来的对创新合作的需求远不如突破性创新那么旺盛，本地子网以及组织内部流动的知识是其进行技术改进的主要知识来源，国际化子网密度的变化带来的知识溢出与知识转移效应以及竞争效应在企业进行渐进式创新时有一定的积极影响，但不显著。由此可得：

H4a：产业创新网络的国际化子网密度对突破式产业技术创新有显著的积极作用。

H4b：产业创新网络的国际化子网密度对渐进式产业技术创新没有显著影响。

4.5 本章小结

本章首先探讨了产业创新网络中的跨国知识流动的两种形式：知识溢出和知识转移。阐述了促进知识溢出的三种机制：示范与模仿，竞争、人员流动；以及促进知识转移的三种机制——产业链前后向联结，技术战略联盟，技术引进、许可和技术并购。提出产业创新网络国际化具备知识耗散结构的基本特征，从外界引进新的知识源增加负熵，是保证产业创新网络有序演化的重要因素。

本章的重点在于提出了衡量产业创新网络国际化的三个重要指标：国际化子网的规模，国际化联结，国际子网平均度。分别分析了国际化子网规模，国际化子网相对规模，国际化联结，国际化子网平均度对产业创新的影响机理。

产业技术创新的国际化子网规模的增加通过国际化知识溢出提升了整个创新网络知识资源的丰裕度，供给本地子网创新互补性及异质性知识，给技术创新尤其是探索式创新带来积极作用；另一方面，国际化子网规模的过度增长造成东道国研发资源被侵占，自主研发受到抑制，知识反向溢出等问题对技术创新造成负面影响。国际化联结的增长有利于产业链上下游企业的技术水平提升，东道国大学与科研机构的创新知识水平提升，帮助本地企业获取隐形知识，分摊创新风险，因而产业创新网络中跨接国际化与本地子网的国际化联结对产业技术创新起到显著的正面影响。国际化子网密度的增长能够放大由示范、模仿、关联而产生的知识溢出与知识转移效用；加速竞争，推动本地子网内部的创新合作与知识流动；因此国际化子网密度对技术创新有显著正向影响。

最后，针对以上网络国际化变量对技术创新影响的分析，以及突破式创新和渐进式创新对知识需求的异同，本章提出了研究假设，为第 5 章的实证检验提供了理论基础。

第5章 产业创新网络国际化演进及对技术创新影响实证研究

5.1 数据收集与产业创新网络刻画

产业创新网络的构建需要数据的支撑，本节主要阐述采用联合专利申请人信息构建产业创新网络的过程，以及对网络内国际化主体数据的析出过程。

5.1.1 联合专利在创新网络刻画中的应用

学者们进行技术创新网络的构建时采用了不同的方法。例如 Narula 和 Santangelo（2009）从 MERIT-CATI 等专业数据库的联盟协议了解合作信息[242]；Ahuja（2000）查找权威杂志或政府公告、公开出版物、咨询报告的相关信息；解学梅（2010）[243]，钱锡红（2010）[244] 等国内学者则通过问卷调查获取创新合作信息构建企业个体网络。以上网络构建方式各有优劣，专业数据库资料权威，但很难获得；自行在出版物上搜集有可能信息不完整，通过问卷搜集对问卷质量要求很高，容易出现自我报告的偏差。

利用专利信息构建创新网络是目前研究者们采用的较为普遍的作法，专利是知识的重要呈现形式，代表在技术领域的发现和创新，具有前沿性和新颖性。追踪专利中所包含的信息，能够发现创新合作网络的构建基础以及知识流动的渠道与方式。Sternitzke 等（2008）在对光电领域专利信息进行分析时，就综合采用了发明人、申请人、专利引用数据构建了可视化的创新网络图谱，采用社会网络分析研究了发明人网络位置对创新的影响[245]。

专利所透露出来的三种信息为构建创新网络提供了线索。

（1）共同发明人信息，依据共有发明人信息构建发明者合作创新网络，Beaudry 和 Schiffauerova（2011）利用共同发明人信息构建了加拿大纳米技术发明者网络[246]；Balconi 通过分析 1978—1999 年间在 EPO 申请专利的 30243 个意大利籍发明人构建了关系网络[247]；已有的研究表明，发明人合作的社会关系与知识流动存在着内在联系。

（2）专利引文信息，依据发明专利中申请人及审查员标注的参考引文，通过前向引用或后向引用构建知识网络。向西尧，蔡虹（2011）在考察电力系统跨国知识流动时，采用专利引用信息构建了显性知识溢出网络[248]。不足的是目前中国专利申请体系尚未包含对已有技术的引用状况，因此，利用中国知识产权局的数据无法完成对基于专利的中国与其他国家和地区关系的考察。

（3）联合申请人信息，联合申请专利是一种得到广泛采用的实证指标，陈伟等（2012）以发明专利联合申请构建了东北三省装备制造业产学研合作创新网络[249]；Guan 和 Chen（2012）利用联合发明专利信息构建起跨国合作创新网络[250]。主要反映组织间基于合作创新所带来的知识扩散，能更好表明组织间的协作研发关系，反映出较为重要的创新知识在组织间的共享和转移活动。

表 5.1 专利信息与网络构建

专利信息	研究问题	特点	缺陷
共同发明人信息	合作与合作网络特征对专利质量的影响；发明人合作给组织带来知识多样性	反映个体合作创新和知识流动上具有较高效用	不能很好地反映组织间合作，有重名误差
专利引用信息	跨国创新知识扩散网络；地理临近性与社会临近性与知识流动的关系[251]	较好地考察引用和被引用的国家之间，公司之间和科技领域之间的联系	中国专利局缺少该方面信息
联合申请人信息	产学研合作创新网络；基因工程制药业创新网络；东三省装备制造业产学研合作创新网络	较好地反映组织层面，基于合作创新所带来的知识流动	

资料来源：根据资料整理。

总的来说，共同发明人信息较难对组织间的合作进行考察，发明人尤其是国内的发明人重名现象也使得数据可靠性受到一定影响；专利引文数据在国内的知识产权数据库中无法查找，在研究中国产业技术创新的整体情况时信息获取较为困难。因此本书采用专利联合申请人数据来构建协作研发网络具有一定的科学性、合理性与便利性，能更好地完整呈现产业创新网络的实际情况。

5.1.2 数据来源与收集

本书需要收集产业层面的联合申请专利数据来进行国际化产业创新网络的构建，为了确保数据有效可靠且口径一致，采用了来自于“国家重点产业专利信息服务平台”（网址 http://www.chinaip.com.cn/）的数据。该数据服务平台为公益性质，由国家知识产权局牵头，中国汽车工业协会、中国钢铁工业协会、中国电子信息产业发展研究院等十大重点产业的行业协会共同合作开发，该数据平台具有一般检索、分类导航检索、统计分析、机器翻译等多种功能，为本书的所需数据提供了极大的支撑。

（1）获取合作申请专利构建产业创新网络

进入国家重点产业专利信息服务平台，选择需要分析的行业，并按行业的产品分类进一步挑选需要析出的某一固定时间段在中国申请的所有专利，然后进入专利分析页面，要求对合作申请人进行分析，可以获取合作申请专利，以及合作申请人的相关信息。该信息经过处理后即可用来构建相应的产业创新网络。从 1985 年到 2010 年，共获取联合申请信息 64938 条。剔除个人与个人合作、个人与组织合作专利，共得到 18028 条组织间的联合申请关系的数据（包括 A-B 及 B-A 两种关系），专利合作申请组织 4775 家。

（2）获取具体专利信息，采用国省代码对外资或内资企业进行区隔

国家重点产业专利信息服务平台逐条下载每条合作专利信息，根据专利信息中的国省代码判定该专利申请人的国别身份，创建合作创新网络中的外资及内资的特征数据，用以区隔合作创新网络中的国际化主体与本地主体。由于专利信息中只出现第一专利申请人的国省代码，合作者的国别判断需要对数据进行进一步的处理。处理方式为：如果企业名称带有中国地方名称，例如湖北振动器厂、吉林省锻压设备厂，则判定为境内企业；如果没有具体的省市信息出

现在专利申请者名称中，则使用 patentex 专利数据库，输入企业名称进行查找，如果该企业有作为第一申请人申请过其他专利，则根据专利信息中的国省代码进行判别。如果该企业没有以第一申请人的身份进行专利申请，则请求课题的国外合作者帮助，在 Orbit 数据库进行查找；如果数据仍然缺失，则用 google 与百度搜索引擎对企业进行搜索并判别企业的境内外特征。

（3）获取行业内专利申请总量对产业技术创新进行衡量

进入国家重点产业专利信息服务平台，获取某一产业固定时间段在中国知识产权局专利申请总量，以及发明专利、实用新型专利以及外观设计专利数量。尽管不是所有的发明企业都会去申请并且获得专利但是由于专利数据和创新能力及结果密切相关，研究中容易获取，统计口径一致，因此本书仍将专利作为衡量创新活动的可靠指标。国省代码为境内的企业专利的专利总和、发明专利总和、非发明专利总和作为产业技术创新能力的指标。

5.1.3 产业创新网络刻画的样本行业选取

在构建产业创新网络之前，首先要确定样本行业。综合分析数据库中的十大重点行业的特点与国际化状况，本书决定选取汽车行业作为产业创新网络构建的样本。原因如下：

（1）汽车产业具有极强的产业关联效应，对上游的机械制造业、黑色金属冶炼加工业和橡胶制品业等行业有着显著的带动作用；对下游的金融、保险、法律咨询、产业服务、科研设计、广告公司等各种服务业有大量的需求；产业链延伸范围宽、延伸半径大，是中国转型经济发展中的一个重要支柱产业。

（2）汽车产业按照 OECD 的分类，属于中高技术产业。汽车产品集成了涉及冶金、石油、机械化工、电子电器等各领域的先进技术。汽车产业技术具有混合性、系统性、惯例性以及研发密集性等特征，产业的发展需要知识与技术的不断创新，从知识流动的视角剖析其产业创新网络的发展演进很有必要。另外，本书涉及到创新与合作网络，因此研究对象最好具有明显的创新与企业间合作的特征。由于汽车产业模块化、系统集成生产的结构特点，汽车产业中众多的零配件供应商、整装厂商组成了一个多边强联结的技术创新网络，有利于我们从产业创新网络的视角对其进行研究。

（3）汽车产业是全球化特征最显著的行业之一，20世纪90年代以来，形成了跨国公司主导的全球性生产、销售、采购和研发体系。我国作为汽车产业的后起国家，汽车产业与市场对外开放程度之高，利用外资之多，列各大产业之首。从1984年第一家合资企业的建立至今，目前国际上几乎所有的主要汽车厂商都已经进入中国，中国已经成为全球第一的汽车生产国与消费大国。

（4）对于汽车行业大量引进外资，以“市场换技术”的产业发展模式一直存在诸多争论。梅永红（2005）认为合资模式使中国付出了非常大的代价，导致了中国汽车工业技术能力上近20年的停滞[252]。王雪梅，雷家骕（2008）等通过对整车企业的调研，认为“市场换技术”促进了汽车行业技术、管理能力的提高和相关产业链的发展，尤其是培养了一大批技术人才，对于产业创新有积极作用[253]。

本书认为通过对汽车产业创新网络的构建，采用网络变量分析其国际化对产业技术创新的影响，清晰地描绘出汽车产业创新网络国际化的演化过程，是极其有意义的尝试，也许可以对以上争论的某一方观点提供证据与支撑。

综合对比国内的十大重点产业，汽车产业具有对知识需求迫切、产业链长、国际化程度深、范围广、被广为关注且最具争议性的特点，因此将汽车产业作为研究样本，通过构建从1985年到2009年的产业创新网络，探讨产业创新网络国际化对我国产业技术创新的影响，具有典型意义。

5.1.4 国际化的产业创新网络的刻画过程

本书使用1990年到2010年汽车产业的联合申请专利信息来构建创新合作网络。具体用到的信息有：（1）专利授权年份；（2）专利申请人名称；（3）专利申请国省代码。由联合申请专利信息可以判断专利产出之前各方已经开始合作，并且在专利申请之后，关系还会有一定的时期的延续，借鉴Deeds与Hill（1998）的研究[254]，我们采用3年的时间窗口，在构建第某一年的产业创新网络时，将上一年的联合申请专利、今年的联合申请专利以及后一年的联合申请专利综合考虑进来。

在进行产业创新网络国际化的研究时，国际化节点以及国际化联结需要在网络中有所体现。对于跨国公司为实施专利布局，将原来与境外合作者申请过的专利在我国重复申请，其国省代码为境外的，判定为国际化节点；专利国省代码为境内的，判定为本地节点，在网络构建时，需要将特征数据与矩阵数据进行匹配。国际化产业创新网络的具体构建方法如下：

步骤 1，将联合申请专利信息转换为申请人与申请人一一对应的关系。

如表 5.2 所示，三个联合申请专利 1、2、3，分别由 A、B、C、D、E 五个申请人中的某几位联合申请。转换成申请人与申请人一一对应的关系，见表 5.3。

步骤 2，将申请人一一对应关系转换成矩阵。

如表 5.4 所示，用无向的 01 矩阵来表述申请人之间的关系。大量数据转换成矩阵需使用 Matlab，然后经由 TXT 导入到 Excel。

步骤 3，构建与矩阵匹配的特征数据表。

按照矩阵列的顺序构建 Excel 特征数据表，1 表示境外机构，0 表示境内机构，具体如表 5.5。

步骤 4，导入 Ucinet 软件用 Netdraw 画出拓扑结构图。

将矩阵的数据及特征数据导入 Ucinet 软件用 Netdraw 功能，构建出产业创新网络拓扑结构图（见图 5.1）。

表 5.2 以三个专利为例的合作申请人表

Patent ID	申请人
1	A
	B
	C
2	A
	B
	D
3	D
	E

表 5.3 申请人之间一一对应的协作研发关系

申请人	申请人
A	B
A	C
B	C
A	D
B	D
D	E

表 5.4 描述申请人之间协作研发的 01 矩阵

	A	B	C	D	E
A	0	1	1	1	0
B	1	0	1	1	0
C	1	1	0	0	0
D	1	1	0	0	1
E	0	0	0	1	0

表 5. 5 特征数据表

申请人	特征数据
A	1
B	1
C	0
D	1
E	0

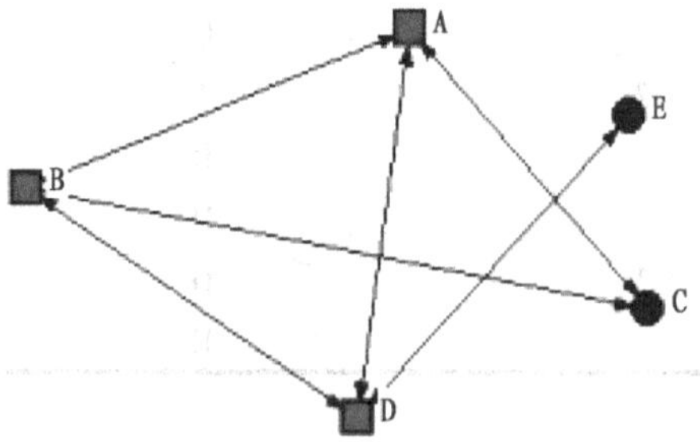

图 5.1 产业创新网络拓扑示意图

方块表示国际化节点，圆表示本地节点。

5.2 产业创新网络国际化的演进

将处理后的数据代入 Ucinet，可以计算得出的国际化产业创新网络的网络特性，并刻画出从 1991 到 2009 的产业创新网络的拓扑图。产业创新网络国际化的数据统计入见表 5.6。

表 5.6 产业技术创新网络国际化演进特征数据

年份	网络节点数	网络连接数	网络密度	平均度	国际化子网规模	本地子网规模	国际化联结数	国际化子网平均度	本地子网平均度
1990	176	108	0.007	1.225	13	176	0	1.2000	2.0202
1991	188	188	0.0107	2.0009	5	183	0	1.1574	1.9673
1992	211	199	0.009	1.89	19	192	1	1.2987	1.9836
1993	215	200	0.0087	1.8618	40	175	1	1.2792	1.1100
1994	232	137	0.0051	1.1781	83	149	2	1.3167	1.1242
1995	247	149	0.0049	1.2054	100	147	1	1.3328	1.2642
1996	267	178	0.005	1.33	137	130	3	1.3064	1.274
1997	284	189	0.0047	1.3301	143	141	6	1.3464	1.2555
1998	290	197	0.0047	1.3583	154	136	7	1.3104	1.200
1999	358	230	0.0036	1.2852	157	201	7	1.3600	1.2120
2000	404	269	0.0033	1.3299	201	203	7	1.4628	1.2288
2001	534	370	0.0026	1.3858	277	257	7	1.5088	1.2834
2002	649	463	0.0022	1.4256	369	280	12	1.6966	1.2636
2003	852	653	0.0018	1.5318	500	352	21	1.5314	1.176
2004	983	821	0.0017	1.6694	590	393	31	1.1648	1.6752
2005	1148	988	0.0015	1.7205	449	699	38	1.9600	0.8944
2006	1261	1033	0.0013	1.638	701	560	40	2.0010	0.9097
2007	1516	1263	0.0011	1.6665	691	828	43	1.6692	1.3948
2008	1912	1644	0.0009	1.7199	643	1269	49	1.7575	1.4886
2009	2359	1947	0.0007	1.6506	704	1655	72	1.2000	2.0202

5.2.1 产业创新网络国际化的整体发展

产业技术创新协作研发网络的整体演化情况可以从两个方面进行描述，一个是整体网络中节点与联结的数目，表明整体网络规模的变化情况。一个是从整体网络的密度来描述，表明网络内部的稠密程度及技术创新合作的程度。

随着越来越多的本土组织机构参与到产业技术创新活动中，也随着国外企业抱着对中国人力资源以及巨大市场的强烈兴趣更多地卷入东道国的产业创新网络，产业技术网络的主体规模不断扩大。网络中的合作交流也有所增加，如图 5.2 所示。汽车产业创新网络的节点数由最早的 176 家到 2359 家，增加了 13.4 倍；网络内部的联结数从 108 条到 1947 条，增加了 18 倍。由此可见汽车产业在近 20 年的迅猛增长，以及技术创新合作不断增强的势头。

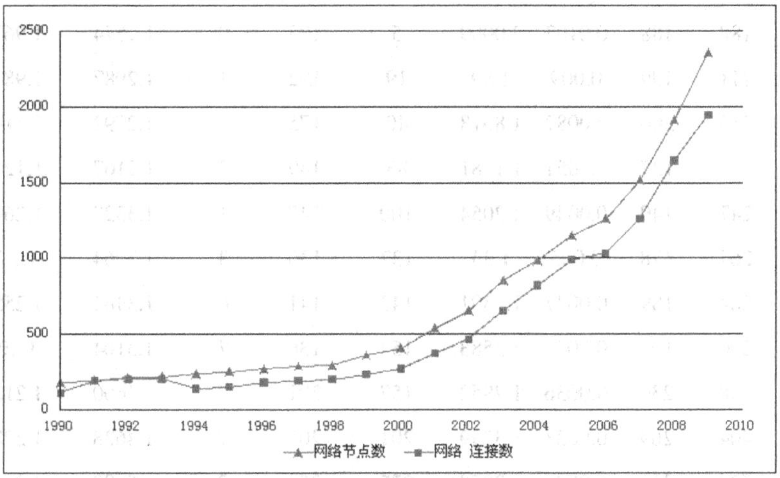

图 5.2 汽车产业创新网络规模的演化

我们选用两个指标来描绘从 1990 年到 2009 年汽车产业创新网络的密度变化，一个指标是创新网络的密度，指的是整个产业创新网络内所有连接的数量与整个网络内最大可能的连接数量的比例；网络密度在网络规模相同或者相近时，能够直观地刻画网络的稠密程度。当网络的规模发生较大的变化时则不能很好地反映网络内密集程度，所以我们用控制了网络规模的平均度来展示网络内部的稠密程度，即整体网的平均度为网络中每个节点邻接的节点个数。从图 5.3 中可以看出，整体网络中的密度虽然呈下降趋势，但是从平均度的折线来看，网络主体之间平均度保持在 1 和 2 之间，保持平稳上升。

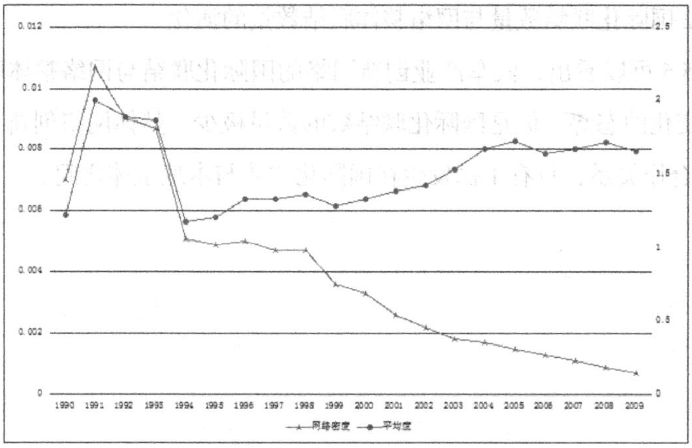

图 5.3 汽车产业创新网络密度演化示意图

5.2.2 产业创新网络国际化的演化

5.2.2.1 国际化子网与本土子网规模的相对演化

图 5.4 描绘在中国汽车产业创新网络中国际化主体与本地主体规模的相对演化，可以看出，1990 年开始有极少数的国外的技术创新主体出现在我国的汽车技术创新网络中，随着我国对汽车产业的开放程度的提升，越来越多的国际化主体开始出现，并将其技术创新成果以专利的形式在中国知识产权局申请，通过专利布局和专利保护确保在中国汽车产业中的技术地位。从 1996 年到 2006 年间，汽车技术创新合作网络中的本地主体规模受到一定挤压，从 2007 年开始，参与汽车产业合作创新的国内机构迅猛增长，快速超过了国际化主体的规模。

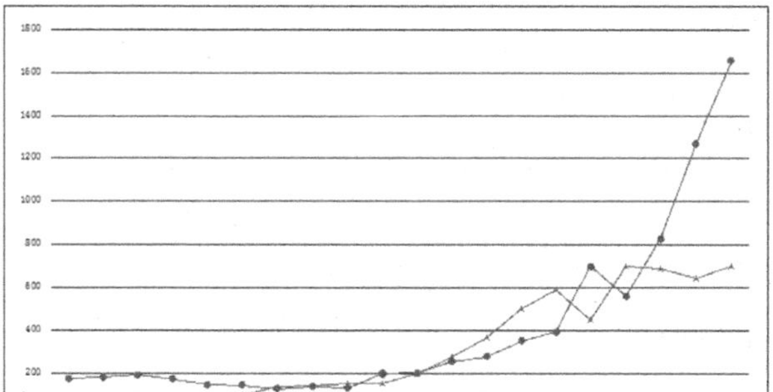

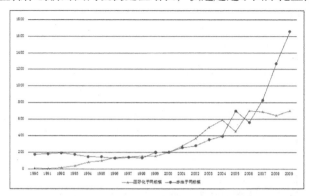

图 5.4 汽车产业国际化子网与本地子网规模的相对演化

5.2.2.2 国际化联结数量与网络整体联结数量的演化

从图 5.5 可以看出，汽车产业创新网络的国际化联结与网络整体联结数处于成比例变化的态势，但是国际化联结数的数量极少，整体网络创新合作中每 30 对创新合作关系，只有 1 例发生在国际化主体与本地主体之间。

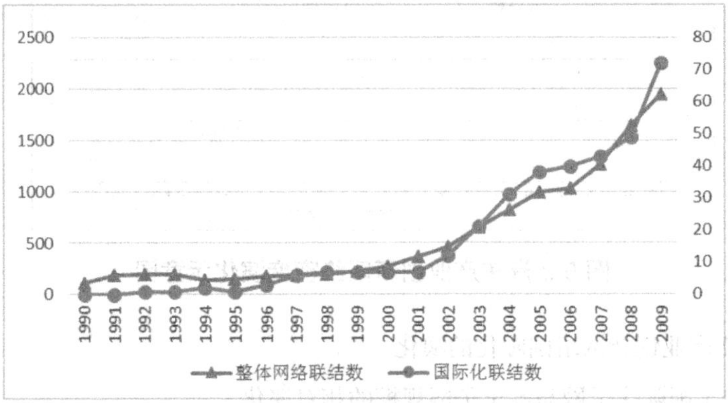

图 5.5 国际化联结数与网络整体联结数的演化示意图

5.2.2.3 国际化子网密度与本地子网密度的相对演化

在刻画国际化子网密度与本地子网密度时我们采取的是平均度的数值，同样可以反应网络的稠密程度，从图 5.6 可以看出国际化子网与本地子网的密度出现交叉变化趋势，在 90 年代早期，本地子网的密度相对较大，到 1993 年，两个子网的密度开始接近。总的来看，国际化子网密度与本地子网密度呈相反发展的趋势，意味着当国内企业合作创新加强时，国际主体之间的合作减少，反之亦然。

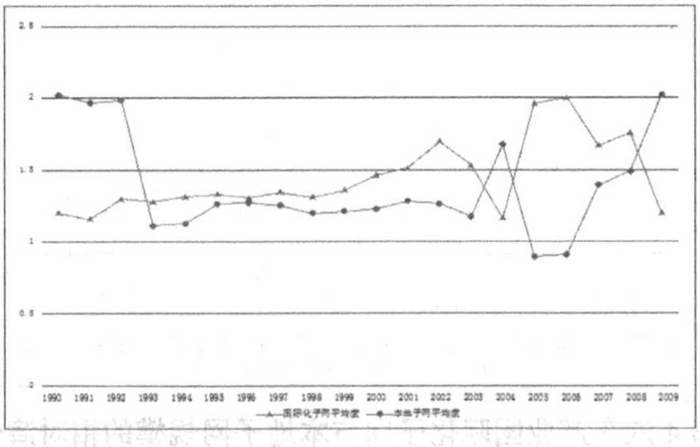

图 5.6 国际化子网密度与本地子网密度的相对演化

5.2.3 产业创新网络国际化演进拓扑图

采用3年为时间窗口，用UCinet的Netdraw功能绘制了1990—1992、1993—1995、1996—1998、1999—2001、2002—2004、2006—2007的产业技术创新国际化的拓扑图如下：

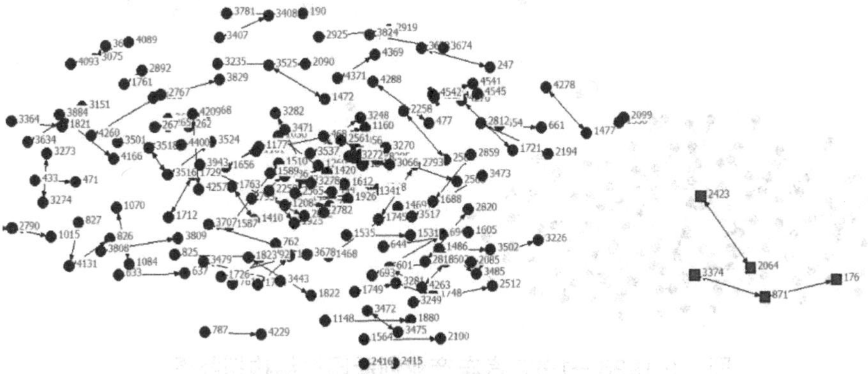

图5.7 1990—1992汽车产业创新网络结构拓扑图

●代表本地节点，■代表国际化节点

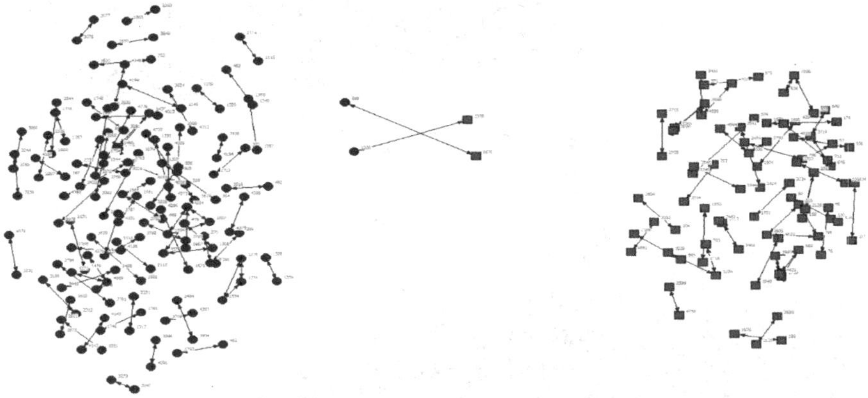

图5.8 1993—1995汽车产业创新网络结构拓扑图

●代表本地节点，■代表国际化节点

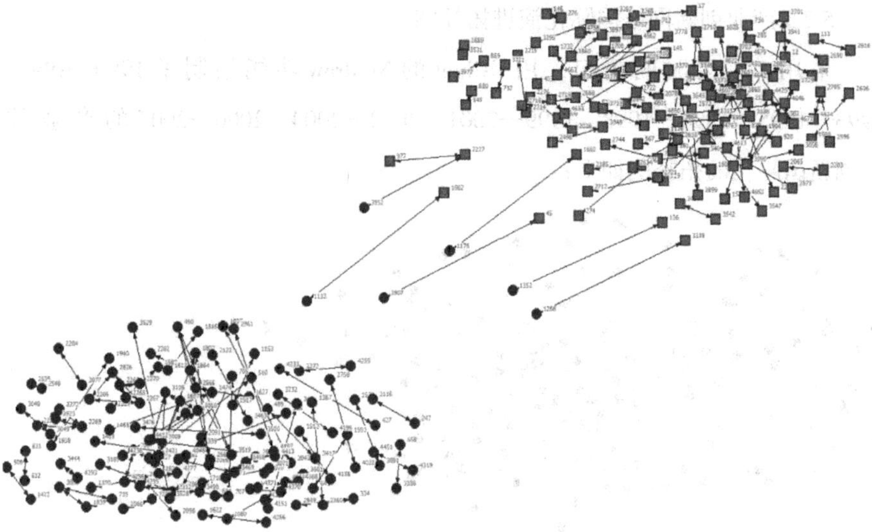

图 5.9 1996—1998 汽车产业创新网络结构拓扑图

●代表本地节点，■代表国际化节点

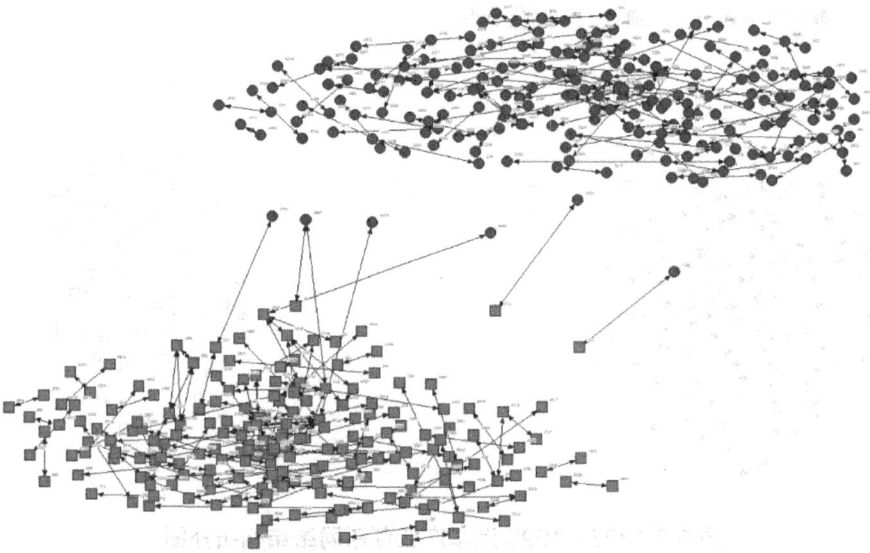

图 5.10 1999—2001 汽车产业创新网络结构拓扑图

●代表本地节点，■代表国际化节点

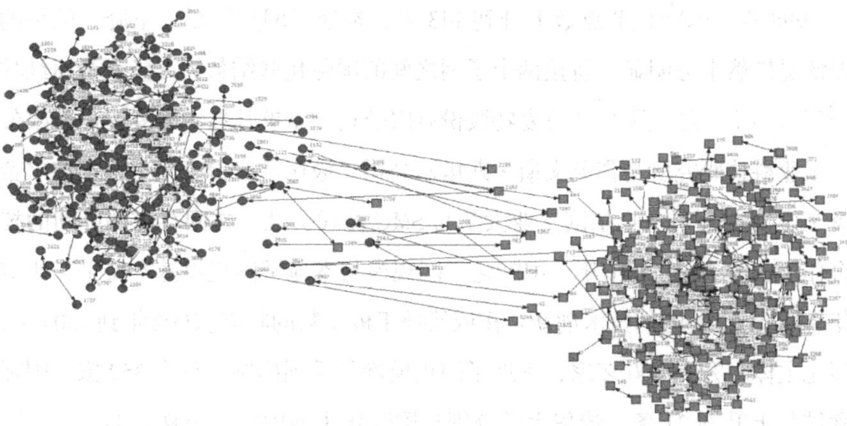

图 5.11 2002—2004 汽车产业创新网络结构拓扑图

●代表本地节点■代表国际化节点

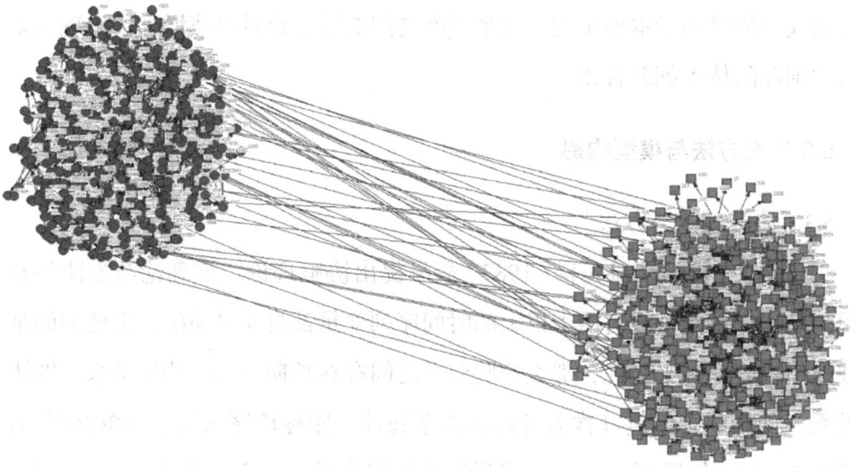

图 5.12 2005—2007 汽车产业创新网络结构拓扑图

●代表本地节点，■代表国际化节点

从 6 个阶段的网络拓扑图可以明显看出汽车产业创新网络的演进趋势。1990 年到 1992 年的三年间，进入到中国汽车产业创新网络的外资企业只有 5 家。1993 年到 1995 年，国际化节点数上升到 83 家，汽车产业创新网络形成国际化子网与本土子网两部分，两个子网之间仅存在两个国际化联结。1996

年到 1998 年，国际化节点数上升到 143 家，本地子网规模略为下降，网络的分派情况依然十分明显，桥接两个子网之间的国际化联结数为 6 条，贵州红林机械厂与伺服产品国际公司英麦特股份有限公司与米歇林技术研究股份有限公司；工业科技研究所与霍戈文斯·斯塔尔公司；液压环股份有限公司与波尔希名誉工学博士公司；哈尔滨工业大学与 SMC 株式会社等之间存在国际间的技术合作。1999 年到 2001 年，国际化子网规模与本地子网规模基本持平，比前几年有所上升，跨国的技术创新合作依然处于极少数的状态。2002 年到 2004 年，国际化主体上升到 500 多家，本地子网规模增长受到抑制，只有 352 家；国际化联结数上升到 21 条；清华大学分别与国际化子网中的三星株式会社、韩国三星综合技术研究所等以及位于本地子网的中国南车集团株洲电力机车研究所、湖北大学、中铁十二局集团有限公司进行创新合作，处于结构洞位置，成为国际化子网与本地子网之间知识转移的重要通道。2005 年到 2007 年，国际化子网规模依然强于本地子网，两个子网之间的联结数目迅速增加，出现越来越多的国际间技术创新合作。

5.3 研究方法与模型构建

5.3.1 协整理论与方法

Granger（1981）与 Engle（1987）最早提出协整理论。该理论与方法的基本思想是：如果两个或者两个以上的时间序列变量都是非平稳的，但他们的某种线性组合表现出平稳性，那么这些变量之间存在长期稳定的均衡关系，即协整关系。如果序列经过 d 次差分后具有平稳性，则称该序列为 d 阶单整序列，表示为 I（d）。如果两个 I（d）序列的线性组合得到一个变量为 I（0），则认为这两个变量是协整的。运用协整理论与方法，国内外学者展开了一系列研究，表 5.7 列出了一些近期的研究及其发现。

表 5.7 基于协整方法开展的研究

时间跨度	研究内容	研究学者
1970—1997 年	荷兰的工资水平与劳动力流动的动态方程	Lourens Broersma（2006）[255]
1960—2001 年	葡萄牙的资本、创新、经济发展的关系	Aurora A. C. Teixeira, Natercia Foruna（2004）[256]
1994—2009 年	青岛市 R & D 投入和经济增长的协整关系	廖先玲，李洪伟，安广坤，李瑞红（2011）[257]
1991—2006 年	技术转移与产品创新、专利产出的关联机制	陈傲（2009）[258]
1985—2008 年	我国外商直接投资、对外直接投资和技术进步的关系	李梅（2012）[259]
1993—2002 年	研究型大学研发投入与首都区域专利产出的动态关系	吴玉鸣，何建坤（2007）[260]
1989—2007 年	经济增长与政府财政科技拨款和科技活动经费内部支出总额的关系	赵立雨，师萍（2010）[261]

资料来源：文献整理。

从上表可知，协整方法已成为宏观经济计量分析中研究非平稳经济变量之间数量关系的最主要工具之一。在研究的时间跨度方面，由于国外数据统计更为完整，一般可以采用 25 期及以上的统计数据进行分析。综观国内目前相关研究，时间跨度一般在 20 年以内，尤其是与技术创新相关的研究。这与我国科技活动开展较晚，相关数据统计滞后等因素有关。

本书在进行协整方程检验时，一方面受到汽车行业研发人员这一中观统计数据的限制，时间序列从 1991 年开始；另一方面，持续跟踪重大产业专利信息服务平台中的专利数据，发现 2011 年的专利申请数据还处于动态更新中，所以将专利数据截至 2010 年。由于采用滚动法进行构建网络，2009 年的网络数据实际上就包括了 2008 年、2009 年、2010 年的相关数据，研究时间跨度为

1991年到2010年。

本书将采用E-G两步法对协作研发网络的网络结构与技术创新之间的协整关系进行检验。首先通过ADF检验方法或者DF检验法进行单位根检，如果两个时间序列同阶单整，则可以进行下一步。第二步构建长期均衡模型，对误差项进行ADF检验或者DF检验，如果误差项为平稳序列，则表明两个序列之间存在长期均衡关系，即协整关系。

5.3.2 变量的测度与数据来源

5.3.2.1 因变量的测度

产业创新网络自主创新的内涵是在消化、吸收国际先进技术过程中，进行自主学习和研发，基于自主创新和技术升级建立内源性的产业体系（中国科技促进发展研究中心，2008）。在本书中虽然没有强调自主创新，但在考察产业技术创新绩效时，根据专利的国省代码，将境外机构以及与境外机构合作产生的专利剔除，只考察国内企业或机构申请的专利。因此，产业技术创新用国内发明专利总量（GNZLZL）进行测度。

关于因变量中突破式创新与渐进式创新的测度，现有研究主要采取两种不同的测度方式。

一种是参照Chandy & Tellis；Tushman & Romanlli；Mansfield等国外学者之前成熟的研究量表，进行改进后通过问卷调查的方式辨析突破式创新与渐进式创新。例如：企业推出的是否为与原有产品有较大差距的突破式创新产品[262]，是根据客户需求对现有产品进行改进，还是制定激进的技术政策促进技术创新[263]；是否引入了全新的产品，是否扩展了产品的种类以及全新的市场；是否提升现有产品质量，是否有效降低产品成本，是否巩固了现有市场[264]。

另一种是采用专利计量的方式。Ahuja和Morris Lampert（2001）用十年内专利引用量来区分突破式创新[265]，朱建民，魏大鹏（2010）认为渐进式创新成果多以实用新型和外观设计专利为主，为了摆脱对技术输出国的技术依附，我国战略性高新技术领域产业发展迫切需要以发明专利为主的突破式创新技术[266]。李正卫等（2009）用发明专利测度原始创新，用非发明专利测度渐进式创新，指出原始创新往往带有较强突破性，具有原始创新特点的专利相比实用新型和外观设计专利，更着重于原理和知识构建，带有较强理论研究或基础研究特征，具有率先性和不稳定性，带有较大技术和市场风险[267]。

产业创新网络国际化的中观层面的研究需要了解产业整体的技术创新状况，不适合采用问卷调查去辨析创新的属性，因此拟采用客观的专利数据对突破式与渐进式创新进行测度。基于以上研究，突破式创新用国内企业与机构申请的发明专利测度（GNFMZL），渐进式创新用非发明专利测度（GNFFMZL），具体数值为国内的实用新型专利与外观专利的数值之和。

5.3.2.2 自变量与控制变量的测度

（1）考察国际化子网规模演化，用出现在产业创新网络的境外节点进行测度（JWGM）。

（2）考察国际化子网与本地子网规模相对演化，用产业创新网络的境外节点数与境内节点数的比值来测度（JWXDGM）。

（3）考察国际化联结，用跨接境内节点与境外节点的联结数量来测度（JNWLJ）。

（4）考察国际化子网密度对技术创新的调节作用，采用控制了规模的子网平均度（JWPJD）进行测度。假设在国际化子网所有与主体或者节点 i 有连线的节点集合为 $N_{\mathrm{i}}(g)=\{j \mid ij \in G\}$，则所有的邻居 j 构成了节点 i 的领域，记为 N_{i}。结合 N_{i} 中元素的个数即为节点 i 的度，记为 $D_{\mathrm{i}}(G)$，简记为 D_{i}。网络密度 $NETD$ 指的则是整个协作研发网络内所有连接的数量与整个网络内最大可能的连接数量的比例，计算公式为 $NETD=\sum_{i=1}^{n} D_i/[n(n-1)]$，网络平均度 $\mathrm{D}=\sum_{i=1}^{n} D_{\mathrm{i}}/n$，其中 n 表示整个网络中节点的数目。国际化子网平均度（JWPJD）是指国际化子网创新主体的平均协作研发伙伴的数量，网络平均度更好地控制了网络规模，能够较好地反映网络内的相对稠密程度。

（5）控制变量为研发人员，采用汽车工业年鉴所公布的该行业投入研发人员的总数（YFRY）。没有同时采用研发经费作为解释变量的主要原因在于：首先，我国企业研发项目管理及研发经费核算方面尚很薄弱，研发经费的核算标准与口径主要依据于国家财政部和国家税务总局于1996年4月7日发布的〔1996〕财工字41号《关于促进企业技术进步有关财务税收问题的通知》和国家税务总局于1999年3月9日颁布的国税发〔1999〕49号《企业技术开发费税前扣除管理办法》的指导性文件[268]，2000年之前的研发经费数据存在界定不清，口径不统一的问题；其二，研发人员的全年工资薪金，是研发经费中最为主要的部分，研发经费增长与研发人员的增长在模型回归容易存在共线性的问题。

将所有变量的定义、来源及测度方式进行总结，如表5.8所示：

表5.8 研究变量及数据来源

变量	变量名称	变量测度	数据来源
因变量	技术创新	国内申请专利总量GNZLZL	重点行业专利数据服务平台直接获取
	突破式技术创新	国内申请发明专利总量GNFMZL	重点行业专利数据服务平台直接获取
	渐进式创新	国内申请的非发明专利总量GNFFMZL	重点行业专利数据服务平台直接获取
自变量	国际化子网规模	境外节点数量JWGM	同上获取后根据专利国省代码判别处理所得
	国际化子网相对规模	境外节点数量与境内节点数量比值 JWXDGM	同上获取后根据专利国省代码判别处理所得
	国际化联结	跨接境内节点与境外节点的联结数量 JNWLJ	同上处理后根据UCinet计算所得
	国际化子网平均度	境外节点构成子网平均度JWPJD	同上处理后UCinet计算所得
控制变量	研发人员	汽车行业研发人员总数YFRY	历年汽车工业年鉴提供数据

资料来源：根据本书内容整理。

5.3.2.3 变量统计数据

从国家重点行业专利信息平台下载的相关数据，从汽车工业年鉴获取的相关数据以及使用Ucinet工具计算得出网络变量的数据统计如表5.9。

表5.9 模型相关变量与数据统计

	研发人员（万人）	国内专利申请总量	国内发明专利	国内非发明专利	国际化子网规模	国际化子网相对规模	国际化联结	国际化子网平均度
	YFRY	GNZLZL	GNFMZL	GNFFMZL	JWGM	JWXDGM	JNWLJ	JWPJD
1990	----	1328	212	1116	13	0.1043	0	0.5940
1991	2.20	2414	292	2122	5	0.0915	0	0.5883
1992	2.50	2671	341	2330	19	0.0739	1	0.6547
1993	2.80	1977	295	1682	40	0.0273	1	1.1524
1994	3.10	2075	287	1788	83	0.0990	2	1.1712
1995	3.30	1814	211	1603	100	0.2286	1	1.0543
1996	3.40	2348	342	2006	137	0.5570	3	1.0254
1997	3.70	3107	438	2669	143	0.6803	6	1.0724
1998	3.90	3277	453	2824	154	1.0538	7	1.0920
1999	4.10	2397	494	1903	157	1.0142	7	1.1221
2000	4.30	3412	745	2667	201	1.1324	7	1.1904
2001	4.50	3411	698	2713	277	0.7811	7	1.1756
2002	5.30	5067	1193	3874	369	0.9901	12	1.3427
2003	6.20	8540	1257	7283	500	1.0778	21	1.3022
2004	7.10	9569	2150	7419	590	1.3179	31	0.6953
2005	9.00	10458	2770	7688	449	1.4205	38	2.1914
2006	9.13	16095	4370	11725	701	1.5013	40	2.1996
2007	10.95	14767	5302	9465	691	0.6423	43	1.1967
2008	12.41	18068	6901	11167	643	1.2518	49	1.1806
2009	16.29	31736	9217	22519	704	0.8345	72	0.5940
2010	16.93	34930	10358	24572	13	–	–	–

数据来源：根据本书数据整理。

从表 5.9 可以看出，汽车产业的专利申请量与研发人员投入在 1990—2010 时期内都呈现出增长的趋势，因此，在研究协作研发网络网络结构演化对研发活动的影响时必须控制研发人员投入对研发产出的影响，否则就不能反映实际情况。同时由于部分变量存在明显的增长趋势，在使用 EVIEWS 软件对构建的均衡模型进行验证时有必要对变量进行平稳性检验。

5.3.3 协整方程的构建

技术创新过程是一个研发的投入产出过程，借鉴柯布—格拉斯生产函数构建技术创新的投入产出基本模型如下：

$$Y = A(t)K^{\alpha}L^{\beta}\upsilon \tag{5.1}$$

式（5.1）中 Y 表示研发活动的产出，K 代表研发投入资金（单位是亿元或者万元），L 表示研发投入人员（单位是万人或人），α 是研发资本投入产出的弹性系数，β 则为研发人员投入产出的弹性系数，υ 表示随机干扰因素的影响，$\upsilon \leqslant 1$，$A(t)$ 代表提升研发产出的其他因素，例如协作研发水平、创新政策、产业创新网络国际化导致的网络结构演化的一些重要结构变量即包含在这个部分。

对方程（5.1）左右两边进行对数变换可以得到：

$$\ln Y = \ln A(t) + \alpha \ln K + \beta \ln L + \ln \upsilon \tag{5.2}$$

为验证在前文第 4 章提出的有关产业创新网络国际化，包括国际化子网规模、国际化联结，以及国际化子网平均度对技术创新的影响的研究假设，根据变量设计依次构建以下模型，需要指出的是，基于 2000 年以前研发经费统计口径较为模糊，以及研发人员人工工资为研发经费第一支出费用的原因，我们只采用了研发人员作为模型的控制变量。

5.3.3.1 产业创新网络国际化对产业技术创新的影响

产业技术创新由 1991—2009 年间每年在中国知识产权局申请的汽车行业年专利总量（ZLZL）测度、考察的核心解释变量为国际化子网络规模（JWGM）、国际化子网相对规模（JWXDGM）、国际化联结数量（JNWLJ），以及境外子网的平均度（JWPJD）；由于研发人员数量一直处于明显的增长之中，所以需要对研发人员（YFRY）进行控制。

（1）为检验国际化子网规模、国际化联结，以及国际化子网平均度的演化对产业突破式技术创新的影响，构建国际化子网规模、国际化联结、国际化子网平均度与产业技术创新的均衡模型：

$$LnGNZLZL_t = \alpha + \beta_1 LnYFRY_t + \beta_2 LnJWGM_t + \beta_3 LnJNWLJ_t + \beta_4 LnJWPJD + \varepsilon_t \tag{5.3}$$

（2）为检验国际化子网与本地子网规模的相对演化、国际化联结演化以及国际化子网平均度演化对产业自主技术创新的影响，构建国际化子网相对规模、国际化联结、国际化子网平均度与产业技术创新的均衡模型：

$$LnGNZLZL_t = \alpha + \beta_1 LnYFRY_t + \beta_2 LnJWXDGM_t + \beta_3 LnJNWLJ_t + \beta_4 LnJWPJD + \varepsilon_t \tag{5.4}$$

以上两个模型中的变量说明如下：GNZLZL是国内企业与机构的专利总量，反映的是中国汽车产业创新网络整体的技术创新能力；YFRY为研发人员投入，反映了对技术创新人员的投入；JWGM是汽车产业创新网络中出现的境外节点，JNWLJ反映的国际化联结；JWPJD是国际化子网的平均度。

5.3.3.2 产业创新网络国际化对产业突破式技术创新的影响

产业突破式技术创新由1991—2009年间每年在中国知识产权局申请的汽车行业年发明专利总量（GNFMZL）测度，发明专利相对非发明专利更具技术新颖性和突破性，因此被视为质量更高的新技术产出，作为突破性创新的行业绩效的测量指标。考察的核心解释变量为国际化子网络规模（JWGM）、国际化子网相对规模（JWXDGM）、国际化联结数量（JNWLJ），以及境外子网的平均度（JWPJD）；仍旧将研发人员（YFRY）作为控制变量。

（1）为检验国际化子网规模、国际化联结，以及国际化子网平均度的演化对产业突破式技术创新的影响，构建国际化子网规模、国际化联结、国际化子网平均度与产业突破式技术创新的均衡模型：

$$LnGNEFMZL_t = \alpha + \beta_1 LnYFRY_t + \beta_2 LnJWGM_t + \beta_3 LnJNWLJ_t + \beta_4 LnJWPJD + \varepsilon_t \tag{5.5}$$

（2）为检验国际化子网与本地子网规模的相对演化、国际化联结演化以及国际化子网平均度演化对产业突破式技术创新的影响，构建国际化子网相对规模、国际化联结、国际化子网平均度与突破式技术创新的均衡模型：

$$LnGNFMZL_t = \alpha + \beta_1 LnYFRY_t + \beta_2 LnJWXDGM_t + \beta_3 LnJNWLJ_t + \beta_4 LnJWPJD + \varepsilon_t \tag{5.6}$$

以上两个模型中的变量说明如下：GNFMZL 是发明专利的总量，反映的是中国汽车产业突破式创新的能力；YFRY 为研发人员投入；JWXDGM 是汽车产业创新网络中国际化子网与本地子网的相对演化状况；JNWLJ 反映的是国际化联结；JWPJD 是国际化子网在控制了网络规模后网络合作的紧密程度。

（3）产业创新网络国际化对产业渐进式技术创新的影响

产业渐进式技术创新由 1991—2009 年间每年在中国知识产权局申请的汽车行业年非发明专利总量（GNFFMZL）测度，考察的核心解释变量为国际化子网络规模（JWGM）、国际化子网相对规模（JWXDGM）、国际化联结数量（JNWLJ），以及境外子网的平均度（JWPJD）构建国际化联结与行业渐进式技术创新绩效之间的均衡模型。

为检验国际化子网规模、国际化联结，以及国际化子网平均度的演化对产业渐进技术创新的影响，构建国际化子网规模、国际化联结、国际化子网平均度与产业突破式技术创新的均衡模型：

$$LnGNFFMZL_t = \alpha + \beta_1 LnYFRY_t + \beta_2 LnJWGM_t + \beta_3 LnJNWLJ_t + \beta_4 LnJWPJD + \varepsilon_t \tag{5.7}$$

为检验国际化子网与本地子网规模的相对演化、国际化联结演化以及国际化子网平均度演化对产业渐进式技术创新的影响，构建国际化子网相对规模、国际化联结、国际化子网平均度与渐进式技术创新的均衡模型：

$$LnGNFFMZL_t = \alpha + \beta_1 LnYFRY_t + \beta_2 LnJWXDGM_t + \beta_3 LnJNWLJ_t + \beta_4 LnJWPJD + \varepsilon_t \tag{5.8}$$

以上两个模型中的变量说明如下：GNFFMZL 是非发明专利总量，即实用新型与外观设计专利申请量的总量之和，反映的是中国汽车产业渐进式技术创新的能力；YFRY 为研发人员投入；JWXDGM 是汽车产业创新网络中国际化子网与本地子网的相对演化状况；JNWLJ 反映的是国际化联结；JWPJD 是国际化子网在控制了网络规模后网络合作的紧密程度。

5.4 实证结果与分析

5.4.1 变量的平稳性检验

序列的平稳性是指一个变量的时间序列数据的期望、方差以及自协方差是否稳定。非平稳的时间序列数据可以通过差分转化为平稳的时间序列。研究采用ADF方法对模型涉及的变量GNZLZL、GNFMZL、GNFFMZL、YFRY、JWJD、JNWLJ进行单位根检验，以确定各个变量的平稳性。在检验的程序上，首先采用图形进行观察,其次再根据图形的趋势检验趋势项与常数项的显著性，检验的结果见表5.10。

表5.10 单位根检验结果

变量	ADF检验值	检验形式	10%临界值	5%临界值	1%临界值	结论
LnGNZLZL	−2.4416	（c，t，0）	−3.2978	−3.7105	−4.6263	不平稳
△LnGNZLZL	−4.0211***	（c，0，0）	−2.6726	−3.0656	−3.9203	平稳
LnGNFMZL	−2.8601	（c，t，1）	−3.3103	−3.7332	−4.6679	不平稳
△LnGNFMZL	−4.6697***	（c，0，0）	−2.6735	−3.0656	−3.9204	平稳
LnGNFFMZL	−2.5379	（c，t，0）	−3.2978	−3.7104	−4.6162	不平稳
△LnGNFFMZL	−3.9749***	（c，0，0）	−2.6735	−3.0656	−3.9204	平稳
LnYFRY	−0.3134	（c，t，3）	−3.2869	−3.6908	−4.5715	不平稳
△LnYFRY	−4.9957***	（c，t，2）	−3.2869	−3.6908	−4.5715	平稳
LnJWGM	−3.4506*	（c，t，0）	−3.2978	−3.7104	−4.6162	不平稳
△LnJWGM	−3.4529**	（c，0，0）	−2.6735	−3.0656	−3.9203	平稳
LnJWXDGM	−2.6299	（c，t，0）	−3.2978	−3.7104	−4.6162	不平稳
△LnJWXDGM	−3.7727***	（c，0，0）	−2.6735	−3.0656	−3.9203	平稳
LnJNWLJ	−2.6405	（c，t，1）	−3.3013	−3.7330	−4.6679	不平稳
△LnJNWLJ	−6.5028***	（c，0，3）	−2.7011	−3.1199	−4.0579	平稳
LnJWPJD	−2.1721	（c，0，0）	−2.6606	−3.0404	−3.8574	不平稳
△LnJWPJD	−5.6984***	（0，0，0）	−1.6056	−1.9644	−2.7175	平稳

注：Δ代表一阶差分；括号内三个字母与数字的含义（c: 表示含常数项，0: 表示不含常数项；t: 表示含趋势项，0: 表示不含趋势项，第三个数字表示滞后阶数）；** 表示在5%水平上显著，*** 表示在1%水平上显著。

从上表可以看出，其中国际化子网规模 JWGM 在 10% 的显著性水平上为平稳序列，其他各个变量都为非平稳序列。研究采用 5% 的显著水平作为判断标准，对所有变量的一阶差分再进行平稳性检验，国内专利总量（GNZLZL）、国内发明专利总量（GNFMZL）、研发人员（YFRY）、国际化子网相对规模（JWXDGM）、国际化联结（JNWLJ）、国际化子网平均度（JWPJD）六个变量的一阶差分在 1% 的显著性水平上为平稳序列,国际化子网规模(JWGM)在 5% 的显著性水平上为平稳序列。

5.4.2 产业创新网络国际化对产业技术创新影响的协整检验

从表 5.10 的单位根检验结果可以发现，国内专利总量 GNZLZL、国际化子网规模（JWGM）、国际化子网相对规模（JWXDGM）、国际化联结（JNWLJ）、国际化子网平均度（JWPJD）都是一阶单整序列。因此，国际化子网规模、国际化子网相对规模、国际化联结、国际化子网平均度与专利总量之间可能存在协整关系。本书采用 E-G 两步法来对网络平均度与专利总量、发明专利、非发明专利之间的协整关系进行检验。用 E-G 两步法首先通过最小二乘法（OLS）建立变量之间的协整回归方程，再检验残差序列 ε_t 的单整性，看看残差序列是否平稳。表 5.11 与 5.12 分别是通过 EVIEWS7.0 计算出来的结果。

表 5.11 国际化子网规模与国际化联结影响技术创新的协整方程

		模型 5.3	模型 5.4
变量	GNZLZL	GNZLZL	GNZLZL
C	5.9283*** （35.6431）	7.6653*** （14.0770）	6.3275*** （27.7692）
LnYFRY	1.5720*** （16.6075）	1.2363*** （4.9899）	0.5985*（1.8478）
LnJWGM	------	-0.4257**（-2.3246）	------
LnJWXDGM	------	------	-0.3068***（-3.4407）
LnJNWLJ	------	0.3441**（2.7169）	0.3509**（2.8409）
LnJWPJD	------	0.9905**（2.3528）	0.9695** （2.3823）
R2	0.9452	0.9718	0.9731
AdjR2	0.9417	0.9631	0.9648
F 统计量	275.8096***	112.0387***	117.5380***
样本区间	1991—2010	1991—2010	1991—2010

注:（1）回归软件是 EVIEWS7.0，括号中的数值是 T 检验值;（2）*、**、***、分

别是在 10%、5%、1% 的水平上显著。

表 5.12 残差序列 ε_t 的单位根检验结果

模型	ADF 检验值	检验形式	10% 临界值	5% 临界值	1% 临界值	结论
模型 5.3	−3.2387***	（0，0，0）	−1.6061	−1.9628	−2.7081	平稳
模型 5.4	−3.6650***	（0，0，0）	−1.6061	−1.9628	−2.7081	平稳

注：*** 表示在 1% 水平上显著，** 表示在 5% 水平上显著。

模型 5.3 表明了国际化子网规模、子网之间国际化联结、国际化子网平均度与国内专利总量之间的关系，反映了国际化子网规模的演化，以及子网之间联结数量变化，国际化子网平均度变化的情况下对产业技术创新的影响。根据模型残差序列 ε_t 的检验结果可以看出，ADF 检验值的绝对值为 3.2387，大于显著性水平为 1%、5%、10% 的临界绝对值 1.6062、1.9628、2.7081，可以认为 ε_t 是平稳序列，国际化子网规模、国际化联结、国际化子网平均度与产业技术创新之间存在长期稳定的均衡关系。

观察模型 5.3 对应的协整方程中 JWJD 的回归系数我们发现，国际化子网规模（JWJD）技术创新之间存在负向作用，且在 5% 的水平上显著，与研究假设“H1：国际化子网规模对产业技术创新有显著的积极作用”呈现相反的结论。两个子网之间的国际化联结（JNWLJ）对产业技术创新存在积极作用，且在 5% 的水平上显著，研究假设“H3：国际化联结对产业技术创新有显著的积极作用”得到验证；国际化子网平均度（JWPJD）对产业技术创新有显著的正向作用，且在 5% 的水平上显著，研究假设“H4：国际化子网平均度对产业技术创新有显著的积极作用”得到验证。

模型 5.3 的经济意义在于：在控制了研发人员投入的情况下：（1）产业创新网络的国际化主体每增加 1%，整个产业技术创新能力减少 0.43 个百分点；（2）产业创新网络的国际化子网与本地子网之间的联结每增加 1%，产业技术创新能力增加 0.34 个百分点，国际化子网平均度每增加 1%，产业技术创新能力相应地提升 1%。

模型 5.4 表明了国际化子网相对规模、子网之间国际化联结，以及国际化子网平均度与国内发明专利总量之间的关系，反映了国际化子网规模与本地子网规模的相对演化，以及子网之间联结数量变化，国际化子网内部连接紧密程度变化的情况下对产业技术创新的影响。根据模型残差序列 ε_t 的检验结果可以看出，ADF 检验值的绝对值为 3.6650，大于显著性水平为 1%、5%、10% 的临界绝对值 1.6062、1.9628、2.7081，可以认为 ε_t 是平稳序列，国际化子网相对规模、国际化联结、国际化子网平均度与产业技术创新之间存在长期稳定的均衡关系。

观察模型 5.4 对应的协整方程中 JWJD 的回归系数我们发现，国际化子网相对规模（JWXDGM）与突破式技术创新之间存在负向作用，且在 5% 的水平上显著，研究假设“H2：国际化子网相对规模对产业技术创新有显著的消极作用”得到验证。两个子网之间的国际化联结（JNWLJ）对产业技术创新存在积极作用，且在 5% 的水平上显著，研究假设“H3：国际化联结对产业技术创新有显著的积极作用”得到验证；国际化子网平均度（JWPJD）对产业技术创新有显著的正向作用，且在 5% 的水平上显著；研究假设“H4：国际化子网平均度对产业技术创新有显著的积极作用”得到验证。

模型 5.4 的经济意义在于：在控制了研发人员投入的情况下：（1）产业创新网络的增长速度每超过本地子网增长速度 1%，整个产业技术创新能力减少 0.31 个百分点；（2）产业创新网络的国际化子网与本地子网之间的联结每增加 1%，突破式产业技术创新能力增加 0.35 个百分点，国际化子网平均度每增加 1%，产业技术创新能力提升 0.97%。

5.4.3 产业创新网络国际化对突破式技术创新影响的协整检验

从表 5.10 的单位根检验结果可以发现，国内发明专利（GNFMZL）、国际化子网规模（JWGM）、国际化子网相对规模（JWXDGM）、国际化联结（JNWLJ）、国际化子网平均度（JWPJD）都是一阶单整序列。因此，国际化子网规模、国际化子网相对规模、国际化联结、国际化子网平均度与发明专利之间可能存在协整关系。采用 E–G 两步法来对变量之间的协整关系进行检验。

表 5.13 产业创新网络国际化影响突破式技术创新的协整方程

		模型 5.5	模型 5.6
变量	GNFMZL	GNFMZL	GNFMZL
C	3.3315*** (18.0848)	5.3368*** (9.0194)	3.8794*** (18.1329)
LnYFRY	2.1496*** (20.5035)	1.3122*** (3.9803)	0.8931** (2.9340)
LnJWGM	——	−0.4767*** (−3.3721)	——
LnJWXDGM	——	——	−0.3853*** (−4.5972)
LnJNWLJ	——	0.4172*** (3.0319)	0.4650*** (4.0063)
LnJWPJD	——	1.0490** (2.2929)	1.1011** (2.8792)
R2	0.9633	0.9819	0.9870
AdjR2	0.9531	0.9763	0.9831
F 统计量	116.0630***	175.8786***	247.0387***
样本区间	1991—2010	1991—2010	1991—2010

注:(1)回归软件是 EVIEWS7.0，括号中的数值是 T 检验值;(2)*、**、***、分别是在 10%、5%、1% 的水平上显著。

表 5.14 残差序列 ε_t 的单位根检验结果

模型	ADF 检验值	检验形式	10% 临界值	5% 临界值	1% 临界值	结论
模型 5.5	−3.5329***	(0，0，0)	−1.6061	−1.9628	−2.7081	平稳
模型 5.6	−4.8275***	(0，0，0)	−1.6061	−1.9628	−2.7081	平稳

注：*** 表示在 1% 水平上显著，** 表示在 5% 水平上显著。

模型 5.5 表明了国际化子网规模、子网之间国际化联结、国际化子网平均度与国内发明专利总量之间的关系，反映了国际化子网规模的演化，以及子网之间联结数量变化，国际化子网平均度变化的情况下对产业技术创新的影响。根据模型残差序列 ε_t 的检验结果可以看出，ADF 检验值的绝对值为 3.5329，大于显著性水平为 1%、5%、10% 的临界绝对值 1.6062、1.9628、2.7081，可

以认为 ε_t 是平稳序列，国际化子网规模、国际化联结、国际化子网平均度与突破式产业技术创新之间存在长期稳定的均衡关系。

观察模型 5.5 对应的协整方程中 JWGM 的回归系数我们发现，国际化子网规模（JWGM）与突破式技术创新之间存在负向作用，且在 1% 的水平上显著，与研究假设"H1a：国际化子网规模对突破式产业技术创新有显著的积极作用"呈现相反的结论。两个子网之间的国际化联结（JNWLJ）对突破式产业技术创新存在积极作用，且在 5% 的水平上显著，研究假设"H3a：国际化联结对突破式产业技术创新有显著的积极作用"得到验证；国际化子网平均度（JWPJD）对突破式产业技术创新有显著的正向作用，且在 5% 的水平上显著，研究假设"H4a：国际化子网平均度对突破式产业技术创新有显著的积极作用"得到验证。

模型 5.5 的经济意义在于：在控制了研发人员投入的情况下：（1）产业创新网络的国际化主体每增加 1%，整个产业的突破式技术创新能力减少 0.39 个百分点；（2）产业创新网络的国际化子网与本地子网之间的联结每增加 1%，产业的突破式技术创新能力增加 0.47 个百分点，国际化子网平均度每增加 1%，产业突破式技术创新能力提升 1.05%。

模型 5.6 表明了国际化子网相对规模、子网之间国际化联结，以及国际化子网平均度与国内发明专利总量之间的关系，反映了国际化子网规模与本地子网规模的相对演化，子网之间联结数量变化，以及国际化子网内部连接紧密程度变化的情况下对突破式产业技术创新的影响。根据模型残差序列 ε_t 的检验结果可以看出，ADF 检验值的绝对值为 4.8275，大于显著性水平为 1%、5%、10% 的临界绝对值 1.6062、1.9628、2.7081，可以认为 ε_t 是平稳序列，国际化子网相对规模、国际化联结、国际化子网平均度与突破式产业技术创新之间存在长期稳定均衡关系。

观察模型 5.6 对应的协整方程中 JWJD 的回归系数我们发现，国际化子网相对规模（JWXDGM）与突破式技术创新之间存在负向作用，且在 1% 的水平上显著，研究假设"H2a：国际化子网相对规模对突破式产业技术创新有显著的消极作用"得到验证。两个子网之间的国际化联结（JNWLJ）对突破式产业技术创新存在积极作用，且在 1% 的水平上显著，研究假设"H3a：国际化联结对突破式产业技术创新有显著的积极作用”得到验证；国际化子网平均度（JWPJD）对突破式产业技术创新有显著的正向作用，且在5%的水平上显著，研究假设“H4a：国际化子网平均度对突破式产业技术创新有显著的积极作用”得到验证。

模型5.6的经济意义在于：在控制了研发人员投入的情况下：（1）产业创新网络的增长速度每超过本地子网增长速度1%，整个产业的突破式技术创新能力减少0.39个百分点；（2）产业创新网络的国际化子网与本地子网之间的联结每增加1%，突破式产业技术创新能力增加0.472个百分点，国际化子网平均度每增加1%，突破式产业技术创新能力提升1.10%。

5.4.4 产业创新网络国际化对渐进式创新影响的协整检验

从表5.10的单位根检验结果可以发现，国内非发明专利（GNFFMZL）、国际化子网规模（JWGM）、国际化子网相对规模（JWXDGM）、国际化联结（JNWLJ）、国际化子网平均度（JWPJD）都是一阶单整序列。因此，国际化子网规模、国际化子网相对规模、国际化联结、国际化子网平均度与非发明专利之间可能存在协整关系，采用E-G两步法来对变量之间的协整关系进行检验。

表5.15 产业创新网络国际化影响渐进式技术创新的协整方程

		模型5.7	模型5.8
变量	GNFFMZL	GNFFMZL	GNFFMZL
C	5.9664*** （18.0848）	7.6369***（11.5644）	6.3702*** （22.4955）
LnYFRY	1.4059*** （13.5719）	1.0426*** （3.4698）	0.4644（1.1527）
LnJWGM	–	–0.4004** （–2.5373）	–
LnJWXDGM	–	–	–0.2797** （–2.5211）
LnJNWLJ	–	0.3433**（2.2354）	0.3412** （2.2206）
LnJWPJD	–	0.9295*（1.8204）	0.8936（1.7652）
R2	0.9201	0.9495	0.9493
AdjR2	0.9151	0.9340	0.9337
F统计量	184.1971***	61.1604***	60.8888***
样本区间	1991—2010	1991—2010	1991—2010

注：（1）回归软件是EVIEWS7.0，括号中的数值是T检验值；（2）*、**、***、分别是在10%、5%、1%的水平上显著。

表 5.16 残差序列 ε_t 的单位根检验结果

模型	ADF 检验值	检验形式	10% 临界值	5% 临界值	1% 临界值	结论
模型 5.7	-3.7825^{***}	（0，0，3）	−1.6044	−1.9684	−2.7406	平稳
模型 5.8	-3.8185^{***}	（0，0，3）	−1.6044	−1.9684	−2.7406	平稳

注：*** 表示在 1% 水平上显著，** 表示在 5% 水平上显著。

模型 5.7 表明了国际化子网规模、子网之间国际化联结、国际化子网平均度与国内非发明专利总量之间的关系，反映了国际化子网规模的演化、子网之间联结数量变化、国际化子网平均度变化的情况下对渐进式产业技术创新的影响。根据模型残差序列 ε_t 的检验结果可以看出，ADF 检验值的绝对值为 3.5329，大于显著性水平为 1%、5%、10% 的临界绝对值 1.6062、1.9628、2.7081，可以认为 ε_t 是平稳序列，国际化子网规模、国际化联结、国际化子网平均度与渐进式产业技术创新之间存在长期稳定的均衡关系。

观察模型 5.7 对应的协整方程中 JWGM 的回归系数我们发现，国际化子网规模（JWGM）与渐进式技术创新之间存在负向作用，且在 5% 的水平上显著，与研究假设“H1b：国际化子网规模对渐进式产业技术创新有积极作用”呈现相反的结论。两个子网之间的国际化联结（JNWLJ）对渐进式产业技术创新存在积极作用，且在 5% 的水平上显著，研究假设“H3b：国际化联结对渐进式产业技术创新有积极作用”得到验证；国际化子网平均度（JWPJD）对渐进式产业技术创新有正向作用，只在 10% 的水平上显著，研究假设“H4b：国际化子网平均度对渐进式产业技术创新有积极作用”得到验证。

模型 5.7 的经济意义在于：控制了研发人员投入的情况下：（1）产业创新网络的国际化主体每增加 1%，整个产业的突破式技术创新能力减少 0.40 个百分点；（2）产业创新网络的国际化子网与本地子网之间的联结每增加 1%，产业的渐进式技术创新能力增加 0.34 个百分点，国际化子网平均度每增加 1%，产业突破式技术创新能力提升 0.93%。

模型 5.8 表明了国际化子网相对规模、子网之间国际化联结，以及国际化子网平均度与国内非发明专利总量之间的关系，反映了国际化子网规模与本地子网规模的相对演化，子网之间联结数量变化，以及国际化子网内部连接紧密程度变化的情况下对渐进式产业技术创新的影响。根据模型残差序列 ε_t 的检验结果可以看出，ADF 检验值的绝对值为 3.7825，大于显著性水平为 1%、5%、10% 的临界绝对值 1.6044、1.9684、2.7406，认为 ε_t 是平稳序列，国际化子网相对规模、国际化联结、国际化子网平均度与渐进式产业技术创新之间存在长期稳定均衡关系。

观察模型 5.8 对应的协整方程中 JWJD 的回归系数我们发现，国际化子网相对规模（JWXDGM）与突破式技术创新之间存在负向作用，且在 5% 的水平上显著，研究假设"H2b：国际化子网相对规模对渐进式产业技术创新有显著的消极作用"得到验证。两个子网之间的国际化联结（JNWLJ）对渐进式产业技术创新存在积极作用，且在 5% 的水平上显著，研究假设"H3b：国际化联结对渐进式产业技术创新有积极作用"得到验证；国际化子网平均度（JWPJD）对突破式产业技术创新有正向作用，但不显著，研究假设"H4b：国际化子网平均度对渐进式产业技术创新有积极作用"没有得到验证。

模型 5.8 的经济意义在于：（1）在进行渐进式产业技术创新时，研发人员的投入对渐进式创新能力的增长没有显著的积极作用；（2）产业创新网络的增长速度每超过本地子网增长速度 1%，整个产业的渐进式技术创新能力减少 0.28 个百分点；（3）产业创新网络的国际化子网与本地子网之间的联结每增加 1%，渐进式产业技术创新能力增加 0.34 个百分点，国际化子网平均度的增对渐进式产业技术创新能力提升没有显著作用。

5.4.5 实证研究结论

5.4.5.1 产业创新网络国际化演进的三阶段

从汽车产业创新网络国际化演进的过程来看，其国际化可以分为三个阶段。第一阶段，跨国公司与外资企业逐渐出现在东道国的产业网络中，跨国公司采用群体迁移的方式与原来母国上下游企业一起迁移，在东道国的技术创新网络中形成界限清晰的国际化子网络，子网之中的企业紧密创新合作，但其技术创新子网的结网过程中很少纳入东道国的企业与机构；第二阶段，跨国公司与外资企业与东道国企业发生经济连接关系和社会连接关系，与处于产业链上下游的企业形成生产网络，与东道国的中介及政府机构形成社会网络，但是很少与本地的企业与机构进行技术创新与研发合作，缺乏技术创新知识交流；第三阶段，跨国公司融入当地的生产与创新网络，与东道国本地的子网建立联结，通过与本地的大学，科研机构进行研发合作以及与东道国企业结成技术创新联盟或标准联盟。

5.4.5.2 产业创新网络国际化对技术创新的影响

衡量产业创新网络国际化的四个指标：国际化子网规模，国际化子网的相对规模，国际化联结数，国际化子网密度，对产业技术创新存在以下影响：

（1）国际化主体规模增长抑制东道国的产业技术创新

从知识溢出的角度分析，跨国公司在东道国的产业创新网络中以专利、设计、新型产品、先进机器设备或新的工艺流程等为载体，进行了各种形式的技术扩散，有助于东道国产业技术水平的提升[269]，产业创新网络中国际化子网规模应该对产业自主创新产生正向影响。但实证结果表明，无论是国际化子网绝对规模，还是国际化子网的相对规模对于产业自主创新、突破式产业技术创新以及渐进式产业技术创新均呈现显著的负向影响作用，实证结果支持 Haddad 和 Harrison（1993）；Young（1998）；何洁（2000）；姜奇平（2004）等学者们提出的 FDI 对东道国技术创新的“抑制论”，跨国公司 R&D 机构的设立，导致了我国产业逆向技术溢出[270]，抑制了自主产业技术创新能力的提升。研究说明，跨国公司在华的 R&D 投资进行全球 R&D 资源配置是以维持与增强其全球竞争力为根本目的，并非对发展中国家进行技术援助，其看重的是发展中国家相对低廉的科技资源，作为竞争对手，外国公司必然在技术上进行封锁，市场上进行挤压。跨国公司介入东道国的产业网络的规模越大，吸纳东道国产业技术创新中的本地人才的需求，吸收与本地相关的市场知识的需求，抢占本国企业的知识资源的需求也就越大，最终导致东道国本土企业技术创新的竞争力下降。

（2）国际化联结增长对产业技术创新能力的正向影响显著

所有的 8 个模型都验证了国际化联结数量增长，能够为东道国产业技术创新带来显著的正向影响。研究说明跨国公司与本地企业之间进行技术创新合作，建立技术创新或技术标准联盟，直接的合作能带来更有效率的知识转移。网络联结为双方提供了转移的隐秘性知识与粘滞知识的重要渠道，产业技术创新的关键知识只能通过建立国际化联结获得。

（3）国际化子网密度演化对产业技术创新存在正向影响

国际化子网密度决定了国际化子网中知识流动的效率与知识流动的质量，模型验证国际化子网密度对技术创新存在正向影响，说明进入到东道国的国际化主体，彼此之间合作越多，越有益于提升整个网络的知识溢出的质量与数量，提升模仿示范与竞争效应中知识转移的效率。

（4）产业技术创新国际化对于不同形式的创新类型影响程度不同

实证研究表明国际化程度对突破式创新的影响强于对渐进式创新的影响。其原因在与突破式创新新颖程度更高，需要更多的异质性知识，帮助企业解决创新中面临的新难题，渐进式创新作为原来技术的改进与修正，其对多样化知识源的需求不高，一般在本地子网内部或组织内部即可满足。因此，产业创新网络的国际化的四个指标对于突破式创新的影响更为显著，其系数均大于渐进式技术创新。

5.4.5.3 研发人员的投入是影响自主产业创新的最显著因素

把研发人员投入作为控制变量纳入协整方程发现研发人员投入对于技术创新的正向效果相当显著，每增加一个百分点的研发人员投入，带来高于或相当于 1% 的技术创新能力的提升，突破式创新对研发人员投入的需求最为旺盛。研究结果表明，通过政策倾斜、税收减免吸引国外研发中心转移，由于知识反向溢出效应的存在，并不能达到提升产业技术创新能力的效果，本地化 R&D 人员动态利用来自跨国公司的 R&D 投资以及跨国 R&D 信息与知识以进行本土化技术研发是产业技术创新的关键。技术人力资源培养能直接有效地提升技术创新产出。

5.5 本章小结

本章选取汽车产业为样本，搜集从 1990 年到 2010 年的汽车产业合作专利数据进行处理，通过 Ucinet 软件刻画了汽车专利合作网络所代表的产业创新网络的拓扑结构，直观地展示了汽车产业创新网络国际化的发展演进过程。在汽车产业创新网络国际化的演进过程中，境外主体与境内主体明显地分隔成两个相对独立的子网，子网中的联结随着国际化程度的加深而增加。

通过对创新网络国际化的四个指标测算，使用采集到的 1990 年到 2010 年的境内机构申请的专利总量、发明专利总量，以及非发明专利总量数据测度我国汽车产业的自主技术创新、突破式创新以及渐进式创新能力；构建了国际化子网规模、国际化子网相对规模、国际化联结、国际化子网密度与产业技术创新、突破式创新，以及渐进式创新的协整方程。采用 E–G 两部法对模型进行了协整检验，并对实证结果进行了探讨。实证结果表明，技术创新网络中的国际化子网规模的增长以及国际化子网的相对规模会对产业的自主技术创新、突破式创新以及渐进式创新产生显著的挤出效用；国际化联结增长对技术创新、突破式创新和渐进式技术创新有显著正向影响，国际化子网密度对自主技术创新及突破式创新有显著的正影响，但是对渐进式创新的影响不够显著。

第 6 章
企业创新活动国际化对技术创新的影响分析

6.1 产业创新网络国际化与企业创新活动国际化

产业创新网络的演化可以表现为网络内活动主体的增减、网络结构的变化、网络关系强度等方面，企业创新活动的国际化是企业不断卷入、推动、影响产业创新网络国际化演进的过程与结果。随着企业创新国际化的开展和深入，企业与产业创新网络中的国际化主体进行关系互动的数量发生增减，强度出现变化，企业自身的知识吸收能力也影响到企业创新国际化的战略选择，进而对企业的技术创新绩效产生影响。在前两章的内容中，我们从整体网层面讨论了产业创新网络国际化的演进过程中产业创新网络内国际化子网规模、子网间联结数量、国际化子网密度的变化及其对产业技术创新的影响。本章将把研究视角下沉，分别从企业创新国际化广度、深度两方面来探讨其对企业技术创新的影响，并分析企业知识吸收能力在企业创新网络国际化对技术创新影响中的调节作用。

6.1.1 产业创新国际化演进中的企业创新活动的国际化

企业创新国际化是企业在产业创新网络中，以知识搜索、知识转移和资源利用为出发点,更广泛地借助国际化的知识和信息构建自己的技术和知识结构，在利用全球科技资源进行创新全面提高企业技术能力的基础上，提升企业国际竞争力的企业行为。企业技术创新国际化以创新源的全球性、创新人才多元化、技术创新组织网络化为特征。创新国际化是企业提高技术创新能力和应对知识经济下竞争压力的优先选择[136]。

企业是产业创新网络中最活跃的独立决策节点，企业与产业创新网络的其他成员通过发生直接或间接交互关系作用而联结，企业做出的减少或增加联结的决策导致产业创新网络的整体规模、密度等多种网络结构变量发生变化。

企业是产业创新网络嵌入全球生产和创新网络，实现国际化发展的最重要主体。它主导了产业创新网络的国际化发展过程的各个方面。企业自觉的创新国际化行为有序地推进了产业创新网络国际化的进程。

企业是产业创新网络中创造价值的最重要技术创新单元。企业生产知识、吸收知识、应用知识的能力直接决定产业创新体系绩效的高低。从企业战略的角度来看，企业创新的最高层次是实现产业创新；其技术创新成果是产业整体技术创新产出的重要组成部分。技术创新中的应用研究与创新成果的市场化往往由企业主导并且推动。

在产业创新网络中，根据企业在产业链中的前后顺序分为原材料或半成品供应商、设备提供商、制造商、销售代理商、经销商、生产服务机构以及企业用户等，各种企业在产品创新中作用不同，在产业技术网络国际化中也承担着不同的功能。产品创新的前端创新环节对整个创新项目的实施起着重要的决定作用，分为创意的产生、创意的评价筛选、产品概念的开发及定义等步骤。在创意产生环节，制造商主动与来自于国外的用户、销售代理商、经销商或是其他下游环节的企业产生联结进行交流合作获取创意，因为它们接近目标市场，了解国际市场的动态与需求；或者向网络内外的大学及科学院所谋求创意，因为它们了解最新的科学研究成果技术进展。创意的评价筛选、产品概念的开发与定义等步骤，由制造商独立完成，或者与上游的其他企业合作，充分利用它们对原材料性质、设备性能的知识做好创新规划。新产品的研制阶段，由企业的研发部门或者合作的科研机构、大学联合完成；市场和组织的创新则更多由企业管理部门单独完成或者与咨询机构合作完成。

境内企业在创新的各个环节都会从国内外的知识资源拥有者，即产业创新网络的其他节点获取知识、吸收知识、二次创新。由于企业具有从国际化中获得创新收益的强烈动机及实施主动性的国际化活动，企业成为产业创新网络实施技术创新国际化最重要的主体。

6.1.2 企业创新活动国际化与产业创新网络国际化的互动关系

产业创新网络的国际化与其内部的企业的国际化行为相互影响,密切相关。

产业创新网络国际化为企业国际化行为提供了知识平台。产业创新网络为各种市场知识、技术知识、制度知识溢出、扩散和共享提供了渠道；产业创新网络的中介组织为产业创新网络内部的企业国际化提供信息沟通、组织协调服务；产业政策对网络内企业的国际化行为进行扶持，从而对网络内的企业加快其国际化发展步伐，准确掌握市场动态，及时作出应变策略，从而为降低国际化过程中的成本与风险提供了极大的帮助。

企业是产业创新网络嵌入全球生产和创新网络、实现国际化发展的最重要主体。企业技术创新国际化是产业创新网络国际化发展的主要内容之一，如果企业没有实现国际化的动机并实施创新国际化行为，产业创新网络的国际化就无从谈起。企业自觉的创新国际化行为有序地推进了产业创新网络国际化的进程，即每个企业节点连接数的增加或减少使得整个产业创新网络也呈现出稠密或稀疏，扩张或收缩的态势。企业创新国际化所采用的方式也是产业创新国际化演进的最主要方式。然而，产业创新网络国际化方式不仅是网络内单个企业创新国际化行为方式的集合，还包含了产业政策的国际化引导与扶持，网络内中介组织与企业国际化共同成长的国际化活动。

产业创新网络实质是企业、科研院所及相关研发基地技术创新能力的集成，是推动企业技术进步的重要网络支撑[19]。产业创新网络国际化对整个产业自主创新能力的提升，国家创新系统的发展，并对产业在全球价值链的分工格局产生影响，同时也因为产业网络结构、网络组成以及连接形式的变化影响到网络内部节点企业的创新与发展。企业创新国际化所形成的绩效，表现为企业自身发展的促进或阻滞作用，正的绩效会促进企业进一步国际化发展；负的绩效则会阻碍企业的技术创新国际化活动。当然，企业的技术创新国际化也会对产业创新网络内其他企业产生影响，如对其关系密切的上下游企业产生影响；此外，其示范效应也会对产业集群内同类企业产生影响，对它们国际化起促进或延迟作用。

因此在研究产业创新网络国际化对技术创新的大命题时，应该将视角下沉，对企业技术创新活动国际化程度对技术创新的影响进行分析。

6.2 企业创新活动国际化广度对技术创新的影响

企业在创新过程中围绕企业所形成的正式与非正式协作关系的总体结构形成产业创新网络的联结。从知识搜索的角度而言，其国际化广度可认为是企业所联结的国际组织类型，国际化广度越高表示企业所联结的国际知识源越多，意味着其拥有更丰富的异质的国外知识来源，以及全球化的创新团队。企业创新网络国际化的广度有利于企业获取大量的异质知识信息，紧跟国际技术发展趋势，推进企业创新能力提升。

6.2.1 国际化知识搜索通道

企业的知识搜索行为分为本地搜索（ local search ）和远距离搜索（ distant search ）两种。本地搜索主要是对与现有知识相似相关的知识的利用，例如在产业创新网络的本地子网主体之间进行知识搜索。而远距离搜索则强调超越当前组织惯例和知识基础的限制，对外部知识渠道中的异质性知识的开发和利用[271]。企业创新网络国际化广度主要指企业在知识交流网络中搜索、整合与利用国际化组织知识的宽广程度，可体现在企业所使用国际化组织知识搜索通道的数量水平、可获取的知识的广阔程度与知识种类的数量水平等方面。从知识搜索通道来看，企业创新网络国际化广度表示网络中与企业存在联结的国际组织的数目与类型。企业所拥有的国际化联结通道越多，越能为企业带来知识转移优势，推进企业的创新活动开展。企业创新网络国际化广度促进知识转移与创新主要体现在以下几方面：

首先，企业是各种知识存量的组合，主要通过持续发展各类知识来提升企业竞争力，而向外部知识源获取并消化外部知识能有效提升企业知识存量，更新企业知识库[272]。当国际化广度较窄时，节点间的知识势差及知识异质性较小，企业只能获取较少的异质知识，同时所获国外知识的数量有限性和结构残缺性也将使其可利用性降低；随着国际化广度拓展，企业拥有的国际化联结渠道增加，网络知识传输能力增强，企业有机会接触到更多国际化知识源，促进企业知识整合与知识创新。Murray&Peyrefitte（2007）通过实证研究证明知识交流的通道和媒介将正向地影响企业的知识流入，进而对其创新绩效产生积极影响作用[273]。

其次，高国际化广度意味着企业创新网络较高的对外开放度，这方便吸收新国际化成员加入，实现跨界组织交流[274]（曾德明等，2012）。同时较高的开放度可提升企业对外部环境，尤其是国际市场环境的反应速度，且更易吸收国外新方法观念。此外我国企业维持较多的国际化联结，可使企业在国际化进程中保持更多灵活性，较少被关系网络约束限制，利于企业脱离现有常规共识来搜寻新知识[275]（Hansen，1999）。且较多的国际知识获取渠道有利于企业比较从不同渠道获取的信息，辨别信息的完整性与正确性，保证信息真实有效。此外，国际市场的拓展有助于企业在更大范围内实现其资源有效整合，在更为广阔的国际市场上协调和共享资源可以产生更大的范围经济，有助于企业技术创新能力和组织学习能力的提升[276]。

最后，提升企业创新国际化广度也将伴随着企业在所处创新网络的中心度提升，因为国际化广度越高，企业与国际组织的直接联系数量也越多。众多学术研究表明，企业在网络中的位置将影响企业绩效，处于中心位置的企业能赢得更多的信息和资源控制优势，获取更高创新绩效[277][278][279]（Colazo，2010；范群林等，2010；钱锡红等，2010）。因此，企业创新网络国际化广度越高，企业与国际组织的联结数量越多，企业在产业创新网络的中心度也随之提升，越有利于企业在跨国创新网络中占据信息资源控制优势，获取更高创新绩效。

总之，从国际化知识搜索来看，提升企业创新国际化广度，将产生大量与国际组织间的联结，增强网络知识传输能力，加速知识整合与创新；有利于企业在国际化进程中保持灵活性，吸引新国际合作伙伴，提升所获知识信息质量；可提升企业所处创新网络的中心度，推动企业技术创新活动开展，提高创新成功率与创新绩效。

6.2.2 多样化国际创新源

企业创新国际化广度提升不仅体现在企业国际化联结通道增加，还包括创新网络国际化组织节点的多样性提升，即国际化创新源的组织类型及其知识种类的增加。网络多样性可根据网络范围来界定，即网络中不同社会系统的数量[280]（Higgins&Kram，2001）。网络多样性可指网络成员之间的差异性，Higgins&Kram（2001）用本国合作者数量、东道国合作者数量和合作者产业数量三个指标测度联盟网络多样性。创新源多样化对企业技术创新十分重要，因为网络节点多样性影响信息流的多样性（Higgins&Kram，2001）与组织间学习（Parkhe，1991），进而对创新产生重要影响（Phelps，2010）。

从知识信息流来看，网络多样性可反映网络中信息流的冗余程度。企业创新国际化广度越高，国际化创新源的多样性也越高，企业从网络中获取国际知识信息的冗余度越低（Higgins&Kram，2001），获得异质互补性资源的概率也越高。当前，随着经济全球化进程加快，市场竞争加剧，产品技术的复杂程度不断上升，企业很难仅依靠自身资源实现创新突破，越来越多企业开始选择融入跨国创新网络，获取国际合作者的互补性资产[281][282]（Jiang et a1.，2010；Simsek，2009），借助国际化知识信息构建自身知识和结构，提升国际竞争力。但企业与国际合作者，及合作者之间的差异，是企业获取互补性资源的前提条件。因此，网络国际化广度的提升有利于企业接触到多样化的国际创新源，为企业带来异质知识信息流，促进企业知识整合与知识创新。

从组织间学习来看，如果国际合作者之间差异不大，即创新源的知识相似度较高，企业与合作者之间发生组织间学习的意义不大。而Goerzen&Beamish（2005）研究指出网络多样化为企业提供的首要收益是多样化知识[283]。高企业创新网络国际化广度，一方面意味着合作者与中心企业间的差异较大（一般而言，国内外组织机构在知识技术、管理、制度等方面都存在较大差异），能为企业带来不同于现有知识基础的知识溢出，激发学习动力；另一方面意味着合作者类型的多样化，在具有不同特征的组织机构间建立联系能增加观点与视角多样性，有利于企业更广泛地进行知识学习并提高其技术创新绩效。

从以上分析可看出，当企业创新国际化广度较低时，企业与少量国际化组织发生互动交流，企业所能接触的知识流较为单一，其知识数量与结构都具有局限性，企业创新活动在国际化进程中的得益较少。随着国际化广度的增加，网络多样性将不断提升，即多样化的国际创新源增多，这有利于企业接触异质的知识信息流[284]，推动企业更广泛地展开组之间学习，促进知识整合与创新，并提高其技术创新绩效。

6.2.3 企业创新活动国际化广度对技术创新影响的研究假设

从企业创新国际化广度对技术创新影响的两维度分析可知，随着企业创新国际化广度的提升，企业与国际组之间的联结增多，一方面为企业提供大量的知识获取渠道，增强网络知识传输能力，加速知识流入，扩大企业知识集合，促进知识整合与创新，同时增强企业在国际化进程中的行为灵活性及在创新网络中的地位，提升所获知识信息质量[285]（谢洪明等，2011），提高创新成功率与创新绩效；另一方面能有效提升网络多样性，增加企业接触异质知识信息流的机会，推动企业更广泛的展开组织间学习，加速知识转移与整合，提高其技术创新绩效（Batjargal，2003；Phelps，2010）。因此，提升企业创新国际化广度可加速知识流入，增加企业国际化知识存量，并能有效提升网络知识异质性，推动组织间学习，促进知识整合与创新，提高技术创新绩效。由此可得：

H5：企业技术创新国际化广度对技术创新绩效呈显著正向影响。

6.3 企业创新活动国际化深度对技术创新的影响

企业创新国际化深度主要指企业获取、整合与利用国际化组织知识的纵深程度，可体现在企业与网络国际化主体的关系强度、对所获取知识的提取强度和利用强度等方面。国际化深度越深，表示企业对国际化联结通道的利用强度增加，与国际组织节点间的互动频率提高，对所获取知识的整合效率上升，有利于提升企业与国际组织节点间的知识共享水平，形成信任机制，促进国际组织隐形粘滞知识转移，提高知识转移效率，推进企业创新活动开展。

6.3.1 强联系与知识转移效率

当企业创新国际化深度较低时，企业和网络中的国际组织节点的联结通道利用频率较低，联结强度较弱，成员间缺乏双向、频繁的深度知识交流互动，不利于复杂粘滞知识在技术创新网络中转移，这可从传递者的传递意愿和传递能力两方面来解释[286]：一是国际企业组织对涉及核心技术的复杂粘滞知识不愿与弱联系的伙伴分享；二是创新主体间所拥有的知识异质性高，则需要通过深入的沟通、频繁的互动才能具备相应理解吸收复杂知识的能力。此外当市场环境不确定性较高时，企业创新网络国际化深度不高，也不利于提升组织间适应性学习[287]（Kraatz，1998）。总之，国际创新源与国内企业间的差异性较大，国际化深度不高不易于形成网络中稳定知识流，将带来低知识转移效率。

提升网络国际化深度，逐步增加国际联结通道的利用强度，加强企业与国际组织节点间的交流互动频率，有利于加速知识流动，促进复杂、隐秘性知识转移。高网络国际化深度促进知识转移还体现在以下几方面：

（1）联结通道的重复使用有利于形成企业稳定的知识搜索、获取路径与知识共享路径，加强对获取的同类知识利用效率，同时可增加企业对所需知识的理解与熟悉程度，增加知识获取经验，提升效率[288]（Katila &Ahuja，2002）。

（2）加强与国际组织节点的互动交流，可突破和降低国际组织节点嵌入性知识的空间粘滞性，促进复杂隐秘性知识转移（朱亚丽等，2012），降低有用知识在转移过程中的损失，确保获取知识的质量与价值，从而对提高企业的技术创新绩效产生积极的促进作用[289]。

（3）高国际化深度可缓解企业吸收能力问题，节点在交互中可增加对双方所处环境及文化背景知识等的了解，这可提升企业吸收和应用来自日益增加的多样性国际合作伙伴的异质知识的能力。但网络国际化深度并非越深越好，随着深度增加，企业与国际组织节点的联系强度不断上升，不可避免带来重复知识信息，增加重复管理成本;网络中知识的迅速流动容易导致节点间知识趋同，带来知识同质化，不利于知识高效转移；反复合作关系降低了网络联系多样化程度，降低了多样化联系具有的学习收益，从而影响企业经济绩效[290]。

从上述分析可知，当企业创新国际化深度过低时，企业和国际合作伙伴间的弱联系不易形成稳定知识流，隐性粘滞知识无法实现有效转移（朱亚丽等，2012）；提升企业创新国际化深度，加强企业与国际合作伙伴的交流互动频率，有助于形成特定知识共享路径，增强企业知识吸收能力，提升国际知识转移效率，从而提升企业技术创新绩效。但过高的创新国际化深度将带来知识获取成本上升及知识趋同，阻碍企业进行有效知识整合与创新。

6.3.2 关系嵌入与社会资本

社会资本表示个体或组织拥有的源于并嵌入在关系网络的总体资源，即个体或组织在社会结构中所处位置给他们带来的资源[291]（Inkpen&Tsang，2005），同时社会资本还可表示个体或组织通过社会网络或其他社会结构中的成员关联而获益的能力[292]。当前，我国越来越多企业广泛借助世界科技资源开展全面创新，逐步嵌入到全球创新网络中，以此提升企业技术创新能力。周劲波、黄胜（2010）研究指出国际社会资本对国际化知识创新有显著正向影响，而国际社会资本需通过国际联结获取，且由于国际社会资本的跨越国界性质，其开发与利用很大程度上受到技术知识差异、文化背景差异等因素影响，差异越大，国际社会资本的开发和利用就越困难[293]。企业要实现对国际社会资本的有效开发与利用，有必要提升企业创新网络国际化深度，通过与国际合作伙伴进行深层次合作以形成信任机制，获得外部创新资源。

尽管众多企业在国际化进程中，通过与一些国际组织节点发生直接或间接交互关系，嵌入全球创新网络中，但企业与国际组织节点的关联较弱时，即网络国际化深度较低，国际化联结节点间熟悉程度较低，不利于提高信任水平，降低了网络成员对设计核心技术的复杂缄默知识的转移意愿，且国际组织节点与国内企业的文化差异、环境差异将带来吸收能力问题，弱关联会加剧国际社会资本开发和利用困难。提升企业创新国际化深度，增加国际联结通道的利用强度，加强企业与国际组织节点间的交流互动频率，意味着企业特定关系投资增加，这将锁定合作关系，提高关系转换成本，使信任构建和维持更容易（曾德明，2012），从而促进国际社会资本的开发和利用。组织间信任是知识转移和共享的基础[294]（张首魁、党兴华，2009），可有效减少合作过程中的投机行为[295]（Das&Teng，1998），降低合作不确定性和企业间冲突，促进创新资源在网络内高效流动。其中声誉信任还可为企业带来间接效益，提升企业对优质合作者的吸引力。因此，高创新国际化深度所带来的强国际联结，有利于产生高水平信任，企业与国际组织的合作关系更趋于稳定，知识传递更为默契，有利于克服节点差异带来的国际社会资本开发和利用困难，推动国际化知识创新。

但需要注意的是，获取和维持大量网络节点高水平信任将带来高成本，获取和维持大量与国际组织间的高水平信任则成本更高，且强联结所需的关系特定资产投资不利于企业更换伙伴，伙伴锁定将降低企业在创新活动中的灵活性。因此企业创新网络国际化深度并非越深越好。

从上述分析可知，低创新国际化深度不易于形成网络成员间高水平信任，阻碍隐秘性知识转移（任胜钢等，2011），且节点间存在较大差异时，还将面临企业吸收能力问题，不利于企业开发国际社会资本来提升创新绩效。提高企业创新国际化深度，加强企业与国际合作伙伴的交流互动频率，有利于形成高水平信任，促进创新资源流动，并能降低节点差异带来的国际社会资本开发和利用困难，推动国际化知识创新。但过高的国际化深度将带来高信任维持成本，且容易使企业面临关系锁定风险，降低国际社会资本对创新绩效的促进作用。

6.3.3 企业创新活动国际化深度对技术创新影响的研究假设

通过从知识转移与社会资本两个角度分析企业创新国际化深度对技术创新的影响可知，当企业创新国际化深度过低时，企业和国际合作伙伴间的弱联系不易形成稳定知识流，隐性粘滞知识无法实现有效转移（朱亚丽等，2012）；同时不易于形成网络成员间高水平信任，阻碍隐秘性知识转移（任胜钢等，2011），且节点间存在较大差异时，还将面临企业吸收能力问题，不利于企业开发国际社会资本提升创新绩效。提升网络国际化深度，增加企业对国际化联结通道的利用强度，提高与国际组织节点间的互动频率，有助于形成特定知识共享路径，增强企业知识吸收能力，提升国际知识转移效率；同时还有利于形成高水平信任，促进创新资源流动（Uzzi&Lancaster，2003），并能降低节点差异带来的国际社会资本开发和利用困难，推动国际化知识创新。但过高的国际化深度将带来知识获取成本及信任维持成本上升，且节点间高频率互动交流易导致知识趋同，阻碍企业进行有效知识整合与创新，并使企业面临关系锁定风险，降低国际社会资本对创新绩效的促进作用。因此，提升企业创新国际化深度有利于知识转移效率提升与国际社会资本开发与利用，推动技术创新；但过高的国际化深度也将带来知识获取及信任维持成本上升，节点知识趋同等负面影响，锁定创新轨迹，降低技术创新绩效。鉴于目前我国企业与跨国公司及海外机构进行创新合作的总体状况，本书的研究中暂不考虑国际化深度过高的情况，由此可得：

H6：企业技术创新国际化深度对技术创新呈显著正向影响。

6.4 国际化背景下企业知识吸收能力对技术创新的影响

产业创新系统的主体是企业，企业获取、吸收和应用知识的能力，将直接决定创新系统绩效的高低，企业也是把握创新要素构成和有效组合的主体。本国企业的成长主要依靠自身的能力通过获取国内和国外知识来建立技术竞争力。

6.4.1 创新网络国际化背景下的知识吸收能力构成

（1）知识吸收能力的概念与内涵

知识吸收能力由 Cohen 和 Levinthal 于 1990 年率先提出，将企业吸收能力定义为企业评价、同化和商业化应用外部新知识的能力。随后众多学者在此基础上从不同的角度对知识吸收能力进行诠释，具有代表性的观点如表 6.1 所示。

从表 6.1 可知，总体上大部分学者都延续 Cohen 和 Levinthal 的观点，围绕知识吸收过程从企业层面探讨吸收能力的概念，明确了知识吸收能力的内容。如 Zahra 和 George（2002）的研究主要基于动态能力视角丰富了 Cohen 和 Levinthal（1990）的定义，认为企业获取知识后并不代表其拥有应用知识的能力，还需对其分析处理、解释和分类，因此知识吸纳能力十分重要。Lane 等（2006）则指出 Zahra 和 George（2002）过于关注当前知识运用来考虑吸收能力，忽视了吸收能力对企业长远发展的基础作用。企业应通过探索性学习、转化性学习和应用性学习 3 个连续学习的过程应用外部知识，促进商业产出。尽管不同学者对知识吸收能力的界定各有侧重，但本质上都是基于前人定义对其内涵进行丰富和延展。基于此，本书综合前人研究，结合研究需要，将知识吸收能力定义为企业识别、获取、转化和运用外部有价值知识，并将其商业化来提升企业核心竞争力的能力。

表 6.1 不同学者对知识吸收能力的理解

学者（年代）	观点
Cohen and Levinthal（1990）	企业识别外部知识价值，通过整合应用取得商业成果的能力 [105]
Lane and Lubatkin（1998）	企业感知、辨识、消化并应用外部其他企业溢出知识的能力 [296]
Van Den Bosch，Volberda and Boer（1999）	认为组织吸收能力内含制度能力、协调能力和社会化能力，这三类能力影响知识吸收效率、弹性和涵盖范围 [297]
Zahra and George（2002）	是企业通过获取、消化外部知识，并将其转化和应用来发展组织动态能力的一系列组织惯例与过程 [298]
Lane &Koka（2006）	企业通过探索性学习、转化性学习和开发性学习 3 个连续学习的过程应用外部知识的能力 [299]
Todorova and Durisin 2007	吸收能力是一系列组织惯例，是企业评价、获取、转换或消化、应用知识的能力；吸收能力各维度都受社会整合权变因素的影响，评价和应用维度还受权力关系等权变因素的影响 [300]
钱锡红（2010）	企业获取、消化、共享和应用外部知识的能力
李慧（2013）	为适应不断变化的环境，核心企业向外部先进知识源进行、并通过将外部知识与企业内部知识整合应用的过程 [301]

（2）知识吸收能力构成

国内外学者在对知识吸收能力概念进行界定的同时，也对其构成进行了探讨。Cohen and Levinthal（1990）认为知识吸收能力主要包括评价能力、消化能力和应用能力三方面内容；Zahra and George（2002）则将三维度构成扩展为四个维度，即企业获取、同化、转换和利用知识的动态能力，并将知识吸收能力划分为潜在吸收能力和实际吸收能力两类，其中潜在吸收能力包括获取知识能力与同化知识能力，实际吸收能力包括转换知识能力与应用知识能力。并认为潜在吸收能力能为企业提供适应动态环境的战略灵活性和自由度，实际吸收能力则是企业创新结果的直接推动因素。Zahra and George（2002）的研究是企业吸收能力的重要发展，后续大量研究都以此为基础开展[302]（Jansen et al., 2005；Rothermael&Thursby，2005）。随后，Todorova and Durisin（2007）在研究中指出 Zahra 等（2002）忽略了知识识别能力维度，知识同化和转换不存在先后关系，基于此他们认为企业吸收能力由识别知识能力、获取知识能力、同化或转换知识能力、利用知识的能力构成更为合理。此外还有一些学者从学习过程（Lane&Koka，2006）、创新类型（Nike&Igor，2009）、知识类型（Lim，2009）视角对企业吸收能力的构成进行探讨，但总体看来，从知识吸收过程研究吸收能力构成是主流。

在创新网络国际化背景下，企业的价值链的各个环节实际上都是嵌入到全球的各个网络之中，包括研发、制造、营销和售后服务与市场网络内的其他国际主体（国外供应商、顾客、分销商、竞争者）进行互动协调，且由于国内外创新主体所面临的创新环境、技术环境、知识基础、文化制度等都存在较大差异，企业在通过国际化活动获取创新资源时将面临的知识吸收能力问题与一般性吸收能力问题有所不同。因此企业在创新国际化背景下的知识吸收能力构成也将有其特殊性。首先不同于 Cohen and Levinthal（1990）的研究，知识识别能力在创新网络国际化背景下对企业吸收知识十分重要，企业需识别国际化创新知识源，辨别不同国外供应商、客户、同类企业的知识价值，在知识、技术复杂程度及地理、文化、制度等差异的影响下，知识识别将面临更大阻力，因此，识别应是单独的环节，体现为对国际上市场知识，技术知识能的监测。其次在知识获取能力上的要求也不同，企业在国际化进程中，识别出先进知识源并不等于能够获取外部先进知识，因为获取已识别国际企业知识面临着知识复杂保密性高、获取途径少、谈判沟通难度大、地位不对等及国别政治因素等获取障碍，企业还需搭建国际桥梁，增加相关背景知识，提升国际资源获取能力。最后在知识应用能力上的要求也与一般情况存在差异，企业发挥知识应用能力的重点不仅仅在于将获取的国际化知识运用到企业经营中去，而在于通过知识整合与创新来获取国际化的成果，形成国际专利，参与国际标准制定，从而提升进军海外市场的能力。此外，在知识转化能力上与一般研究差异不大，主要体现为将企业已有的内部知识与新的国际外部知识进行有效整合的能力。

因此，在借鉴前人研究的基础上，结合创新网络国际化背景特殊性，本书认为企业知识吸收能力主要由识别国际化创新源知识的能力、获取国外知识资源的能力、转化知识能力与运用知识产生国际化创新成果的能力构成。

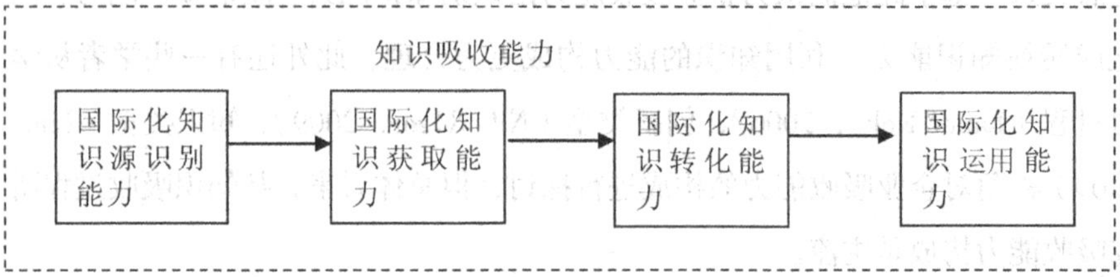

图 6.1 创新网络国际化背景下知识吸收能力的构成

6.4.2 知识吸收能力对技术创新的调节作用

6.4.2.1 知识吸收能力在企业创新国际化广度对技术创新绩效影响中的调节作用

提升企业创新网络国际化广度可增加企业国际化知识存量，并能有效提升网络知识异质性，推动组织间学习，提高技术创新绩效。然而企业从外部获取的知识必须转化为新技术、新工艺、新知识，最终融入到新产品中才可实现创新绩效的提升,这一转变的实现要依靠知识吸收能力来对识别的知识进行获取、转化及利用[303]（Carlile，2002）。

总之，吸收能力较弱时，在与可能的国际化知识源的接触尤其是异质知识的理解能力和内化能力都较低，尽管企业创新网络广度的提升可有效增加知识流入量，并提升企业接触异质性知识的机会，但企业却并不具备转化和应用这些丰富异质信息的能力，此时企业创新网络国际化广度提升并不能有效促进企业技术创新。当企业具备较强的知识吸收能力时，其掌握信息与环境的能力越强，同时也越有能力辨别外部有用知识并加以获取[304]（张洁等 2012），其面对企业创新网络国际化广度变宽所带来的大量异质国际知识信息，可以准确理解具有不同背景的知识资源[305]（Inkpen，1998），更高效地从国际创新源中识别、获取互补性知识资源，并对新知识进行有效的内化与整合，从而提高企业创新绩效[306]（简兆权、占孙福，2009）。此时拓宽企业创新网络国际化广度将更有利于企业将识别、获取到的国际知识信息进行整合与创新，应用于国际专利申请、新产品、新技术开发，从而提升其自主创新能力，并加入国际标准制定过程中，切实提高企业的国际影响力。因此，企业知识吸收能力越强，越能通过提升企业创新网络国际化广度识别、获取、转化和应用更多国际先进知识技术，促进企业创新绩效提升。

6.4.2.2 知识吸收能力在企业创新网络国际化深度对技术创新绩效影响中的调节作用

提升企业创新网络国际化深度，增加企业对国际化联结通道的利用强度，提高与国际组织节点间的互动频率，一方面有助于形成特定知识共享路径，增强企业知识吸收能力，并有利于形成高水平信任（Uzzi&Lancaster，2003；任胜钢等，2011），降低节点差异带来的国际社会资本开发和利用困难，从而有效提升国际知识转移效率，推动国际化知识创新；另一方面但过高的网络国际化深度将带来知识获取成本及信任维持成本上升，且节点间高频率互动交流易导致知识趋同，阻碍企业进行有效知识整合与创新，并使企业面临关系锁定风险，降低国际社会资本对创新绩效的促进作用。但企业创新网络国际化深度对技术创新的作用还受到企业识别、获取、转化和应用国际知识能力的影响。

企业知识吸收能力较弱时，表示企业对隐性粘滞知识的内化能力较低，也无法对通过国际化强联结所获取的先进知识资源进行高效应用[307]（吴家喜、吴贵生，2009），这意味着企业无法享受提升网络国际化深度带来的高知识转移效率和高水平信任的好处，不断增强网络国际化深度并不能有效促进技术创新，还将产生更多搜索、获取成本。因为国际化联结通道利用深度增加及企业与国际组织节点间互动频率提升所获取的信息知识并不必然促进技术创新，企业从国际组织节点获取的新知识、新技术必须通过内化，与企业原有知识进行整合，应用到企业的产品创新和技术创新中，才能真正提升创新绩效[308]（林筠、孙晔、何婕，2009）。因此，低知识吸收能力将弱化企业创新网络国际化深度对技术创新绩效正面效应，凸显负面效应，即降低网络国际化深度对技术创新促进作用的临界值。随着企业知识吸收能力提升，将大大增进内化知识的效率，降低由于深度增加带来的企业消化和应用国际知识资源的瓶颈（简兆权、占孙福，2009），即提升了网络国际化深度对技术创新促进作用的临界值。此时企业提高网络国际化深度可促进企业转化和利用高质量和高价值知识，推动新知识与创新活动的融合，弱化过高国际化深度所带来的负效应，提升企业技术创新绩效[309]（Koput，1997）。因此，企业的知识吸收能力越强，企业创新网络国际化深度对技术创新的正效应的临界值也越高。

6.4.3 知识吸收能力对技术创新调节作用的研究假设

6.4.3.1 知识吸收能力在国际化广度对技术创新绩效影响中的调节作用

通过分析知识吸收能力在企业创新网络国际化广度对技术创新绩效影响中的调节作用可知，低知识吸收能力意味着企业不具备转化和应用丰富异质信息的能力，这将降低企业创新网络国际化广度提升对技术创新的促进作用。增强企业知识吸收能力，有利于企业准确理解多样性的知识资源（Inkpen，1998），高效识别国际创新源，获取互补性资源，并促进对新知识的内化与整合（简兆权、占孙福，2009），这有利于增强企业创新网络国际化广度提升对技术创新的促进作用。笼统说来，企业知识吸收能力越强，越能通过提升企业创新网络国际化广度识别、获取、转化和应用更多国际先进知识技术，促进企业创新绩效提升。但是由于知识吸收能力的内生性，企业本身的吸收能力有高有低，应该对知识吸收能力高低不同的企业分别探讨其技术创新国际化活动对技术创新的影响。

（1）低知识识别能力情况下，企业无法快速辨别哪些外部知识有益于企业的技术创新，单纯地通过不断扩大与潜在的国际创新伙伴交往的范围，需要付出较高的成本，但是收效甚微；只有在知识识别能力较强的情况下，企业能够迅速识别外部有益的知识源、市场机会，提升国际化的广度才能对技术创新产生更强的影响。

H7：高知识识别能力下，企业技术创新国际化广度的提升对技术创新绩效具有更强的影响。

（2）低知识获取能力情况下，企业即便发现了市场机会以及有益于企业技术创新的重要知识源，但是由于对于网络国际化背景下复杂的文化、管理惯例，甚至语言沟通导致的认知障碍，企业在进行国际知识交流与合作的过程中，对于每一种知识源，获取的知识都比较有限，因此只有通过提升技术创新的国际化广度，接触更多的国际知识源，扩充企业内部的知识库，对技术创新绩效产生帮助。反之，如果企业知识获取能力强，注重国际化人才的储备和培养，员工海外学习和工作经验能够帮助他们在有限的知识源中获取更为深入的知识，国际化广度的提升对其技术创新绩效的影响反而不太显著。

H8a：低知识获取能力下，企业技术创新国际化广度提升对技术创新绩效有更强的影响。

（3）低知识转换能力情况下，企业从外界识别，获取的知识知识局限于某位个人或某个部门内部，既没有转化成编码知识在企业内部进行知识库的扩充，也不能通过知识的广泛流动触发新的创意和新的知识组合，员工本身对技术和知识的不敏感，此时，企业一方面花费巨大的成本提升技术创新活动国际化的广度，一方面很多获取的知识被搁置和浪费，很难达到提升技术创新绩效的效果；与之相反，高知识转换能力的企业，企业内部经常注意总结和储备已有的知识，员工之间、部门之间经常交流，从不同的知识源中获取到的知识在组织间广泛流动碰撞，知识的扩散提升了整个组织内的知识水平，员工经过良好的培训，能够迅速学习新的知识，并产生新的组合知识的利用率大大提升，对于技术创新产生很大的促进作用。

H9：高知识转换能力情况下，企业技术创新国际化广度提升对技术创新的绩效有更强的影响。

（4）低知识运用能力情况下，企业从外界知识源获取的先进的知识，运用在技术水平较低的创新成果以及国内市场的竞争上，或者即便获得了较高水平的技术创新成果也由于缺乏国际交往而失去在国际上推广的机会。国际化广度提升能够帮助低知识运用能力的企业开阔视野，在开放式的技术创新网络中有更多的机会将技术创新成果与网络中的企业进行交换与交流，从而提升技术创新绩效。对于高知识运用能力的企业，其在网络中获得的知识帮助企业开拓国际市场，获得较高水平的技术成果，在国际标准的制定中获得一定的影响力。出于对于技术优势的保护，知识运用能力高的企业，鉴于已经在国际创新网络中具备了一定的地位，拓展国际化广度对于技术创新的提升的影响反而不太显著。

H10：低知识运用能力下，企业技术创新国际化广度提升对技术创新绩效有更强的影响。

6.4.3.2 知识吸收能力在国际化深度对技术创新绩效影响中的调节作用

通过分析知识吸收能力在企业创新网络国际化深度对技术创新绩效影响中的调节作用可知，企业知识吸收能力较弱时，对隐性粘滞知识的内化能力较低，也无法对先进知识资源进行高效应用（吴家喜、吴贵生，2009），即无法享受高网络国际化深度带来的高知识转移效率和高水平信任带来的好处，不断提升网络国际化深度并不能有效促进技术创新，还将产生更多搜索、获取成本。因此，低知识吸收能力将弱化企业创新网络国际化深度对技术创新绩效正面效应，凸显负面效应，即降低网络国际化深度对技术创新促进作用的临界值。随着企业知识吸收能力提升，将大大增进内化知识的效率，降低由于深度增加带来的企业消化和应用国际知识资源的瓶颈（简兆权、占孙福，2009），即提升了网络国际化深度对技术创新促进作用的临界值。因此，企业的知识吸收能力越强，企业创新网络国际化深度对技术创新的正效应的零界值也越高。由此可得：

（1）低知识识别能力的情况下，国际化深度的提升，即与国外合作方的深度合作，企业由于缺乏对于国际化知识的敏感性，较难迅速通过观察和交流对国际化知识源进行认知与辨别；高知识识别能力情况下，与国际合作方的深度交往，能够迅速辨识出有益于企业创新的隐秘性知识和粘滞知识，因此国际化活动深度的提升会对企业的技术创新绩效产生显著的正向影响。

H11：高知识识别能力下，企业技术创新国际化深度的提升对技术创新绩效有更强的影响。

（2）低知识获取能力情况下，交流沟通的障碍会对知识的转移起到一定的阻滞作用，此时即使与外方的合作加深，也很难迅速提升知识转移的数量与速度；高知识获取能力情况下，与国外合作方的深度交往，能够深入地学习对方的技术诀窍和粘滞知识；由此可见，高知识获取能力下，技术创新活动国际化深度的提升会对于技术创新绩效起到推动作用。

H12：高知识获取能力下，企业技术创新国际化深度的提升对技术创新绩效有更强的影响。

（3）低知识转换能力的情况下，企业内部知识积累不够，员工与部门之间的交流较少，为了提升技术创新绩效，不论是个人还是部门，通过与国际化合作伙伴的深度交往与知识对接才能整体提升技术创新绩效；在高知识转换能力的企业，某一个人或某一部门与某一方国际合作伙伴进行深度交往，其获得的知识就能在组织内部进行流动与扩散，从而提升整个企业的技术知识水平，由此可见，在高知识转换能力的组织内部，技术创新国际化深度的加强，尽管在一定程度上有利于技术创新绩效的提升，但不如知识转换能力弱的企业提升的那么显著。

H13：低知识转换能力下，企业技术创新国际化深度的提升对技术创新绩效有更强的影响。

（4）低知识运用能力情况下，企业所获得的知识或者转换成技术先进性较低的成果，或者即便获得较高水准的技术创新成果，没有在国际创新网络以及国际市场中进行推广与展示，通过提升技术创新国际化的深度，攀结产业创新网络中占据中心位置的国际企业，与国际合作伙伴达成互信互赖的密切联系，在其帮助下，深度介入到国际技术创新网络中，提升技术创新绩效。高知识运用能力的企业，其所获取的异质知识迅速运用到对国际市场的拓展，先进技术的研发和产业标准制定的参与活动中。技术创新国际化深度的提升，有利于其与国际合作伙伴达成深度合作的关系，全面提升企业基础研究的能力，从而实现技术创新的良性循环。

H14：高知识运用能力下，企业技术创新国际化深度的提升对技术创新绩效有更强的影响。

6.5 本章小结

随着经济全球化进程加快，企业技术创新研发活动的复杂性与企业资源的有限性使得企业创新活动逐步嵌入到全球创新网络中，通过企业创新活动的国际化来更广泛借助国际化的知识信息构建自身知识和结构，以此提升技术创新能力和国际竞争力。基于此，本章从企业创新活动的国际化广度、深度两方面着手分析企业创新国际化对技术创新的影响。在企业创新活动的国际化广度上，主要从国际化知识获取通道及国际创新源多样化两个角度探讨了国际化广度提升对企业技术创新的促进作用，并提出企业创新国际化广度与技术创新绩效正相关的研究假设；在企业创新活动的国际化深度上，则从知识转移效率和社会资本两维度分析深度提升对技术创新的影响，由此提出企业创新活动的国际化深度和技术创新呈正向关系的研究假设。最后，在阐述创新国际化背景下企业知识吸收能力构成的基础上，分别分析了高低不同的知识吸收能力在创新国际化广度和深度对技术创新影响中的调节作用，并提出相应研究假设。

第 7 章
企业创新国际化对其技术创新影响的实证

7.1 企业创新国际化与技术创新绩效的关系模型与测度

7.1.1 关系模型

从知识流动的视角，企业技术创新国际化的广度对应企业获取国际化知识的渠道范围的大小，国际化广度决定企业用以搜索与获取国际化知识的通道数目以及获得的多样化与异质性信息的多寡，丰富知识源有益于企业出现新的创意与新的知识组合，因此我们认为企业技术创新国际化广度对企业的技术创新绩效产生正向影响（H7）；企业技术创新国际化的深度决定嵌入在产业创新网络中企业获得的社会资本的大小，以及企业在产业网络中隐秘性知识、粘滞知识转移的效率。社会资本越大，越容易获得其他网络成员的信任，导致隐秘性知识与粘滞知识转移的效率提高，对于企业的创新有着正向影响（H8）。

创新国际化背景下的知识吸收能力由国际知识源的识别能力、国际知识的获取能力、国际知识的转换能力以及国际知识的运用能力四个部分构成。企业知识吸收能力的提升，可以帮助企业放大网络知识流动的效果，加速国际化知识向本土企业转移的效率；调节企业技术创新国际化的广度与深度对技术创新绩效的影响（H7，H8，H9，H10，H11，H12，H13，H14）。基于以上分析，构建企业技术创新国际化的广度、深度与知识吸收能力的关系模型如下图：

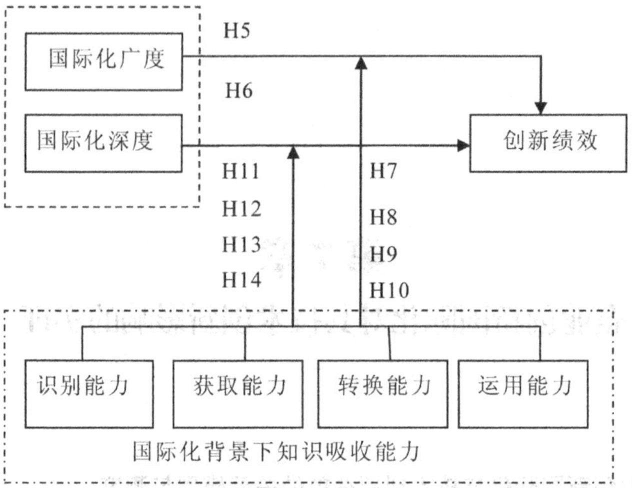

图 7.1 企业创新国际化程度、知识吸收能力与技术创新绩效的关系模型

调查问卷的测量包括以下几个部分:企业技术创新国际化的广度(自变量);企业技术创新国际化的深度(自变量);企业国际化知识的吸收能力(调节变量);企业技术创新绩效(因变量);背景变量。

7.1.2 自变量的测度

模型的自变量为企业创新国际化行为的广度与深度。从知识流动的角度来探讨企业技术创新国际化的深度和广度,必要联系到企业知识资源的获取渠道的范围与每一个知识资源的利用强度。提升企业创新网络国际化广度,将产生大量与国际组织间的联结,增强网络知识传输流量,提升所获知识信息的多样性与异质性,加速知识整合与创新(Schilling & Phelps,2007);提升企业创新网络国际化深度,增加国际联结通道的利用强度,加强企业与国际组织节点间的交流互动频率,意味着企业特定关系投资增加,这将锁定合作关系,提高关系转换成本,使信任构建和维持更容易(曾德明,2012),从而促进国际社会资本的开发和利用。

7.1.2.1 企业技术创新国际化活动的广度的测度

测度企业技术创新国际化活动的广度,实际上是测度知识资源获取渠道的范围。借鉴发表在 Strategic Management Journal 2006 年 Laursen 和 Salter

（2006）[310] 的文章，本书将获取外部知识来源的机构类型数量作为企业创新国际化的广度。

Laursen 和 Salter（2006）列出了 16 种知识来源，本书将 16 种知识来源一一对应为企业国际化联结伙伴的类型。他们的研究将“设备、原材料等供应商和承包商”作为同一种类型的知识来源，对应为国际技术创新合作机构时，需要拆分成“国外设备供应商”、“国外原材料供应商”、“国外承包商”三种不同类型的合作伙伴。“技术标准”、“健康、安全标准和规定”、“环境标准与规定”三种知识来源统一合并成“技术标准联盟”作为国际创新合作机构的类型；“其他公共部门”因为指代不清，在此删去。“专业论坛、学术会议”、“技术贸易出版物、计算机数据库”、“交易会、博览会”等知识的提供者不甚明确，且很有可能就是来自咨询顾问公司、独立实验室与研发企业等；专业论坛、学术会议的主办者有可能就是大学、研究机构、政府研究机构或者是行业协会，所以在此略去；另外，由于国外的金融机构在我国企业的跨国技术并购以及技术引进中起到重要作用，所以增加一项国外的金融机构。我国企业进行技术创新合作伙伴的类型依据知识的来源被分成了 14 种。具体对应如表 7.1。

表 7.1 知识源与国际技术创新合作伙伴

知识来源	国际技术创新合作伙伴
A. 设备、原材料等供应商、承包商	1. 国外设备供应商
	2. 国外原材料供应商
	3. 国外承包商
B. 消费者、分销商	4. 国外用户
	5. 国外分销商
C. 竞争对手	6. 国外竞争对手
D. 咨询顾问	7. 国外咨询顾问公司
E. 独立的商业实验室与研发企业	8. 国外的独立商业实验室和研发企业
F. 大学或其他高等教育机构	9. 国外的大学与高等教育机构

（续表）

知识来源	国际技术创新合作伙伴
G. 政府的研究机构	10. 国外的政府研究机构
H. 其他公共部门	——
I. 私人研究机构	11. 国外的私人研究机构
J. 技术标准	12. 国际标准联盟
K. 健康、安全标准和规定	——
L. 环境标准与规定	——
M. 专业论坛、学术会议	——
N. 行业协会	13. 国外的行业协会
O. 技术贸易出版物、计算机数据库	——
P. 交易会、博览会	——
——	14. 国外的金融机构

数据来源：本人研究整理。

企业在创新网络国际化的过程中，与多少种创新合作伙伴有过合作，其创新国际化活动的广度即为多少。如果企业没有利用过以上任何一种国际创新合作伙伴，则该企业的技术创新国际化活动的广度为 0；如果企业利用了所有的创新知识源，则记为 14。

7.1.2.2 企业技术创新国际化活动的深度的测度

测度企业技术创新国际化活动的深度实质上是测度每一个知识资源的利用强度。具体方法如下：将企业对以上 14 中创新合作机构的利用程度分为没有、低、中、高四个水平，分别用 0、1、2、3 四个数字来代表，因为 3 代表深度利用，所以在被调查企业填写问卷后，只需要将每份问卷中选择 3 的数量进行统计即可得到该企业的国际化活动的深度。该方法对于填写而言简便、直接，并具有较高的可操作性，经过了 Laursen 和 Salter 的实证检验，具有良好的内部一致性。

7.1.3 调节变量测度

本节着重探讨国际化背景下企业的知识吸收能力的分类与测度，首先通过文献回顾和规范分析，提出知识吸收能力的分类方法，并列出反映这些类型的知识吸收能力的题项（items）。通过访谈加入与国际化知识吸收能力相关的内容，对吸收能力的量表进行设计，并通过小规模的试调研确定创新国际化背景下知识吸收能力的量表。然后对获得的量表进行信度（reliability）的相关分析。最后，利用另一组样本，通过验证性因子分析方法验证其结构，形成国际化背景下知识吸收能力的最终量表。

吸收能力体现了企业识别和获取外部知识并将获取的知识进行整合最终商业化的能力。在早期的吸收能力研究中，往往以研发费用作为吸收能力的代理变量，在近期的研究中，大多学者都认同知识吸收能力是一个多维概念，学者们围绕知识吸收能力的构成及其对创新的影响做了大量的探讨。根据上一章的分析，我们认为在创新国际化背景下，企业的价值链的各个环节嵌入到全球的各个网络之中，包括研发、制造、营销和售后服务与市场网络内的其他国际主体（国外供应商、顾客、分销商、竞争者）进行互动协调，且由于国内外创新主体所面临的创新环境、技术环境、知识基础、文化制度等都存在较大差异，企业需识别国际化创新知识源，辨别不同国外供应商、客户、同类企业的知识价值,因此我们将国际化知识识别作为知识吸收能力构成中需单独列出一部分，结合 Zahra 和 George（2002）将吸收能力划分为的四个维度——知识获取、知识消化、知识转换和知识应用的观点，我们将知识吸收能力从四个维度的题项进行提炼与总结，具体结果见表 7.2。

表 7.2 吸收能力题项的构成

构成要素	度量指标	学者
识别能力	搜集市场信息	Ari（2005）[311]
	评估企业知识资本	Jansen（2005）
	在网络，展会，潜在合作伙伴处寻找有价值的知识	Kraaijenbrink et al.(2007)[312]

（续表）

构成要素	度量指标	学者
获取能力	员工获取外部信息源；员工获取外部知识	Ari（2005）
	企业获取外部信息、外部知识	César Camisón，Beatriz Forés（2009）[313]
	员工参观其他企业，与其他企业交流，定期与第三方机构活动来获取新信息	Jansen（2005）
	获取编码知识与新产品知识，获取具有某种知识的人员，通过合作获取知识	Kraaijenbrink et al.（2007）
转换能力	市场感知力，知识共享；利用知识	Jansen（2005）
	企业记录信息；企业记录运营情况；员工记录工作经验	Ari（2005）
	人力资源；促进知识扩散的投资；对员工进行专业技能培训的努力程度；知识管理	César Camisón，Beatriz Forés（2009）
运用能力	把握机遇；反应速度；更新工作方法和时间；修正错误	Ari（2005）
	市场规划；新产品或服务开发；责任或义务分工；利用新知识程度	Jansen（2005）
	探索新知识；经验的利用；专利开发；技术的先发性	César Camisón（2009）
	知识重复使用和开发利用	Kraaijenbrink et al.（2007）

资料来源：本人研究整理。

对知识吸收能力的题项进行筛选与组合，将搜集市场信息、评估企业知识状况、关注知识最新进展放入知识识别能力的框架；将员工获取外部知识、与外界交流，放入知识的获取能力框架；将企业的知识管理、知识共享放入知识转换能力的框架，将市场规划、专利开发、技术领先放入知识运用能力的框架。将国际化因素加入到量表中，围绕知识吸收能力的具体内涵见表 7.3。

表 7.3 知识吸收能力的测量指标内涵

构成要素	指标名称	指标解释
	搜集市场信息	企业对国际市场知识的辨识
识别能力	关注研发相关信息	企业对国际专利的关注
	评估现有知识	企业对现有工作方法的了解
	员工对外交流	员工对外交流的情况
获取能力	企业对外交流	企业对外交流情况
	员工知识基础	现有员工的英语水平
	员工知识分享	员工进行知识交流程度
转换能力	部门间协作	部门间协作程度
	企业知识管理	企业对知识管理的情况
	市场规划	企业对国际市场规划情况
运用能力	技术先发	企业对先进技术的掌握
	专利开发	企业将知识运用于国际成果获得的情况

结合研究中的国际化背景，将以上测量指标呈现给中联重科集团研究院的高级研究员及中联重科的海外营销部经理，通过访谈邀请他们对创新国际化背景下知识吸收能力的构成进行分析，他们给出如下改进意见：

（1）对国外技术与知识的识别，是决定国际化知识吸收能力的重要因素。不仅要辨识新产品新服务与专利，辨识国外的研发流程与理念也很重要。

（2）国外技术与知识的获取能力的高低，取决于对国外企业文化的熟悉程度，国际化交流语言的流畅程度，因此企业是否具备国际化人才，对于知识的获取也十分重要。

（3）对国外技术知识的转化能力主要取决于组织内部原有知识基础、部门知识共享等方面，与一般的知识吸收能力基本一致。

（4）对于国际化知识的应用能力，不仅包括国际市场经营能力，以及技术的先进性、海外专利申请，还应包括是否参与国际标准的制定的能力。

7.1.4 因变量的测度

产业层面技术创新绩效或技术创新能力的测度，很多学者都用专利数作为客观的衡量指标，因为其专利与发明创新的能力有极强的相关性，本书第 4 章已经阐述了采用专利数衡量产业技术创新能力的相对适用性与可靠性。本章节研究企业在开展技术创新国际化活动后的绩效。考虑到目前我国企业在对知识产权保护方面重视不够，创新成果往往没有及时申请专利，整体专利拥有水平较低，决定采用主观数据对企业的技术创新绩效进行测度。

本书根据 Bell（2005）、Ritter 和 Gemfinden（2004）的研究及得到钱锡红（2010）等验证过的成熟量表，从新产品开发速度、应用前景、市场反应、技术工艺的先进性以及新产品开发的成功率五个观测指标测量技术创新绩效，题项如表 7.4。

表 7.4 企业技术创新绩效测量题项

测量题项
与同行相比，本企业常常在行业内率先推出新产品、新服务
与同行相比，本企业常常在行业内率先应用新技术
与同行相比，本企业的产品改进与创新有非常好的市场反应
与同行相比，本企业的产品包含一流的先进技术与工艺
与同行相比，本企业的新产品开发成功率非常高

7.1.5 控制变量的测度

7.1.5.1 企业规模

在分析创新绩效时依照惯例一般会对企业规模进行控制。研究表明对于企业技术创新活动而言，企业规模对创新产出有显著影响（Shan et al.，1994），且企业规模与国际化状态、速度和程度成正比。因为大企业的资源更加丰富，得到政府和金融机构更多的支持，大企业往往处于创新网络的中心，成为网络中其他企业的优先联结对象，更容易获得丰富的知识，更早地识别出创新的机会。因此在企业技术创新活动国际化的研究中，有必要将企业规模作为控制变量。

考虑到企业规模是问卷应答人员主观填写，为了避免对填写人员出于对企业销售额的敏感导致数据偏差过大，本书采用企业员工人数取对数后作为企业规模的衡量指标。

7.1.5.2 企业年龄

一般而言，企业年龄可以代表企业在商业竞争中积累的惯例性、基础性知识经验的多少[314]、知识存量的大小，以及积累的社会资本的大小[315]。这些都会影响到企业技术创新绩效。目前的研究发现，很多年轻的天生国际化的高技术企业在很短的时间内就能取得大量的创新成果，在本书中不对企业年龄对技术创新绩效的作用做深入探讨，仅将企业年龄取对数后作为控制变量，希望更清晰地获得其他变量与技术创新绩效之间的关系。

7.1.5.3 企业所在城市

由于企业所在城市的规模、开放程度及地区差异对创新产出产生显著影响[316]，本书将企业所在城市作为控制变量。城市的控制采用分类变量，对于开放程度高、国际化程度高的北京、上海，以及来自于广东省的城市作为一类，赋值为 0，其余城市赋值 1。

7.1.5.4 企业个体网络的规模

在考察企业技术创新国际化程度对技术创新的影响时，需要对企业个体网络的规模进行控制，企业创新绩效的提升与企业个体网络规模有关，高个体网络规模意味着企业存在更多知识来源与通道，这些外部知识可以进一步促进新想法和创新的产生，进而提升企业的创新绩效[317]。因此在考察企业技术创新国际化对创新绩效的影响时，应对企业个体网络规模进行控制。个体网规模用“企业所有创新合作方中，国外的创新伙伴所占比例”进行控制。

7.2 研究方法

7.2.1 问卷设计

基于上一节对研究变量的测度指标的整理，生成相应的调查问卷，用以探讨各个变量之间的相关关系，调查问卷由四个部分组成。

（1）问卷第一部分对国际化背景下的知识吸收能力以及企业的技术创新绩效进行调查。问卷采用李克特（Likert）7 级量表法，1 表示与企业实际情况非常不符合，2 表示不符合，3 表示较不符合，4 表示一般，5 表示较符合，6 表示符合，7 表示与企业实际情况非常符合。

（2）问卷第二部分对技术创新国际化的广度与深度进行调查。分列出 14 种可能的技术创新合作伙伴，对 14 种伙伴的知识资源的利用与否，以及利用程度按 0、1、2、3 进行评分，0 表示没有对该类型的机构或企业的知识资源加以利用；1 表示轻度利用；2 表示中度利用；3 表示深度利用来自该类型技术创新合作机构的知识资源。同时要求企业给出技术创新合作伙伴中中方伙伴与外方伙伴的比例，控制企业的个体网规模对技术创新绩效的影响。

（3）问卷第三部分对企业的技术创新绩效进行调查。采用李克特（Likert）7 级量表法，1 表示与企业实际情况非常不符合，2 表示不符合，3 表示较不符合，4 表示一般，5 表示较符合，6 表示符合，7 表示与企业实际情况非常符合。

（4）问卷第四部分对企业的背景变量进行调查，一共包括 10 项。内容分别为企业名称、企业总部所在城市、企业员工总数、企业成立年份、企业产权性质、企业所处行业、企业近两年年平均销售总额、填写人员的职位与所在部门以及联系方式。

在问卷的设计过程中，为了避免量表本身设计缺陷所带来的数据偏差以及电子问卷发放出现质量控制问题，本书采取了以下措施：（1）参考来自国内外研究学者成熟量表中的题项以及测度方法，对与量表相关的重要概念进行了梳理以及操作化处理；形成问卷题项与中联重科研究院的高级研究员及海外部营销经理进行访谈，就问卷的题项逐个进行讨论进行修改；（2）对问卷初稿进行了试探性调研，通过对湖南大学 MBA 学员以及朋友进行了问卷发放，接受问卷填写者对题项的设置与措辞的意见对量表进行了修订；（3）小样本的数据回收以后，主要针对研究中改动较大的国际化背景下的吸收能力量表做了探索式因子分析，对量表进行了调整与修正，形成了问卷的最终稿（见附录 B）；（4）在问卷的前部，中部与后部分别安排了三道检测题，用于剔除质量不高的答卷。

7.2.2 数据收集与处理

7.2.2.1 企业样本选取

由于研究考察的是知识流动视角下企业技术创新国际化对技术创新绩效的影响，因此调研的企业需要满足以下要求：

（1）企业与国外的企业与机构进行过或者正在进行创新合作；（2）企业所

在行业类型选定为中高技术行业及高技术行业，因为这些行业内企业更具技术密集型和知识密集性、知识流动频繁、合作创新活动开展广泛的特征；(3)企业非外商独资企业。本书设置的特定情境为中国企业的创新国际化对企业技术创新的影响，外商独资企业本身具有国际化身份，不属于本书的调研对象。

7.2.2.2 调研对象

为使研究结论更具科学性，问卷要求企业中层及以上的管理人员作答，一般而言，中高层以上的管理干部对整个企业的技术创新与合作状况，通过企业的定期的中高层会议及交流都有所了解。

7.2.2.3 调研程序

调研分为两个阶段，第一阶段为探索式调研，问卷针对 MBA 学员发放，并请他们以滚雪球的方式进一步发放，根据预调研情况对国际化背景下的知识吸收能力量表进行了改进。第二阶段，将改进后的问卷与在线问卷公司（问卷星）合作进行调研，通过三个质量控制问题对问卷进行筛选后回收问卷 280 份，最终有效问卷 256 份。

7.2.2.4 样本描述性统计

对回收的 256 份有效问卷的样本来源的基本情况如表 7.5 所示。

表 7.5 样本概况（N = 256）

分类情况	样本		百分比（%）
企业的产权性质	国有及国有控股	53	20.70
	民营 / 私营企业	142	55.47
	中外合资	58	22.66
	其他	3	1.17
企业所在行业	电子技术与通信	78	30.47
	软件	25	9.77
	生物医药制造	36	14.06
	新能源与新材料	47	18.36
	汽车与机械制造	41	16.02
	其他	29	11.32

（续表）

分类情况	样本		百分比（%）
企业销售额	＜500万	11	4.30
	500万—3000万	53	20.70
	3000万—3亿元	117	45.70
	＞3亿元	75	30.30
国外创新伙伴比例	＜10%	4	1.56
	10%	21	8.20
	20%	33	12.90
	30%	98	38.28
	40%	53	20.70
	50%	18	7.03
	60%	22	8.59
	＞60%	5	1.95

用SPSS计量本项研究中7个潜变量指标的平均数和标准差以及相关系数如表7.6所示。

表7.6 各指标的平均值和标准差（N＝256）

变量	平均值	标准差	绩效	广度	深度	识别	获取	分享	运用	年龄	规模	比例
绩效	5.57	0.842	1									
广度	12.69	2.234	0.334^{**}	1								
深度	2.93	2.549	0.469^{**}	0.302^{**}	1							
识别	5.841	0.737	0.713^{**}	0.228^{**}	0.386^{**}	1						
获取	5.605	0.850	0.704^{**}	0.319^{**}	0.372^{**}	0.673^{**}	1					
转换	5.742	0.740	0.729^{**}	0.221^{**}	0.463^{**}	0.738^{**}	0.666^{**}	1				
运用	5.323	0.977	0.712^{**}	0.391^{**}	0.464^{**}	0.625^{**}	0.758^{**}	0.603^{**}	1			
年龄	2.622	0.880	0.084	0.119	0.009	−0.005	−0.011	−0.053	0.016	1		
规模	7.070	2.102	0.198^{**}	0.163^{**}	0.160^{*}	0.244^{**}	0.244^{**}	0.084	0.205^{**}	0.443^{**}	1	
比例	0.341	0.1557	0.201^{**}	0.193^{**}	0.258^{**}	0.237^{**}	0.269^{**}	0.142^{*}	0.202^{**}	0.008	0.181^{**}	1

7.3 模型检验

在本节将对第六章提出的企业技术创新国际化的广度、深度以及知识吸收能力对技术创新的影响模型进行检验，在检验之前先进行相应的信度与效度检验。

7.3.1 信度与效度检验

在应用量表进行实证研究之前，应该检验研究的信度和效度以获得具有可靠性和代表性的实证结果。本书的企业技术创新绩效与吸收能力均为多维变量，因此有必要进行信度与效度的检验。

（1）效度分析

效度（validity）是用于考察测量工具和方法测量出变量性质的程度，揭示了变量和指标(indicator)之间的关系。本书在对企业技术创新绩效进行测度时，采用的是经过国内很多学者检验过的成熟量表，可以认为技术创新绩效的量表具有内容效度。国际化背景下知识吸收能力虽然没有现成的量表可以借鉴，但其构成维度以及各个维度的测度指标均来自于被广泛引用的国外相关文献，且量构成经过了来自装备制造业大型企业的资深研发部门管理人员以及国际事务部的中高层管理人员的讨论和推敲并通过了 MBA 学员试调研，因此同样可以认定国际化背景下的知识吸收能力量表也已经符合该变量的内容效度要求。本书还需对知识吸收能力以及技术创新绩效的各个维度进行收敛效度(Convergent Validity）和判别效度（Discriminate Validity）的检验。当变量的平均抽取方差（Average Variance Extracted，AVE）大于 0.5 时，表示方差抽取量大于测量误差，该量表具有收敛效度。

本书平均抽取方差如表 7.7 所示，各变量的平均抽取方差介于 0.652 与 0.718 间，均高于 0.5，因此说明本书测量具有收敛效度。判别效度的检验可通过考察是否所有变量的 AVE 值均大于变量间相关系数的平方值（Fomell 和 Larcker，1981；Shook 等，2004）。在本书中，各变量的 AVE 值介于 0.652 与 0.718 之间，最小为 0.652；而变量间相关系数介于 0.118 与 0.758 之间，最大为 0.758 因此变量间相关系数的最大平方值为 0.515（0.718），小于最小的 AVE 值 0.652；因此，所有因素的 AVE 值均大于变量间相关系数的平方值，从而有理由认为本书测量模型具有判别效度。

表 7.7 给出了量表各题项的信度、效度、标准因子载荷和 t 值。

表 7.7 量表各题项的因子载荷和 t 值

量表结构与题项	标准因子载荷	t 值
技术创新国际化广度	1	0
技术创新国际化深度	1	0
企业规模	1	0
企业年龄	1	0
企业总部所在城市	1	0
国际合作方与所有合作方的比例	1	0
企业技术创新绩效（$\alpha = 0.902$；$\rho = 0.927$；AVE = 0.718）		
与同行相比，本企业常常在行业内率先推出新产品、新服务	0.85	34.93
与同行相比，本企业常常在行业内率先应用新技术	0.87	41.64
与同行相比，本企业的产品改进与创新有非常好的市场反应	0.84	36.32
与同行相比，本企业的产品包含一流的先进技术与工艺	0.86	55.09
知识识别能力（$\alpha = 0.886$；$\rho = 0.927$；AVE = 0.639）		
本企业经常对已有技术与技能进行评估	0.77	25.49
本企业经常关注国际市场上新产品与新服务的相关信息	0.81	31.24
本企业经常关注国外的技术专利动态	0.83	34.93
本企业经常关注国际先进的研发理念	0.84	41.64
本企业经常关注国际化的产品开发流程	0.83	37.35
本企业能识别外部技术、服务机遇	0.71	18.26
知识获取能力（$\alpha = 0.866$；$\rho = 0.894$；AVE = 0.680）		
本企业经常派员工参加国外行业会议或展览来获取信息知识	0.85	35.33
本企业经常与国外的本企业或机构进行交流	0.77	21.04
本企业定期对员工进行英语培训	0.84	34.08
本企业注重储备与培养国际化人才	0.75	16.43
本企业注重招聘具有海外学历或海外工作经验的员工	0.81	28.33

（续表）

量表结构与题项	标准因子载荷	t 值
知识转换能力（$\alpha=0.841$；$\rho=0.894$；AVE = 0.680）		
本企业注重积累生产 / 管理 / 销售 / 研发方面知识以备将来使用	0.72	17.83
员工之间经常进行业务技能、经验和信息方面的交流	0.86	48.18
本企业各部门之间经常就技术或产品创新进行交流	0.88	50.62
本企业各部门之间协作能力很强	0.84	41.83
知识运用能力（$\alpha=0.854$；$\rho=0.901$；AVE = 0.694）		
本企业对国际市场的开拓方面有明确的规划	0.82	33.44
本企业掌握了一批国际领先技术	0.83	37.13
本企业积极申请海外专利	0.85	30.12
本企业积极参与了国际标准的制定	0.83	30.34

从列表中可知，各维度信度均大于 0.80，各因子的标准载荷在 0.71 到 0.86 之间，均大于 0.5，本量表具有较高的信度和效度。

7.3.2 企业技术创新活动国际化程度的影响检验

根据研究模型以及相应的假设，本书应用 SPSSl7.0 软件得出了各变量因子，并运用多元回归分析方法来验证企业技术创新国际化程度、吸收能力与创新绩效之间的关系。在回归之前，变量均进行了标准化转换。表 7.8 给出了多元回归分析的结果，所有模型的被解释变量均为企业创新绩效。

表 7.8 国际化广度与深度对技术创新影响的回归模型

解释变量	模型 1		模型 2	
	β	t	β	t
企业规模	0.145**	2.087	0.08	1.278
	（0.038）		0.746	
企业年龄	0.015	0.227	0.020	0.331
	（0.821）		（0.741）	

（续表）

解释变量	模型 1		模型 2	
	β	t	β	t
国际合作比例	0.146**	2.309	0.036	0.622
	（0.022）		（0.535）	
城市	0.120*	1.908	0.068	1.206
	（0.058）		（0.229）	
广度	------	------	0.195***	3.384
	------	------	（0.001）	
深度	------	------	0.375***	6.371
	-------	------	（0．000）	
R2	0.081		0.278	
Adj R2	0.066		0.260	
F 值	5.526		15.962	

注:（1）回归软件是 SPSS17.0，括号中的数值是 P 检验值;（2）*、**、***、分别是在 10%、5%、1% 的水平上显著。

模型 1 是控制变量企业年龄、企业规模、所在城市，国际合作比例对因变量创新绩效的回归模型；模型 2 在控制变量的基础上增加了国际化广度与国际化深度这两个自变量对创新绩效的影响。本书假设 H1 和 H2 分别提出企业技术创新国际化广度与深度与创新绩效正相关，模型 2 对这两个假设进行了检验。模型 2 在模型 1 控制变量企业年龄、企业规模、企业所在城市、企业国外合作方与所有合作方比例的基础上加进国际化广度和国际化深度两个解释变量，使得模型 2 比模型 1 显著增加了解释力（R2 从 0.081 提升到了 0.278）。回归分析结果中国际化广度的回归系数大于零并且显著（ $\beta = 1.095$，$p < 0.01$），从而支持了国际化广度与创新绩效存在正相关关系的假设 H1；国际化深度的回归系数大于零并且显著（ $\beta = 0.375$，$p < 0.01$），从而支持了国际化深度与创新绩效存在正相关关系的假设 H2。

7.3.3 知识吸收能力对技术创新绩效调节作用检验

为了检验国际化背景下知识吸收能力的四个维度对企业技术创新绩效调

节效应，我们按照知识识别能力，知识获取能力，知识转换能力和知识运用能力的均值，将四个维度分别分成了能力高低不同的组，并分组回归，检验在能力高低不同的情况下，国际化广度与深度对技术创新绩效的影响。分组情况如表 7.9。

表 7.9 知识吸收能力高低分组情况表

识别能力	样本量	获取能力	样本量	转换能力	样本量	运用能力	样本量
低＜5.84	123	低＜5.61	113	低＜5.74	96	低＜5.32	125
高＞＝5.84	133	高＞5.61	143	高＞＝5.74	160	高＞5.32	131

表 7.10 展示了对模型 2、模型 2a、模型 2b、模型 2c、模型 2d 的实证检验结果。模型 2 检验在全样本情况下，企业创新活动国际化广度与深度对技术创新的绩效影响；模型 2a、2b、2c、2d 分别检验知识识别能力、知识获取能力、知识转换能力、知识运用能力高低分组后，企业创新活动国际化广度与深度对技术创新的绩效影响；根据分组调节要求，我们将对分组回归残差的平方和进行 Chow 检验。具体检验方式为：全样本回归的残差平方和为 RSS，其自由度为 $(n_1+n_2-k(=6))$，并记为 SR；用分组样本进行回归，分别记 RSS 为 S1 和 S2；其自由度分别为 n_1-k 和 n_2-k；定义：

$$S_4 = S_1 + S_2 \qquad\qquad S_5 = S_R - S_4 \tag{7.1}$$

其自由度分别为 $(n_1+n_2-2k(k=6)),k$

构造 chow 统计量

$$F = \frac{S_5 / k}{S_4 /(n_1+n_2-2k)} \sim F(k,n_1+n_2-2k) \tag{7.2}$$

F 值显著，则认为分组回归后，与全样本回归有结构变化；隐含的意义为，知识吸收能力各维度高低，对企业国际化活动国际化的广度与深度对技术创新绩效之间的关系有调节作用。

表 7.10 知识吸收能力调节效应的分组回归分析

	模型 2	模型 2a		模型 2b		模型 2c		模型 2d	
		识别能力		获取能力		转换能力		运用能力	
		低	高	低	高	低	高	低	高
国际化广度	0.195***	0.104	0.267***	0.314***	0.071	0.138	0.154**	0.250***	0.446
	（0.001）	（0.256）	（0.001）	（0.001）	（0.404）	（0.150）	（0.049）	（0.005）	（0.614）
国际化深度	0.375***	0.222**	0.351***	0.185**	0.386***	0.400***	0.157**	0.221**	0.309***
	（0.001）	（0.015）	（0.000）	（0.047）	（0.000）	（0.000）	（0.050）	（0.013）	（0.001）
企业规模	0.080	0.039	0.055	–0.028	–0.024	0.011	0.117	0.095	0.055
	（0.741）	（0.690）	（0.531）	（0.783）	（0.787）	（0.917）	（0.172）	（0.352）	（0.547）
企业年龄	0.020	0.014	0.114	0.118	0.190**	0.186	0.046	0.046	0.040
	（0.741）	（0.886）	（0.199）	（0.252）	（0.035）	（0.068）	（0.576）	（0.648）	（0.665）
国际合作方	0.036	0.217**	–1.168**	–0.005	0.129	–0.116	0.102	–0.120	0.091
比例	（0.535）	（0.022）	（0.036）	（0.955）	（0.125）	（0.220）	（0.200）	（0.889）	（0.323）
城市	0.068	0.011	0.082	–0.032	–0.091	0.179*	0.150*	0.039	0.025
	（0.229）	（0.904）	（0.297）	（0.732）	（0.272）	（0.057）	（0.058）	（0.914）	（0.790）
R2	0.278	0.162	0.307	0.182	0.186	0.292	0.181	0.167	0.154
AdjR2	0.260	0.119	0.274	0.135	0.150	0.244	0.149	0.113	0.113
△ R2	——	0.162***	0.307***	0.182***	0.186***	0.292***	0.181***	0.167***	0.154***
F	15.692***	3.740***	9.290***	3.919***	5.171***	6.123***	5.562***	3.948***	3.762***
△ F	——	3.740***	9.290***	3.919***	5.171***	6.123***	5.562***	3.948***	3.762***
SSE	184.164	77.592	60.567	70.578	53.943	48.512	71.671	82.923	50.186

注:（1）回归软件是 SPSS17.0，括号中的数值是 P 检验值;（2）*、**、***、分别是在 10%、5%、1% 的水平上显著。（3）△ R2，△ F 是指与主效应模型 2 相比较的变化值。根据分组回归的结果，我们对知识吸收能力各维度的调节作用进行分析。

（1）知识识别能力高低两组的回归方程都有显著效应，分组回归方程残差平方和的 Chow 检验结果显著，说明知识识别能力高低对变量与技术创新绩效之间的关系具有显著的调节效应。具体对其进行分析可知：在低识别能力组，国际化广度对技术创新绩效的正向影响由模型 2 的显著变得不显著；高识别能力组，国际化广度对创新绩效的影响在 1% 水平上显著（$\beta = 0.267, P < 0.01$）；假设“H7：高知识识别能力下，企业技术创新国际化广度提升对技术创新的绩效有更强的影响”得到验证。

在低识别能力组，国际化深度对技术创新绩效正向影响的显著程度有所下降（由 1% 下降到 5%），在高识别能力组，国际化深度对技术创新绩效的影响仍然保持在 1% 水平上显著，说明知识识别能力对国际化深度与技术创新绩效之间关系没有调节作用，假设“H11：高知识识别能力下，企业技术创新国际化深度提升对技术创新的绩效有更强的影响”没有得到支持。

（2）知识获取能力高低两组的回归方程都有显著效应，分组回归方程残差平方和的 Chow 检验结果也显著，知识获取能力对技术创新绩效具有显著的调节效应。具体对其进行分析可知：在低获取能力组，企业国际化广度对技术创新绩效的影响显著（$\beta = 0.314$，$P < 0.01$）；高知识获取能力组，国际化广度对技术创新绩效的正向影响由主效应模型的显著变得不显著，假设“H8：低知识获取能力下，企业技术创新国际化广度提升对技术创新的绩效有更强的影响”得到验证。

在低知识获取能力组，获取能力正向影响国际化深度对技术创新绩效正向作用显著程度略有下降（由 1% 水平上显著下降到 5% 水平上显著），在高知识获取能力组，国际化深度对技术创新绩效依然保持显著的正向影响（$\beta = 0.386$，$P < 0.01$），说明知识获取能力对国际化深度与技术创新绩效之间关系没有调节作用，假设“H12：高知识获取能力下，企业技术创新国际化深度提升对技术创新的绩效有更强的影响”没有得到支持。

（3）知识转换能力高低两组的回归方程都有显著效应，分组回归方程残差平方和的 Chow 检验结果显著，说明知识转换能力对技术创新绩效具有显著的调节效应。具体对其进行分析可知：在低知识转换能力组，国际化广度对技术创新绩效的正向影响由主效应模型 2 的显著变得不显著；高知识转化能力组，国际化广度对创新绩效的影响依然保持 5% 水平上的显著（ $\beta = 0.154$，$P < 0.05$）；假设“H9：高知识转换能力情况下，企业技术创新国际化广度提升对技术创新的绩效有更强的影响”得到验证。

在低知识转换能力组，国际化深度对技术创新绩效依然保持显著的正向影响（ $\beta = 0.400$，$P < 0.001$）；在高知识转换能力组，国际化深度对技术创新绩效正向影响的显著程度有下降（由 1% 下降到 10%），说明知识转换能力对国际化深度与技术创新绩效之间关系几乎没有调节作用，假设“H12：高知识转换能力下，企业技术创新国际化深度提升对技术创新的绩效有更强的影响”没有得到支持。

（4）知识运用能力高低两组的回归方程都有显著效应，分组回归方程残差平方和的 Chow 检验结果也显著，知识运用能力对技术创新绩效具有显著的调节效应。具体对其进行分析可知：在低知识运用能力组，国际化广度对技术创新绩效的影响显著（ $\beta = 0.250$，$P < 0.01$）；高知识运用能力组，国际化广度对技术创新绩效的正向影响由主效应模型的显著变得不显著，假设“H10：低知识运用能力情况下，企业技术创新国际化广度提升对技术创新的绩效有更强的影响”得到验证。

在低知识运用能力组，国际化深度对技术创新绩效正向作用的显著程度略有下降（由 1% 下降到 5%）；在高获取能力组，国际化深度对技术创新绩效的影响依然保持在 1% 水平上显著（ $\beta = 0.375$，$P < 0.01$），假设“H14：高知识运用能力情况下，企业技术创新国际化深度提升对技术创新的绩效有更强的影响”没有得到支持。

7.4 实证研究结论

关于企业技术创新国际化的广度、深度以及企业的知识吸收能力对技术创新绩效的研究表明，企业在知识交流网络中，以知识搜索、知识学习和资源利用为出发点，更广泛地借助国际化知识信息构建自己的技术和知识结构，在利用世界科技资源进行创新全面提高企业技术创新能力的基础上，注重在创新网络国际化背景下的知识吸收能力的培育，有利于提升企业的技术创新绩效。

实证研究结果表明，对于企业技术创新国际化行为，其国际化深度每提升1%，其技术创新绩效提升0.375个百分点；国际化广度每提升1%，其技术创新绩效提升0.195个百分点。相对而言，在企业资源有限的情况下，加强与产业创新网络中国际化主体的深度合作，获得稳定的知识获取渠道，加速知识流动，促进复杂、隐秘性知识转移，是企业获得技术创新提升的更好选择。

实证研究中最大的发现在于，创新网络国际化背景下企业内生的吸收能力四个维度，即知识识别能力、知识获取能力、知识转换能力、知识运用能力对技术创新绩效均有显著的调节作用。

（1）高知识识别能力的企业，拓展其在国际化产业创新网络中的联结广度与嵌入深度，能够显著正向影响企业创新绩效；低识别能力的企业，由于缺乏对外部知识的辨识能力，拓展国际化广度对创新绩效的提升没有显著影响，但是加强与国际合作伙伴的互动频率，有利于企业的创新绩效提升。

（2）高知识获取能力的企业，能够在少数的国际化合作中获得足够的技术知识，因此拓展国际合作关系，对其技术创新的影响并不显著；另一方面，高获取能力的企业能够在国际技术创新合作的深度利用中发掘更多的隐秘性知识与技术诀窍，有利于该部分知识的转移，因此，对产业网络深度的关系嵌入，对技术创新绩效有显著提升。低知获取能力的企业，只有更多地接触潜在的知识源，才能获得足够的创新知识，因此，提升国际化广度，对其创新绩效有显著影响，与国际化合作方的深度合作，有利于技术新绩效的提升。

（3）高知识转换能力的企业，从外部获取的知识能够迅速内化存储，分享扩散，这样的企业在国际化的产业创新网络中与更多的国际企业接触，有利于对知识存量的增加，能够对技术创新产生显著影响；但是加深与国际合作伙伴的关系嵌入，对其技术创新绩效的影响并不显著。低知识转换能力的企业，从外部获取的知识没有被存储与整理，内部缺乏交流与合作，知识被大量浪费，再拓展广度，对其技术创新的影响也不甚显著；但是，对于低知识转换能力的企业而言，内部交流合作少。企业内部的个人、各个组织、事业部通过国际伙伴对接个人和部门手把手的传授，密切的接触，能够获得本部门需要的知识，进而正向影响技术创新绩效。

（4）高知识运用能力的企业，已经具备将获取的外部知识内化转化形成先进技术创新成果，进军国际市场能力，在国际化产业创新网络中占据一定的有利位置，对这样的企业，再去拓展国际化知识渠道对其技术创新的影响并不显著；更重要的是加深与合作伙伴的关系嵌入程度，通过深层次交流全面提升基础研究水平，对技术创新存在显著的正向影响。低知识运用能力的企业，获取的外部知识源创新的成果主要局限于国内市场，在创新网络中与更多的国际合作伙伴交流，有利与拓展其视野，认识潜在的国际合作伙伴，获得更多的市场机会，从而提升技术创新绩效。同样的，知识运用能力低的企业也需要与国际合作伙伴稳定深度的合作，参透行业领先企业的技术诀窍、研发理念，从而提升技术创新绩效。

7.5 本章小节

本章对第 6 章对于产业创新网络国际化背景下的企业技术创新国际化行为对技术创新的影响，以及企业知识吸收能力对企业技术创新的调节作用机理分析后所提出的一系列研究假设进行验证。首先对于研究变量进行了界定，将技术创新国际化活动的广度与深度作为主要解释变量，将吸收能力的四个维度作为调节变量；将企业规模、企业年龄等作为控制变量，企业的技术创新绩效作为因变量，对变量之间的关系进行验证。由于缺乏成熟的国际化背景下知识吸收能力的量表，在本章，对于吸收能力量表的改进过程做了较为详细的介绍，通过从已有量表析出以及企业访谈所形成的量表，经过预调研获得了较好的效果，在后续调研的数据分析中也体现了良好的信度与效度。本章通过构建回归模型，以及将吸收能力四个维度按高低分组的方式进行回归分析，验证了国际化广度与深度对企业技术创新绩效的正向影响，同时也验证了知识吸收能力对企业技术创新的调节作用。

第8章
政策与对策建议

8.1 产业创新国际化的政策建议

在第 5 章产业创新网络国际化演进及其对产业创新绩效的实证研究中，汽车产业的网络拓扑图清晰地表明在我国产业创新网络形成了界限鲜明的国际化子网，子网之间的企业紧密创新合作，但与东道国公司的技术创新合作很少，国际化子网的规模对产业自主创新产出呈现显著的负效应，国际化主体规模增长抑制东道国的产业技术创新。其原因在于跨国公司研发机构尽管设立在东道国，成为东道国产业创新网络中的国际化主体，其拥有的某些知识资源有可能通过外溢在网络间流动，但是基于防范东道国竞争对手的考虑，跨国公司技术转移型研发机构则缺乏与我国内资企业的知识交流，出于资源应用动机设立的研发机构，尤其会严格控制技术的转移，将知识控制在国际化子网之内，市场导向型研发机构则由于对东道国市场需求的适应需要，与本土企业进行针对市场开发的表层研发合作；使得我国产业创新网络可以获取的跨国公司知识溢出极其有限。这造成东道国人才与市场知识的反向外溢，产生显著的挤出效应。与此同时，实证结果表明，国际化联结数量增长，能够为东道国产业技术创新带来显著的正向影响。国际化子网与本地子网之间的联结数增加对技术创新有显著的正向作用，对于产业国际化政策的制定提供了思路。

8.1.1 控制挤出效应激励跨国创新合作

控制产业创新网络中国际化节点的规模，在引进外资的数量与速度方面应该持有更为审慎的态度。在产业创新网络中在关注跨国公司 R&D 投资数量的同时，关注对跨国公司 R&D 投资的质量。

政府制定相关的引资行业指导意见，设立外商投资门槛，分析跨国公司的行业特征，所设研发机构的类型与动机，与我国行业的竞争激烈程度[318]。在产业创新网络中不断吸引和纳入新创本土企业，扶持本地企业在产业链的重要环节占据重要地位，引导本土企业积极的国际化活动，避免更大的技术创新挤出效应，使本地技术创新主体的研发活动的空间得到释放。

激励在产业创新网络中的国际化联结的建立，在提供优惠政策鼓励外资进入，提升产业发展水平的同时，倾向于吸引跨国公司来华进行研发投资、建立研发中心；进而制定政策引导跨国公司与我国本土公司、大学、科研机构展开技术合作。只有真正开展技术创新合作，建立稳定的技术合作纽带，双方打通转移的隐秘性知识与粘滞知识的重要渠道，才能带来更有效率的知识转移。

在产业链上下游联结的知识转移过程中，提升我国整体产业水平，促使国外企业从低级技术关联，向中级技术关联到高级技术关联的方向转变。

激励跨国公司在华的研发中心以项目为导向与境内的企业、大学、科研机构协作开发，建立以共享利益为目的的技术战略联盟，或者开展以产、学、研、用相结合的商业化应用开发。

组建战略联盟以推动新技术和新产业的发展，例如：在中国汽车产业的发展中以中国企业为主导的新能源汽车联盟、汽车轻量化联盟等都呈现出非常好的发展态势。在基础一般、产业技术优势不够突出的领域，鼓励中国企业加入技术标准联盟，获准使用联盟专利池中的专利，学习联盟中的技术和标准知识，保证企业开发的技术与国际标准相容，也有利于企业学习国外的先进技术和成熟的商业运作模式，顺利地获得联盟中的转移的知识与技术。在基础较好、产业技术优势明显的领域，激励境内企业积极主导国际标准的制定，鼓励技术标准联盟中技术与标准共同开发，积极探索推广使用中国标准的新途径。

总之，应推动各个产业根据产业的不同特征积极探索合作新模式，鼓励产业中的企业在更高层次上参与国际合作，从而提升产业自主发展能力与国际竞争力。

8.1.2 加强国际化的人力资源储备

实证研究中把研发人员投入作为控制变量纳入方程，我们可以明显地发现，研发人员投入对于技术创新的正向效果相当显著，每增加一个百分点的研发人员投入，往往带来高于或相当于 1% 的技术创新能力的提升。突破式创新对研发人员投入的更为敏感，研究结果表明，通过政策倾斜，税收减免吸引国外研发中心转移，由于知识反向溢出效应的存在，并不能达到提升产业技术创新能力的效果。本地化 R&D 人员动态利用来自跨国公司的 R&D 投资以及跨国 R&D 信息与知识的能力，在吸收的基础上再创新的能力，是产业技术创新的关键。

增加国际化的人力资源储备，鼓励海外留学回国人员，有海外生活工作经验的人回国创业提供良好的创业氛围、政策优惠、配套设施。推进研究与应用双方面的海外人才引进计划，利用他们的国际化经验与国际化的关系网络，吸引更多的高水平研发人才的回流。

另外，加大国际化人力资源培养力度，鼓励高校与跨国公司进行人才培养领域的合作，联合培训高级人才、联办 MBA 班、联办实验室基地等也是加强技术创新国际化人力资源储备的良好途径。例如微软亚洲研究院与上海交通大学开展联合培养项目，东南大学与西门子电力自动化有限公司合作建立卓越工程师联合培养基地，清华大学与三星电子建立智能媒体计算联合实验室等等。通过这样的合作方式，培养出一批掌握领先的技术知识，沟通能力强，英文出色，眼界开阔、具有国际视野的国际化人才。由于他们与本土企业员工有共同的文化背景和语言，更有利于知识的转移与传播，促进创新国际化人力资源储备继续向纵深方向推进。

8.1.3 确立产业创新网络国际化中企业的主体地位

实证研究中表明企业技术创新活动国际化的深度与广度，以及企业自身的知识吸收能力水平影响到企业的技术创新绩效。产业技术创新产出是企业创新国际化总成果的体现，因此，建设以企业为主体、产学研结合的国际化的产业创新网络，激发网络主要节点——企业的国际化活动的自主性与积极性，开展有序的技术创新国际化活动，是产业政策制定中的重要任务。

通过直接的金融政策对产业创新网络中核心企业的自主技术和自主创新给

予优惠与支持，鼓励关键行业的重点企业走出国门，通过建立海外营销网络、生产基地、研发基地，或者是海外技术并购的方式，成为整个产业创新网络国际化的领军企业。并通过领军企业国际化知识在本地子网中溢出与转移的示范机制、模仿机制以及人力资源流动机制，成为国际先进研发理念、技术知识、市场机会的知识与信息的传递者，促进产业网络中的知识溢出及知识转移，扩大整个产业网络的知识存量，提升整体技术水平。

通过国家中小企业发展专项资金、中小企业技术改造资金等支持中小企业技术创新和改造升级，以及外向型科技人才的培养，鼓励企业逐渐建立专门的研发机构，监测与学习国外最新的知识与技术创新成果，为企业提供与国内外高校、科研机构进行交流合作机会。促进企业与国内外的高等学校和科研机构和共建研发机构，共建学科专业，实施合作项目，鼓励科研院所和高等学校对企业技术创新的给予理论、基础和前沿先导技术支持。

鼓励企业积极参与产业创新网络中的技术创新活动并及时应用研发成果，推进新技术、新材料、新工艺、新模式、高端装备等的集成应用，使企业成为高校和科研机构的研究课题基础性研究成果的产业化应用的基地。

8.2 企业创新活动国际化的对策建议

8.2.1 利用全球科技资源

在大多数产业领域，我国企业已经从技术追赶的早期阶段进化到后期阶段，企业技术活动的重心从技术引进逐渐转向消化吸收并最终向自主创新能力的提升过渡。自主创新并不意味着企业的单打独斗，游离与全球创新网络之外。与此相反，全球创新网络的接入与利用，在全球范围内有效地整合、配置和利用国内外创新资源，为我国企业的自主创新能力提升带来了契机。

网络为资金、技能、知识、社会支持、声誉等资源提供了流通与共享的渠道，各种知识、信息得以在网络间更快速便捷的传播。由于自主创新是一项投入巨大、风险很高的活动，创新过程存在许多不确定的因素，单个企业进行技术创新需要承担更多的风险，参与全球创新网络有利于企业更好地掌握产业的整体发展趋势和技术前沿，利用核心网络内部广泛的技术基础迅速开展创新活动，同时获得辅助网络从资金到政策的支持，避免企业由于投入大量资金与人力成本进行重复的创新活动而导致丧失获得边际收益的可能。

近年来，由于跨国企业在海外的生产网络不断扩展，向海外转移先进技术的速度也随之加快，许多新技术研发出来后很快在其全球生产体系内使用。与此同时，跨国公司研发活动国际化趋势明显，海外研发实验室 / 基地增加；企业与企业、企业与政府或高校之间形成的国际协作研发网络出现并迅速增长。全球创新核心网络成员间技术资源的互动频率、密度和质量的增加为我国企业接触与获取新知识新技术提供了良好的机遇。中国企业嵌入到全球科技创新网络，可接触与可利用的知识与技术资源的数量与质量将大大优于游离于网络外部的单元。由于网络成员之间密切联系，频繁地进行技术交流与探讨，在彼此之间互相信任和长期合作的基础上积累的信任度和默契感使得知识与技术的传递效果累积增加。

研究表明企业的知识吸收能力是促进技术溢出效应的主要因素。日韩企业极强的新知识与新技术的吸收能力，以模仿、改进、创新的三部曲来创造竞争优势被认为日本与韩国工业技术快速成长的主要原因。全球创新网络为网络成员提供了一种互动、开放式的学习过程，中国企业不仅通过合作创新，共同开发新技术提升知识基础、技术储量；同时从创新网络的核心企业获取先进的管理理念与方法，从人员培训、研发管理、组织机制等各方面学习到整合企业内外创新资源的方法、流程与技能，从而提升对不同来源的创新资源的掌控、驾驭、吸收与整合能力。由于所处产业与技术发展水平不同，中国企业参与或接入全球创新网络可以采取两种不同的策略。

（1）充分利用在华跨国公司的研发资源，将跨国公司和研发机构在中国建立的创新型研发中心和创新基地作为外来技术和知识的重要渠道，与在华的跨国公司及其伙伴通过一定的协议或契约联结成一体化组织，以彼此之间互相信任和长期合作为基础，构建具有战略意义的、不断进化和优化的动态合作网络。在消化与吸收之后进行二次创新，实现技术的进步与创新。

（2）接近境外的创新资源，在自身技术具有一定优势的基础上与境外相关企业或大学科研机构进行合作，利用外部创新资源创造出新的技术与知识，与国内企业以及其他组织共同分享，成为连通国内创新网络与全球创新网络的主要渠道。同时把握发达国家为摆脱经济危机，放宽投资限制领域的机会，通过境外投资国际并购获得发展所需要的先进技术。争取在全球创新网络成为关键节点，引导和控制知识资源、人力资源和研发资本等创新要素的跨国流动，聚集、整合和配置的更多的创新资源，吸收和输出更多技术成果。

8.2.2 根据知识吸收能力选择适配的技术创新国际化战略

产业创新网络国际化背景下的知识吸收能力由知识识别能力、知识获取能力、知识转换能力和知识运用能力四个方面构成。研究表明，企业的知识吸收能力各维度对国际化广度与技术创新绩效的关系有显著调节作用；对于国际化深度与企业创新绩效关系的调节效用不显著。由此可知,无论知识吸收能力的高低，在企业技术创新国际化活动中加强国际合作的深度都十分重要。与此同时，由于企业自身资源有限，知识吸收能力各维度的高低不同，依然需要根据自身知识吸收能力的实际情况，对拓展国际化广度与加强国际化深度之间的成本与产出进行权衡，寻找与自身能力更为适配的国际化策略。本书根据知识吸收能力各维度对企业国际化活动广度与深度与技术创新的调节效应是否显著，以及分组回归中回归系数的大小，发展出企业技术创新国际化战略的匹配矩阵如图 8.1 所示，企业可以基于对自身吸收能力的判断，优化企业的技术创新国际化战略。

知识识别能力	低	高
拓展广度		√
加强深度	√	√

知识获取能力	低	高
拓展广度	√	
加强深度	√	√

知识转换能力	低	高
拓展广度		√
加强深度	√	

知识运用能力	低	高
拓展广度	√	
加强深度	√	√

图 8.1 知识吸收能力与企业国际化战略选择匹配图

（1）整体知识吸收能力高的企业，在行业中一般处于领导地位，具备较强与外部网络资源对接的能力，又有完善的内部知识管理制度以及很强的知识运用能力，是产业创新网络的重要节点。这种类型的企业能够迅速识别外部有益的知识源和市场机会；注重国际化人才的储备和培养，员工海外学习和工作经验帮助企业在有限的知识源中获取更多的知识；企业内部注重知识储备，员工之间、部门之间交流频繁，知识在组织间广泛流动、碰撞、扩散，整个组织的知识水平较高，员工经过良好的培训，能够迅速学习新的知识并产生新的组合知识，高知识利用率对于技术创新起到很大的促进作用；企业获得的知识运用于国际市场开拓，获得较高水平的技术成果，以及在国际标准的制定中。这种类型的企业，鉴于已经在国际创新网络中具备了一定的地位，另一方面出于对于技术优势的保护，应谨慎拓展国际化广度，以加强国际化深度作为技术创新活动国际化的首要战略。企业应注重与产业创新网络中的跨国公司研发部门及创新团队进行深度合作，通过协作研发，全面提升企业基础研究能力；将一般国际创新合作中不易被识别获取的复杂知识、隐秘性知识、粘滞知识吸收进来，将获取的异质知识迅速运用到国际市场的拓展，先进技术的研发和产业标准的制定中；实现技术创新的良性循环，进而在产业创新网络的国际化中发挥极为领军企业的核心作用。

（2）整体知识吸收能力低的企业，一般是行业中的技术水平较低的中小型企业，缺乏技术创新活动国际化经验，被动地陷于不断国际化的产业创新网络中。企业不能快速辨别哪些外部知识有益于企业的技术创新，获取的知识局限于某位个人或某个部门内部，既没有转化编码在企业内部进行知识库的扩充，也不能通过知识的广泛流动触发新的创意和新的知识组合，员工本身对技术和知识的不敏感。在这种情况下，企业如果盲目地扩大与潜在的国际创新伙伴交往的范围，拓展国际化的广度，需要付出较高的成本，且收效甚微，很难达到提升技术创新绩效的效果。因此，这种类型的企业应该重点与一到两家国际企业进行深度交往，攀结产业创新网络中的国际企业，通过成为跨国公司产业链中的上下游合作方，接受供应商、客户提供的技术支持与培训，与国际合作伙伴达成互信互赖的密切联系；在与技术先进企业稳定的合作与默契的知识传递中，边干边学，逐步克服知识差异带来的知识资源开发和利用困难，提升企业技术创新绩效。

（3）知识转换能力高，但识别、获取、运用能力都比较低的企业，属于行业中保守、国际化程度不高、有一定的技术实力的传统企业。其内部具有良好的知识贮备以及知识共享的管理惯例；但与外界交流较少，知识流入与流出渠道不畅；企业无法快速辨别哪些外部知识有益于企业的技术创新；在发现了市场机会以及重要知识源的情况下也可能因为网络国际化背景下的复杂文化、管理惯例、语言沟通以及认知障碍，导致企业从每种知识源中只能获取有限的知识；由于知识运用能力低，企业所获得的较高水准的技术创新成果，也因缺乏对外交流而失去向国际进行推广的机会。因此，这种类型的企业应以国际化广度拓展作为技术创新活动国际化的首要战略。更多地派员工参加各种国际行业会议和展览，观摩技术先进企业的研发与生产，开阔视野，引入先进的研发流程，增加国际化人才储备，接触更多的知识源，并从知识源中尽量多地获取技术创新需要的知识，扩大与产业创新网络中企业进行知识交换的范围，将企业创新成果推向国际市场。

（4）知识识别能力高、获取能力低、转换能力高、运用能力低的企业，是行业中具有一定的国际化视野、有一定技术实力、目前在国际化的产业创新网络中参与度不高的企业。这种类型企业的优势在于能够快速发现市场机会，对国际上通行的研发流程与理念保持关注，企业员工技术素质高，内部知识交流频繁，知识流动速度快，获得的外部知识能够及时归纳总结形成知识储备；劣势在于国际化人才的匮乏，企业很少主动出击获取国际化的知识，语言与认知障碍使其在知识获取的过程中效率偏低，且知识的运用能力较弱。这种类型的企业，应以拓展广度作为首要的国际化战略。吸引有海外学历或在跨国企业工作过的人才，通过人力资源流动增强知识溢出的数量与质量；以技术引进，设备购买等方式与更多的企业进行知识交流，在开放式的产业技术网络中为企业寻找更多将技术创新成果推广到国际市场的机会。

（5）知识识别能力、获取能力高，但是转换能力与运用能力低的企业往往是产业技术创新网络的中的新创企业，这种类型的企业国际化人才多，年轻化，对国际市场机会以及产业技术创新的国际趋势相当敏感，但是内部知识管理的规范性以及研发水平还不理想，这种企业当务之急是加强国际化深度，只有通过与境外企业或机构的深度合作，通过协作研发以及成立技术创新联盟，才能观察和获取企业内部知识管理与研发管理的隐秘性知识,在合作企业的帮助下，将获取的知识转换为企业的知识存量，形成有价值的科技成果在国际上推广，在产业创新网络中实现企业技术能力的提升的追赶与升级。

对于其他知识吸收能力构成维度高低不同的企业，可以根据矩阵提供的信息，结合目前企业拥有的资源状况，决定与其能力相匹配的技术创新国际化战略。

8.2.3 提升产业创新网络国际化背景下的企业知识吸收能力

产业创新网络中知识流动频繁，参与到网络中的企业，其知识吸收能力的高低不同，也将对其技术创新绩效产生影响。本书提供的知识吸收能力量表可以为企业提升知识吸收能力提供参考。

（1）知识识别能力较低的企业可以通过经常对已有技术与技能进行评估，经常关注国际市场上新产品与新服务的相关信息、国外的技术专利动态、国际先进的研发理念、国际化的产品开发流程以及对外部技术、服务机遇进行识别等企业管理策略来提升知识识别能力。

（2）知识获取能力较低的企业可以通过经常派员工参加国外行业会议或展览；经常与国外的本企业或机构进行交流；定期对员工进行英语培训；注重储备与培养国际化人才，招聘具有海外学历或海外工作经验的员工等企业管理策略来提升知识获取能力。

（3）知识转换能力较低的企业可以通过经常积累生产、管理、销售、研发方面知识；经常对员工进行技术、业务培训；鼓励员工进行业务技能、经验和信息方面的交流；促进各部门之间协作等管理措施来提升企业知识转换能力。

（4）知识运用能力较低的企业可以通过对国际市场的开拓进行明确的规划、力图掌握国际领先技术，支持海外专利申请、积极参与国际标准制定等国际化管理战略来进行提升。

8.3 本章小节

本章结合第3、4、5、6、7章的研究，针对产业创新网络国际化演进及其对产业技术创新的影响以及企业技术创新活动国际化对其技术创新绩效的影响研究的主要结论，从产业政策层面以及企业对策层面提出了相应的建议。

产业政策方面的建议主要包括：(1)通过制定相关招商引资的产业指导意见，分析外商技术投资与研发投资的动机与形式，设立外商投资门槛；吸纳和扶持本地产业，控制国际化挤出效应，释放本地企业的创新空间；(2)通过提升整体技术水平，促使跨公司与我国企业的技术关联从低级阶段向高级阶段转化；加快国际化人才引进力度，扩大跨国公司与高校在教育领域的合作，培养本土国际化人才并通过涟漪效应推动国际化人力资源水平向纵深发展；(3)确立企业在产业创新网络国际化的主体地位，鼓励关键产业的领军企业实施“走出去”的国际化战略，成为产业创新网络中的领导者以及知识传递者；给予中小企业财政支持，进行技术升级和改造，设立企业内部的研发机构，密切关注国外的技术进展与动向；制定相应政策，推动企业的产学研合作，将新技术、新材料、新工艺尽快地应用于产品创新。

企业对策方面建议包括：(1)充分利用在华跨国公司研发资源，将跨国公司研发机构在中国建立的创新型研发中心和创新基地作为外来技术和知识的重要渠道，以彼此之间互相信任和长期合作为基础，构建具有战略意义不断进化和优化的动态合作网络；接近境外的创新资源，在自身技术具有一定优势的基础上与境外相关企业或大学科研机构进行合作，利用外部创新资源创造出新的技术与知识，与国内企业以及其他组织共同分享，成为连通国内创新网络与全球创新网络的主要渠道。(2)根据知识能力高低与国际化战略的适配矩阵，选择企业合适的技术创新活动国际化战略。(3)根据知识吸收能力量表的四个维度有针对性地对国际化背景下的知识识别能力、知识获取能力、知识转换能力、知识运用能力进行提升。

结 论

本书在探讨产业创新网络国际化对技术创新的影响时，采用双维视角，不仅研究了产业创新网络国际化演进对产业技术创新的影响，同时考虑到产业创新网络中企业作为最重要节点，其技术创新活动国际化对其技术创新绩效的影响。以资源依赖理论、交易费用理论、技术创新理论、知识管理理论为基础，运用社会网络分析法、计量经济分析法、统计分析法等方法，从知识流动的视角，针对产业创新网络国际化问题，分析了产业创新网络国际化演进的内涵、特征、影响因素与演进机制；探讨了知识在产业创新网络中流动的过程，从产业层面挖掘了表征产业技术网络国际化程度的指标，分析了国际化程度对技术创新的影响机理；以汽车行业为样本，利用汽车产业的合作专利数据，构建了汽车产业创新网络，刻画了汽车产业创新网络国际化演进的过程；构建协整方程，采用时间序列数据，通过多层次回归，验证了产业创新网络中国际化程度各指标对技术创新影响；企业层面的研究分析了企业技术创新国际化深度与广度对技术创新的影响以及吸收能力对技术创新的调节的机理，提出相关概念模型；在成熟量表的基础上，对国际化广度、深度以及创新网络国际化背景下的吸收能力量表进行了改进，形成问卷对企业进行了问卷调查。运用采集来的数据，采用多元回归的方法检验了国际化广度、深度对企业技术创新绩效的影响，运用分组回归的方式，验证了知识吸收能力对个技术创新的调节作用。最后针对产业层面及企业层面的研究，提出了基于产业创新网络国际化，提升创新能力的对策和政策建议。

研究结论

本书围绕产业创新网络国际化对技术创新的影响，从产业层面及企业层面提出了一系列的假设，现将所有假设检验结果总结如下：

H1：国际化子网规模对产业技术创新有显著的积极作用，不支持；

H1a：国际化子网规模对突破式产业技术创新有显著积极作用，不支持；

H1b：国际化子网规模对渐进式产业技术创新有积极作用，不支持；

H2：国际化子网相对规模对产业技术创新有显著消极作用，支持；

H2a：国际化子网相对规模对突破式产业技术创新有显著消极作用，支持；

H2b：国际化子网相对规模对渐进式产业技术创新有显著消极作用，支持；

H3：国际化联结对产业技术创新有显著的积极作用，支持；

H3a：国际化联结对突破式产业技术创新有显著积极作用，支持；

H3b：国际化联结对渐进式产业技术创新有显著积极作用，支持；

H4：国际化子网密度对产业技术创新有显著积极作用，支持；

H4a：国际化子网密度对突破式产业技术创新有显著积极作用，支持；

H4b：国际化子网密度对渐进式产业技术创新有显著积极作用，不支持；

H5：企业技术创新活动国际化广度对技术创新呈显著正向影响，支持；

H6：企业技术创新活动国际化深度对技术创新呈显著正向影响，支持；

H7：高知识识别能力下，企业技术创新活动国际化广度提升对技术创新的绩效有更强的影响，支持；

H8：低知识获取能力下，企业技术创新活动国际化广度提升对技术创新绩效有更强的影响，支持；

H9：高知识转换能力下，企业技术创新活动国际化广度提升对技术创新绩效有更强的影响，支持；

H10：低知识运用能力下，企业技术创新活动国际化广度提升对技术创新绩效有更强的影响，支持；

H11：高知识识别能力情况下，企业技术创新活动国际化深度的提升对技术创新绩效有更强的影响，不支持；

H12：高知识获取能力情况下，企业技术创新活动国际化深度的提升对技术创新绩效有更强的影响，不支持；

H13：高知识转换能力情况下，企业技术创新活动国际化深度的提升对技术创新绩效有更强的影响，不支持；

H14：高知识运用能力情况下，企业技术创新活动国际化深度的提升对技术创新绩效有更强的影响，不支持。

（1）产业创新网络国际化的三阶段演进模型。第一阶段，跨国公司与外资企业在东道国的技术创新网络中形成界限清晰的国际化子网络，子网之中的企业紧密创新合作，但其结网过程中很少纳入东道国的企业与机构；第二阶段，跨国公司与外资企业与东道国企业发生经济连接关系和社会连接关系，与处于产业链上下游的企业形成生产网络，与东道国的中介及政府机构形成社会网络，但是很少与本地的企业与机构进行技术创新与研发合作，缺乏技术创新知识交流；第三阶段，跨国公司融入当地的生产与创新网络，与东道国本地的子网建立联结，通过与本地的大学，科研机构进行研发合作以及与东道国企业结成技术创新联盟或标准联盟。

（2）国际化主体规模增长抑制东道国的产业技术创新。产业创新网络中国际化子网规模对突破式产业技术创新以及渐进式产业技术创新均呈现显著的负向影响作用，实证结果支持 FDI 对东道国技术创新的“抑制论”，跨国公司 R&D 机构的设立，导致我国产业逆向技术溢出，抑制了自主产业技术创新能力的提升。国际化联结增长对产业技术创新能力的正向影响显著。研究说明跨国公司与本地企业之间进直接的合作能带来更有效率的知识转移，网络联结为双方提供了转移的隐秘性知识与粘滞知识的重要渠道。国际化子网密度演化对产业技术创新存在正向影响。国际化子网密度决定了国际化子网中知识流动的效率与知识流动的质量，进入到东道国的国际化主体，彼此之间合作越多，越有益于提升整个网络的知识溢出的质量与数量，提升模仿示范与竞争效应中知识转移的效率。

（3）产业技术创新国际化对于不同形式的创新类型影响程度不同，产业创新网络国际化程度对突破式创新的影响强于对渐进式创新的影响。产业创新网络的国际化的指标对于突破式创新的影响更为显著，其影响系数均大于渐进式技术创新。研发人员的投入是影响自主产业创新的最显著因素。每增加一个百分点的研发人员投入，往往带来高于或相当于 1% 的技术创新能力的提升。突破式创新对研发人员投入的增长最为敏感。

（4）企业技术创新国际化广度与深度对技术创新有显著影响。研究表明对于企业技术创新国际化行为，其国际化深度每提升 1%，其技术创新绩效提升 0.375 个百分点；国际化广度每提升 1%，其技术创新绩效提升 0.195 个百分点。相对而言，在企业资源有限的情况下，加强与产业创新网络中国际化主体的深度合作，获得稳定的知识获取渠道，加速知识流动，促进复杂、隐秘性知识转移，是企业获得技术创新提升的首要选择。

（5）创新网络国际化背景下企业内生的吸收能力四个维度，知识识别能力、知识获取能力、知识转换能力、知识运用能力对企业技术创新活动国际化广度与技术创新绩效之间的关系有显著的调节作用；吸收能力四个维度对企业技术创新活动国际化深度与技术创新绩效之间的关系调节作用不显著，不论知识吸收能力的高低，企业技术创新国际化深度对技术创新绩效都有显著的正向影响。根据知识识别能力各维度的高低不同，企业应选取相适配的技术创新活动国际化战略。

（6）低识别能力的企业，与一到两家国际企业深度合作，加强与国际合作伙伴的互动频率，边干边学，有利于企业的创新绩效提升；低知获取能力的企业，只有更多地接触潜在的知识源，才能获得足够的创新知识，因此提升国际化广度对其创新绩效有显著影响，与国际化合作方的深度合作也有利于技术新绩效的提升；低知识转换能力的企业，通过国际伙伴对接个人和部门手把手的传授、密切的接触，能够获得本部门需要的知识，进而正向影响技术创新绩效；低知识运用能力的企业，在创新网络中与更多的国际合作伙伴交流，有利与拓展其视野，认识潜在的国际合作伙伴，获得更多的市场机会，从而提升技术创新绩效。

（7）高知识识别能力的企业，拓展其在国际化产业创新网络中的嵌入深度，能够显著正向影响企业创新绩效；高知识获取能力的企业，对产业网络深度的关系嵌入，对技术创新绩效有显著提升；高知识转换能力的企业，内部有良好的知识管理惯例，外部的知识被迅速地总结内化，增加其国际化广度，知识存量的增长，对技术创新绩效有显著作用。对高知识运用能力的企业，在国际化产业创新网络中占据一定的有利位置，拓展国际化知识渠道对其技术创新的影响并不显著；更重要的是加深与合作伙伴的关系嵌入程度，通过深层次交流全面提升基础研究水平，对技术创新存在显著的正向影响。

创新点

（1）分析视角

现有研究对于技术创新网络形成及机制的讨论多是基于所在网络中单个企业节点的视角而展开的，而本书采用产业（网络）、企业（节点）双维视角对产业创新网络国际化对技术创新影响的大命题进行了探讨。具体而言，本书充分考虑到技术创新网络的多层次互动的特性，不仅考察了产业层面的产业创新网络国际化演进及其对产业技术创新的影响，还进一步揭示了在产业创新系统中的最重要的微观个体——企业技术创新活动国际化对其技术创新的影响。

（2）理论发现

本书基于双维视角对产业创新网络国际化如何影响技术创新展开了深入探讨，从产业和企业两大层次，建构了一个包含产业创新网络国际化、跨国知识流动、技术创新产出三大范畴共 19 个变量的理论框架，系统地揭示了产业创新网络国际化以跨国知识流动为机制影响产业及企业技术创新绩效的过程。基于该理论框架所得的研究结论，既弥补了现有文献中有关产业网络国际化的形成及演化、维度及测度的不足，又基于产业创新网络国际化背景下进一步拓展了对企业知识能力的分类及测量，更探索性地揭示了产业创新网络国际化影响技术创新过程中跨国知识流动的具体影响及机制。

具体而言，对现有理论的补充和拓展主要体现在以下几个方面：第一，对产业创新网络国际化研究领域的贡献。本书在产业创新网络演进及其对技术创新影响的研究中，发掘了可以表征产业创新网络国际化程度的整体网络结构变量；在企业技术创新国际化对技术创新影响研究中，设计了企业创新国际化广度与深度的测度方法。第二，对知识流动研究领域的贡献。本书在充分了解有助于知识吸收能力提升的企业行为与惯例后，修订形成适用于产业创新网络国际化背景下的知识吸收能力量表，将知识吸收能力分解为知识识别能力、知识获取能力、知识转化能力与知识应用能力四个维度。第三，探索性地揭示了产业创新网络国际化对技术创新的影响机制。本书基于跨国知识流动的视角，分别从产业和企业两大层次，分析了产业创新网络国际化中国际化子网规模、国际化子网相对规模对不同类型技术创新的影响机理，实证结果表明境外子网规模及相对规模显著负向影响产业自主技术创新、突破式创新、渐进式创新的产出，支持境外企业进入中国产业网络后对中国的自主创新的“抑制论”。国际化联结、国际化子网密度对产业自主创新、突破式创新、渐进式创新有积极作用；企业技术创新国际化的广度与深度对企业技术创新有显著积极作用，知识吸收能力的四个维度对国际化广度与技术创新绩效的关系有显著调节作用，对国际化深度与创新绩效之间的关系调节作用不显著；根据知识吸收能力各维度分组回归的结果，建立知识吸收能力高低与企业国际化战略的匹配矩阵。

（3）实证数据

以往针对产业技术创新网络的相关研究，一般是基于某个网络的截面数据或某网络中部分节点之间的双边数据而展开，较少基于真实、动态、系统的整体网络数据而展开。出于整体网络结构、重要节点行为的双维研究视角需要，为了在多层次互动的技术创新网络背景下考察产业创新网络国际化对技术创新影响，本书收集并形成了多层次（包含企业节点层次和产业网络层次的数据）、多来源（包含客观二手来源和调研一手来源的数据）和动态性（包含跨度为20年的时序数据）的多元数据集。具体而言：第一，在产业创新网络演进的研究中，网络数据采用从1990到2010年的汽车产业合作专利的时间序列数据；特征数据采用专利的国别代码对合作专利申请人的身份进行区隔。第二，在网络演进对技术创新影响的实证研究中，采用1991年到2010年在中国知识产权局由中国境内企业、个人申请的汽车产业专利总量，发明专利总量，非发明专利总量对产业自主创新、突破式创新、渐进式创新进行测度。第三，在企业创新国际化对技术创新影响的研究中，通过问卷调查收集的一手数据进行分析。

（4）研究方法

为保证研究的准确性与科学性，本书综合运用社会网络分析法、计量经济分析方法以及统计分析等多种研究方法及分析工具，结合各具体的研究问题，有针对性地对不同性质的数据展开了研究。具体而言：第一，在产业创新网络的演进研究中，使用社会分析方法，提取汽车产业专利数据中的联合申请关系，进行数据分析转换，运用 UCINET 6.0 软件刻画产业创新网络的拓扑图，描绘了产业创新网络国际化演进各阶段的网络图谱；第二，分析汽车产业创新网络国际化演进对技术创新影响时，采用计量经济分析方法，构建时间序列的协整方程，运用 EVIEWS7.0 软件对产业创新网络国际化各指标与产业技术创新的长期均衡关系进行了验证；第三，在企业技术创新活动国际化对技术创新影响的研究中，运用 SPSS 20.0 软件，通过层次回归验证了国际化广度与深度对技术创新的积极作用；采用分组回归方法，将知识吸收能力的各维度按平均值进行高低分组，验证了知识吸收能力各维度对技术创新的调节作用。

研究局限与进一步研究的问题

囿于主观个人能力、数据的可获取性以及跨学科对知识的综合要求等原因，使得本书的研究存在局限，有待通过进一步的研究来改进。

（1）本书兼顾整体产业层面与企业个体层面的研究，虽然讨论了整体产业创新网络国际化演进与企业技术创新活动国际化之间的互动关系；但是在实证验证过程中两个研究是分离的，这样做虽然在企业层面丰富了样本行业，解决了产业层面研究的结构效度的问题。但是无法就两者之间国际化的互动，以及产业技术创新与企业技术创新绩效之间的关系进行验证。未来的研究可以结合产业创新网络的整体特征与微观个体所处的局部特征来共同探讨同一个产业创新网络中整体与个体之间的国际化互动与技术创新的交互影响。

（2）在利用计量经济模型分析协作研发网络对技术创新产出的影响时，由于搜集一个产业的数据都要花费大量的时间，还未来得及将其他产业的数据进行整理，因此仅以我国汽车产业为样本进行研究，使得产业层面的研究结论缺乏结构效度。因此，进一步的研究可以在收集到其他产业的数据的基础上，比较不同产业网络国际化对产业技术创新的影响，对本书的研究模型进行进一步的检验。

（3）在企业层面的研究中，本书结合访谈以及成熟量表题项对产业创新网络国际化背景下的知识吸收能力量表进行了改进，由于一家企业只能作为一个样本，且问卷对样本企业所在行业、企业性质、企业的国际交往，以及填写人员的职位有很高要求，所以没有对量表进行严格的探索性因子分析与验证性因子分析；未来的研究可以进一步完善知识吸收能力量表的开发过程。

（4）在研究产业创新网络国际化的演进过程时，虽然提及了中国企业“走出去”的创新国际化战略，但在产业层面的实证研究时，由于难以获得口径一致的中国汽车产业海外专利申请数据，对产业创新网络国际化演进过程的研究还不够完善。在进一步的研究中，拟通过德温特、USPTO 等国外的专利信息来源，研究中国企业“走出去”的国际化行为对自主技术创新的影响。

参考文献

[1] Liu M, Chen S H. MNCs' offshore R&D networks in host country's regional innovation system: The case of Taiwan-based firms in China. Research Policy, 2012, 41(6): 1107–1120

[2] Fan P. Innovation, globalization, and catch-up of latecomers: Cases of Chinese telecom firms. Environment and Planning-Part A, 2011, 43(4): 830–837

[3] Liu J, Wang Y, Zheng G. Driving forces and organisational configurations of international R&D: the case of technology-intensive Chinese multinationals. International Journal of Technology Management, 2010, 51(2): 409–426

[4] Arbuthnott A, von Friedrichs Y. Entrepreneurial renewal in a peripheral region: the case of a winter automotive-testing cluster in Sweden. Entrepreneurship & Regional Development, 2013, 25(5–6): 371–403

[5] Valdaliso J, Elola A, Aranguren M, et al. Social capital, internationalization and absorptive capacity: The electronics and ICT cluster of the Basque Country[J]. Entrepreneurship & Regional Development, 2011, 23(9–10): 707–733

[6] Giblin M. Managing the Global - Local Dimensions of Clusters and the Role of "Lead" Organizations: The Contrasting Cases of the Software and Medical Technology Clusters in the West of Ireland. European planning studies, 2011, 19(1): 23–42

[7] Giblin M. Managing the Global - Local Dimensions of Clusters and the Role of "Lead" Organizations: The Contrasting Cases of the Software and Medical Technology Clusters in the West of Ireland. European planning studies, 2011, 19(1): 23–42

[8] 汪斌，赵张耀．国际产业转移理论述评．浙江社会科学，2003, 6: 45–49

[9] 刘宏程，葛沪飞，全允桓．创新网络演化与企业技术追赶：中国“山寨机”的启示．科学学研究，2009, 10: 1584–1590

[10] 金碚．全球竞争新格局与中国产业发展趋势．中国工业经济，2012, 5: 5-17

[11] 黄守坤，李文彬．产业网络及其演变模式分析．中国工业经济，2005, 4: 53-60

[12] 孙晓华，田晓芳．产业创新模式、市场失灵与公共政策设计．软科学，2008(8): 81-87

[13] 蔡宁．产业创新链的内涵与价值实现的机理分析．技术经济与管理研究，2009(6): 53-55

[14] 石琳娜，石娟，顾新．基于知识溢出的我国高技术企业自主创新能力提升途径研究．软科学，2011, 8: 27-30

[15] 张扬．社会资本和知识溢出对产业集群升级的影响研究．吉林大学博士论文，2009

[16] 吴林海，罗佳，彭宇文．跨国研发投资的技术溢出效应与提升自主创新能力论．中南大学出版社，2006

[17] 魏江，冯军政．企业知识搜索模式及其对企业技术创新的影响研究．科学管理研究，2009,27(6):55-60

[18] Zahra S A, George G. Absorptive capacity: a review and reconceptualization, and extension. Academy of Management Review, 2002, 27(2): 185-203

[19] 汪秀婷，胡树华．面向自主发展的产业技术创新平台的构建．科学学与科学技术管理，2007(2)103-106

[20] 费显政．资源依赖学派之组织与环境关系理论评介．武汉大学学报（社会科学版），2005,58(4):451-455

[21] Grant, R.M. The resource based theory of competitvantage:implications for strategy formulation.Califomia MallageIllent Review, 1991,33(1):114-135

[22] Akintoye A, Chinyio E. Private finance initiative in the healthcare sector: trends and risk assessment. Engineering, Construction and Architectural Management, 2005, 12(6): 601-616

[23] Amit,R.,&Schoemaller,P.J.H.Strategic asset and organizational rent. Strategic

Managment Joumal,1993,14:33–46

[24] Violina P. Rindova; Charles J. Fombrunenzl B. Constructing competitive advantage: the role of firm–constituent interactions. Strategic Management Journal, 1999, 20(8): 691–710

[25] Barney, Douglas K. Understanding the appropriate business form. The National Public Accountant, 1997, 42(10): 20–29

[26] Renzl B. Trust in management and knowledge sharing: The mediating effects of fear and knowledge documentation. Omega–International Journal of Manage– ment Science, 2008, 36(2): 206–220

[27] C DeBresson. An entrepreneur cannot innovate alone: networks of enterprises are required. DRUID Conference on Systems of Innovation, 1999– druid.dk

[28] 沈满洪，张兵兵．交易费用理论综述．浙江大学学报（社会科学版）,2013,43(2): 44–55

[29] Rikard L. The handshake between Invisible and Visible Hands. International Studies of Management and Organization, 1993, (23): 87–106

[30] Yamin M, Juliet O. Patterns of knowledge flows and MNE innovative per– formance. Journal of International Management, 2004, 10(2): 239–258

[31] John H, Judith B S. Partnerships in transition economies: international strategic technology alliances in Russia. Research Policy, 1998, 27(2): 177–185

[32] Cooke & Heidenreich. Regional innovation systems: the role of governances in a globalized world. 1998, UCL Press

[33] Zander W. 'Bury the Blackbird Here' – Good enough, Jounal of business. Literary Review, 1992, 35(3): 434–434

[34] Jensen R, Szulanski G. Stickiness and the adaptation of organizational practices in cross–border knowledge transfers. Journal of International Business Studies, 2004, 35(6): 508–523

[35] 约瑟夫·熊彼特．经济发展理论．何畏等译．商务印书馆，1997

[36] 傅家骥．技术创新学．清华大学出版社，1998,13

[37] Rothwell R. Successful industrial innovation: critical factors for the 1990s. R&D Management, 1992, 22(3): 221–240

[38] H Chesbrough. Open Innovation: Researching a New Paradigm. Oxford university press, 2008

[39] Walker G., Kogut B. and Shan W. Social capital, structural holes and the formation of an industry network. Organization Science, 1997, 8(2): 109–125

[40] Shan W., Walker G. and Kogut B. Interfirm cooperation and startup innovation in the biotechnology industry. Strategic Management Journal, 1994,15: 387–394

[41] Powell WW & DiMaggio P. The New Institutionalism in Organizational Analysis. Chicago: University of Chicago Press

[42] Caldeira M M, Ward J M. Using resource–based theory to interpret the successful adoption and use of information systems and technology in manufacturing small and medium–sized enterprises[J]. European journal of information systems, 2003, 12(2): 127–141

[43] 彭锐，刘冀生．西方企业知识管理理论丛林中的学派．管理世界，2005,17(8) 58–62

[44] Leonard & Sensiper. The role of tacit knowledge in group innovation. California Management Review, 1998, 40(3): 112–132

[45] 野中郁次郎．创造知识的企业．知识产权出版社，2006.65

[46] Leonard–Barton, Dorothy. Managing Creative Abrasion in The Workplace. Harvard Business Review, 1995, 73(4): 2–2

[47] 经济合作与发展组织 (OECD). 以知识为基础的经济．机械工业出版社，1997.1.1

[48] Alavi M, Leidner D E. Review: Knowledge management and knowledge management systems: Conceptual foundations and research issues[J]. MIS quarterly, 2001: 107–136

[49] Robert M G. Prospering in Dynamically–Competitive Environments:

Organizational Capability as Knowledge Integration.Organization Science, 1996, 7(4): 375–387

[50] Lee,C.C, Yang.J. Knowledge value chain. The Journal of management development, 2009(19):783–793

[51] Davenport T H, Prusak L. Knowledge. Harvard Business School Press, Boston, Massachusetts, USA, 1998.

[52] 王德禄．知识管理：竞争力之源．江苏人民出版社，1999

[53] 吴晓波，聂品．技术系统演化与相应的知识演化理论综述．科研管理，2008, 29(2): 103–114

[54] B.T. Asheim, Lars Coenen. Contextualizing regional innovation systems in a globalizing learning economy: On knowledge bases and institutional frameworks. Journal of Technology Transfer,2006,31: 163–173

[55] 薛捷，张振刚．基于知识基础、创新网络与交互式学习的区域创新研究综述．中国科技论坛，2011(1)104–111

[56] Rajiv D B, Robert J K. The evolution of research on information systems: A fiftieth–year survey of the literature in Management Science.Management Science, 2004, 50(3): 281–298

[57] Robert M G, Charles B F. A knowledge accessing theory of strategic alliance s. Journal of Management Studies, 2004, 41(1): 61–84

[58] Chung, S.,Singh, H. and Lee, K ..Complementarity, Status Similarity and Social Capital as Drivers of Alliance Formation. Strategic Management Journal, 2000(21), 1– 22

[59] Dyer, J. H., Singh, H., The Relational View: Cooperative Strategy and Sources of Inter–Organizational Competitive Advantage. Academy of Management Journal, 1998,23(4): 660– 679

[60] Zahra, S. A. and George,G.,.Absorptive Capacity: A Review Reconceptualization and Extension. Academy of Management Review, 2002(27), 185–203

[61] Gupta A K, Govindarajan V. Knowledge flows within multinational corporations. Strategic Management Journal, 2000, 21(4): 473–496

[62] 周密，赵文红，姚小涛．社会关系视角下的知识转移理论研究评述及展望．科研管理，2007, (3):78–86

[63] 罗家德．社会网分析讲义（第二版）．社会科学文献出版社，2010, 246–248

[64] Anderson James C, Hakansson Hakan, Johanson Jan. Dyadic business relationships withing a business network context.Journal of Marketing, 1994, 58(4):1–15

[65] Granovetter, Mark. Economic action and social structure: the problem of embedness. The Journal of sociology, 1985,99(3): 481–510

[66] Robin Cowan and Nicolas Jonard Knowledge portfolios and the organization of innovation networks, Academy of Management Review, 2009 (2): 320–340

[67] Davern M. Social networks and economic sociology[J]. American Journal of Economics and Sociology, 1997, 56(3): 287–302

[68] Melissa A. Schilling, Corey c. Phelps. Interfirm Collaboration Networks: The Impact of Large–Scale Network Structure on Firm Innovation. Management Science, 2007, 53 (7): 1113–1126

[69] Lorenzo Bizzi. Dark Side of Structural Holes: A Multilevel Investigation. Journal of Management, Journal of Management January 18, 2013

[70] 刘军．整体网分析讲义：UCINET 软件实用指南．格致出版社，2009

[71] 赵炎，郭霞婉．结构洞度对联盟网络中企业创新绩效的影响研究．科技进步与对策，2012(9),76–81

[72] JAC Baum, T Calabrese, BS Silverman. Don't go it alone: Alliance network composition and startups' performance in Canadian biotechnology.Strategic management journal, 2000, 21: 267–294

[73] 王大洲．企业创新网络的演进机制分析．科学学研究，2006, 24(5): 790–786

[74] Lipparini A, Lomi A. Interorganizational relations in the Modena biomedical industry: A case study in local economic development. Interfirm networks: Organization and industrial competitiveness, 1999: 120–150

[75] Venkatraman N, Lee C H. Preferential linkage and network evolution: A conceptual model and empirical test in the US video game sector[J]. Academy of Management Journal, 2004, 47(6): 876–892.

[76] Provan K G, Milward H B. Do networks really work? A framework for evaluating public - sector organizational networks. Public administration review, 2001, 61(4): 414–423

[77] Soda G, Usai A, Zaheer A. Network memory: The influence of past and current networks on performance. Academy of Management Journal, 2004, 47(6): 893–906

[78] Sydow J, Windeler A. Organizing and evaluating interfirm networks: A structurationist perspective on network processes and effectiveness. Organization science, 1998, 9(3): 265–284

[79] Van Raak A, Paulus A. A sociological systems theory of interorganizational network development in health and social care. Systems Research and Behavioral Science, 2001, 18(3): 207–224

[80] Provan K G, Fish A, Sydow J. Interorganizational networks at the network level: A review of the empirical literature on whole networks. Journal of management, 2007, 33(3): 479–516

[81] Human S E, Provan K G. Legitimacy building in the evolution of small–firm multilateral networks: A comparative study of success and demise. Administrative Science Quarterly, 2000, 45(2): 327–365

[82] A Zaheer, R Gulati, N Nohria,Strategic networks,Strategic management journa,2000, (21): 203–215

[83] Katja Rost. The strength of strong ties in the creation of innovation.Research policy,2011,(40):588–604

[84] O Arndt, R Sternberg. Do Manufacturing Firms Profit from Intraregional Innovation Linkages? An Empirical Based Answer, European Planning Studies , 2000,(4):465-485

[85] 张永安，李晨光 . 创新网络结构对创新资源利用率的影响研究，科学学与科学技术管理 ,2010(1):81-89

[86] Corey c. Phelps,a longitudinal study of the influence of alliance network structure and composition on firm exploratory innovation, Academy of Management Journal,2010, 53(4): 890-913

[87] Hansen, M.T., The search-transfer problem: the role of weak ties in sharing knowledge across organization subunits. Administrative Science Quarterly. 1999,(44):82-111

[88] Gabbay, S.M., Zuckerman, E.W., Social capital and opportunity in corporate R&D: the contingent effect of contact density on mobility expectations. Social Science Research, 1998,(27):189-217

[89] Perry-Smith, J.E., Shalley, C.E., The social side of creativity: a static and dynamic social network perspective. Academy of Management Review 2003,(28), 89-106

[90] Uzzi, B., Spiro, J., Collaboration and creativity: the small world problem. American Journal of Sociology 2005,(111), 447-504

[91] 王发明，蔡宁，朱浩义 . 基于社会网络视角的产业集群风险研究——以美国 128 公路区产业集群衰退为例 . 科学学研究 ,2006,6(12):886-888

[92] McFadyen, M.A., Semadeni, M., Cannella, A.A.Value of strong ties to disconnected others: examining knowledge creation in biomedicine. Organization Science 2009,(20), 552-564

[93] Zheng, W., A social capital perspective of innovation from individuals to nations: where is empirical literature directing us? International Journal of Management Reviews. 2010,(12):151-183

[94] Teece D. Technology Transfer by Multinational Firms: the Resource Cost of

Transferring Technological Know-How. The Economic Journal,1977,(87): 242-261

[95] Boisot Max H. Is Your Firm a Creative Destroyer Competitive learning and Knowledge Flows in the Technological Strategies of Firm. Research Policy, 1995,(24):489-506

[96] Argote L, Ingram P. Knowledge transfer: A basis for competitive advantage in firms. Organizational behavior and human decision processes,2000,82(1): 150-169.

[97] Zanfei A. Transnational Firms and the Changing Organization of Innovation Activities.Cambridge Journal of Economics,2000,24(5):515-542

[98] Hai Zhuge.A Knowledge Flow Model for Peer to Peer Team Knowledge Sharing and Management. Expert Systems With Applications,2002,(23):23-30

[99] 顾新，李久平，王维成．知识流动、知识链与知识链管理．软科学，2006,20(2): 10-16

[100] 陈良民．基于企业创新网络的知识流动研究．辽宁大学博士论文，2009

[101] Kogut B, Zander U. Knowledge of the Firm and the Evolutionary Theory of the Multinational Corporation. Journal of International Business Studies, 1993,24(4):625-645

[102] Phene A, Madhok A, Liu K. Knowledge transfer within the multinational firm: what drives the speed of transfer? Management International Review, 2005:45(2) 53-74

[103] Gupta.K, Govindarajan V. Knowledge Flows within Multinational Corporations Anil. Strategic Management Journal,2000,21(4):473-496

[104] Cohen W,M. and Levinthal D,A. Absorptive Capacity: A New Perspective on Learning and Innovation .Administrative Science Quarterly,1990,35(1):128-152

[105] 关涛．跨国公司内部知识转移过程与影响因素的实证研究 [M]. 复旦大学出版社，2006

[106] 薛求知，阎海峰．跨国公司全球学习——新角度审视跨国公司．南开管理评论，2001, 4(2): 36-39

[107] Pablos P O. Measuring and reporting structural capital: lessons from European learning firms. Journal of Intellectual Capital, 2004, 5(4): 629-647

[108] 王大洲．企业创新网络的进化与治理：一个文献综述．科研管理，2001,22 (5) : 96-103

[109] 刘卫民，陈继祥．创新网络、复杂性技术及其激励性政策研究．中国科技论坛，2004(5):56-59

[110] 刘兰剑，司春林．创新网络 17 年研究文献述评．研究与发展管理，2009,21(4): 68-77

[111] 党兴华，郑登攀．对《创新网络 17 年研究文献述评》的进一步述评——技术创新网络的定义、形成与分类．研究与发展管理，2011,23(4):9-15

[112] Whittington K B, Owen-Smith J, Powell W W. Networks, propinquity, and innovation in knowledge-intensive industries. Administrative Science Quarterly, 2009,54(1): 90-122

[113] Imai K, Baba Y. Systemic innovation and cross-border networks: transcending markets and hierarchies to create a new techno-economic system. Paris:OECD,1991,389-407

[114] 李志刚．基于网络结构的产业集群创新机制和创新绩效研究．中国科技大学博士论文，2007

[115] Larry,D., M. Janice. Building cooperation in a competitive industry : SMATECH and the semiconductor industry.The Academy of Management Journal, 1995,38(1):113- 151

[116] 骆品亮，杨树．我国基因工程制药业创新网络结构特征分析与发展对策．科学学与科学技术管理，2008, 29(1): 64-69

[117] Brian Uzzi. Social Structure and Competition in Interfirm Networks: The Paradox of Embeddedness. Administrative Science Quarterly, 1997, 42(1):35-67

[118] Doz Y L , Olk P M , Ring P S. Formation processes of R & D consortia: Which path to take? Where does it lead? Strategies Management Journal, 2000, 21(3): 239-266

[119] 王月琴，许治．产业创新网络中的企业技术学习研究．中国软科学，2012,(6): 120–130

[120] 田钢，张永安，集群创新网络演化的动力模型及其仿真研究，科研管理，2010 31(1),102–114

[121] 程跃，银路，李天柱，不确定环境下企业创新网络演化研究．科研管理，2011,31(1):29–34

[122] 刘宏程，全允桓，产业创新网络与企业创新路径的共同演化研究——中外 PC 厂商的比较，科学学与科学技术管理，2010,(2),72–76

[123] 吴传荣，曾德明，陈英武．高技术企业技术创新网络的系统动力学建模与仿真．系统工程理论与实践，2010, 30(4): 587–593

[124] 罗积争，吴解生．产业创新：从企业创新到国家创新之间的桥梁．经济问题探索，2005, (4):111–114

[125] 孙晓华，田晓芳．产业创新模式、市场失灵与公共政策设计．软科学，2008, 22(8):81–86

[126] Estades J, Ramani S V. Technological competence and the influence of networks: a comparative analysis of new biotechnology firms in France and Britain. Technology Analysis & Strategic Management, 1998, 10(4): 483–495

[127] Yoshino M Y. Rangan.Strategic alliances: an entrepreneurial approach to globalization. 1995.Harvard Business School Press, Boston

[128] 郭小川．合作技术创新．经济管理出版社，2001

[129] 党兴华，刘兰剑．跨组织技术创新合作动因的两视角分析．科研管理，2006, 27(1): 55–61

[130] 陈劲，朱朝晖．我国企业技术创新国际化的资源配置模式研究．科研管理，2003, 24(5): 76–83

[131] 骆大伟．创新国际化理论基础及对常州借鉴意义研究．中国集体经济，2012,(24): 96–97

[132] 王洪运，叶建木．企业技术创新网络及其治理研究．科技管理研究，2005,(6):51–53

[133] 韩江波，蔡兵．技术创新与产业发展的互促机理——兼论中国经济发展方式转变的战略定位和选择，产业与科技论坛， 2009,8(9):41–44

[134] Sylvie K. Chetty, Loren M. Stangl.Internationalization and innovation in a network relationship context. European Journal of Marketing,2010, 44(11/12): 1725–1743

[135] 景劲松，陈劲，谢觐红．企业技术创新国际化的外部环境影响机制研究．研究与发展管理，2004, 16(1): 9–16

[136] 陈劲，景劲松，吴沧澜．我国企业技术创新国际化的模式及其动态演化．科学学研究，2003,(3):315–320

[137] 陈劲，吴沧澜，景劲松．我国企业技术创新国际化战略框架和战略途径研究．2004, 25(6): 115–125

[138] 李鑫，姜照华，陈禹．企业融合创新的国际化发展模式：以东软集团为例．科技进步与对策,2012,(21):77–81

[139] 汪建成，毛蕴诗，邱楠．由 OEM 到 ODM 再到 OBM 的自主创新与国际化路径——格兰仕技术能力构建与企业升级案例研究．管理世界,2008,(6): 148–155

[140] Hitt , M. A., Hoskisson, R. E. and Kim, H., International Diversification : Effects on Innovation and Firm Performance in Product Diversified Firms, Academy of Management Journal , 1997,(40), 767 –798

[141] Gomes, L. and Ramaswamy, K. An Empirical Examination of the Form of the Relationship Between Multinationality and Performance, Journal of International Business Studies, 1999,(30), 173–187

[142] Padmanabhan, P. and Cho , K. R. Decision Specific Experiences in Foreign Ownership and Establishment Strategies : Evidence from Japanese Firms, Journal of International Business Studies , 1999, (30) , 25–44

[143] Chung–Jen Chen,Yi–Fen Huang, Bou–Wen Lin. How firms innovate through R&D internationalization? An S–curve hypothesis. Research Policy, 2012, 41:1544–1554

[144] 江小娟 . 理解科技全球化——资源重组、优势集成和自主创新能力的提升 . 管理世界 , 2004,(6):4-13

[145] 吴永忠 . 企业创新网络的形成及其演化 . 自然辩证法研究 , 2005, 21(9): 69-72.

[146] 薛澜 , 沈群红 , 王书贵 . 全球化战略下跨国公司在华研发投资布局—基于跨国公司在华独立研发机构、行业分布差异的实证分析 . 管理世界 , 2002,(3):33-42

[147] 王德禄 . 基于 BPR 的 IT 投资与企业战略一致性研究 . 企业活力 ,2009,(1):86-87

[148] 王分棉 , 王皓 . 中国高新技术产业国际竞争力与科技资源配置效率关系的实证分析 . 财贸研究 , 2009,(1):8-12

[149] 李应博 . 科技创新资源配置——机制、模式与路径选择 . 经济科学出版社 ,2009

[150] 郭重庆 . 中国管理学界的社会责任与历史使命 . 管理学报 ,2008,(3):320-322

[151] 郑准 . 关系网络 , 资源获取与企业国际化的关系研究 . 中南大学博士论文 ,2009

[152] 王飞 . 生物医药创新网络结构及其演化特征探析——基于复杂网络视角 . 南京社会科学 , 2011,(1):149-155

[153] Mansfield E. How rapidly does new industrial technology leak out?. The journal of industrial economics, 1985,34(2): 217-223

[154] 池仁勇 , 汤临佳 . 企业外部创新网络与创新源的关联性特征研究 . 科技进步与对策 ,2008

[155] 刘云 , 叶选挺 , 樊威 . 开放式创新下的产业创新国际化模式初探 . 科学学与科学技术管理 , 2012, 33(002): 5-10

[156] 郑准 , 王国顺 . 基于网络资源的企业国际化成长机理剖析——以温州民营国际化企业为例 . 商业经济与管理 ,2009,208(2):41-47

[157] 王灏 , 光电子产业创新网络的构建与演进研究 . 华东师范大学博士学

位论文 2009

[158] 李天拄，银路，程跃，邱杉．生物技术产业集群的动力机制及其演进——基于国外典型集群的多案例研究．技术经济，2009,28(12):4-11

[159] 王飞．光电子创新网络的构建与演进研究．华中科技大学博士论文，2009

[160] 黄军英．科技全球化及其政策启示．科技全球化及其启示．国际经济合作，2007(10):46-50

[161] 曾德明，禹献云，彭盾．跨国公司 R&D 国际化对我国企业创新网络结构的影响．中国科技论坛，2009,(8):64-67

[162] 龙静，刘海建．政府机构的权力运用方式对中小企业创新绩效的影响——基于企业与政府关系的视角．科学学与科学技术管理，2012,33(5):96-105

[163] 江小涓．中国吸收外资 30 年：利用全球资源促进增长与升级．经济与管理研究，2008,(12):4-11

[164] 薵京，金锐睿，杨智宾．基于知识利用和知识发展的企业国际化过程分析——以中国家电企业为例．中国软科学 2009,(9)118-130

[165] 经济合作与发展组织 (OECD) 与欧盟统计局 (EUROSTAT). 弗拉斯卡蒂丛书——科技人力资源手册．新华出版社，2000

[166] 周叔莲．中国产业政策研究．经济管理出版社，2007

[167] George G, Wiklund J, Zahra S A. Ownership and the internationalization of small firms. Journal of Management, 2005, 31(2): 210-233

[168] Lichtenthaler U. Absorptive capacity, environmental turbulence, and the complementarity of organizational learning processes. Academy of Management Journal, 2009, 52(4): 822-846

[169] 徐丹．产业创新网络国际化演进模式研究．大连理工大学硕士论文，2010

[170] Argote L, McEvily B, Reagans R. Managing knowledge in organizations: An integrative framework and review of emerging themes. Management science, 2003, 49(4): 571-582

[171] Reed R, DeFillippi R J. Causal ambiguity, barriers to imitation, and sustainable competitive advantage. Academy of management Review, 1990, 15(1): 88–102

[172] Szulanski G. Exploring internal stickiness: Impediments to the transfer of best practice within the firm. Strategic Management Journal, 1996, (17): 27–43

[173] Argote L, McEvily B, Reagans R. Managing knowledge in organizations: An integrative framework and review of emerging themes[J]. Management science, 2003, 49(4): 571–582

[174] Teece D J. Managing Intellectual Capital: Organizational, Strategic, and Policy Dimensions: Organizational, Strategic, and Policy Dimensions. Oxford University Press, 2000

[175] 余光胜，刘卫，唐郁．知识属性，情境依赖与默会知识共享条件研究．研究与发展管理，2006, 18(6): 23–29

[176] Simonin B L. Ambiguity and the process of knowledge transfer in strategic alliances[J]. Strategic management journal, 1999, 20(7): 595–623

[177] 王长峰．知识属性，网络特征与企业创新绩效．山东大学博士论文，2009

[178] 王玉丽，于成学，武春友，赵东方．产业技术创新联盟知识转移绩效机制及实证研究．科技与管理，2010,12 (6):31–34

[179] Kogut B, Zander U. Knowledge of the firm and the evolutionary theory of the multinational corporation. Journal of international business studies,1993,24(4):625–645

[180] Sorenson O, Rivkin J W, Fleming L. Complexity, networks and knowledge flow. Research Policy, 2006, 35(7): 994–1017

[181] 郭京京．产业集群中技术学习策略对企业创新绩效的影响机制研究：技术学习惯例的中介效应．浙江大学博士学位论文，2011

[182] 郑素珍，孙锐．知识异质性，吸收能力与集群生命周期的演进．科技管理研究，2011, 31(13): 154–158

[183] Rodan S, Galunic C. More than network structure: how knowledge

heterogeneity influences managerial performance and innovativeness. Strategic Management Journal, 2004, 25(6): 541–562

[184] Lapr é M A, Van Wassenhove L N. Creating and transferring knowledge for productivity improvement in factories. Management Science, 2001, 47(10): 1311–1325

[185] McDermott G A, Corredoira R A, Kruse G. Public–private institutions as catalysts of upgrading in emerging market societies. Academy of Management Journal, 2009, 52(6): 1270–1296

[186] 周浩军 . 搜索优势与转移问题：弱联系，结构洞和网络多样性对创新的曲线效应 . 浙江大学博士论文，2011

[187] Yu J, Gilbert B A, Oviatt B M. Effects of alliances, time, and network cohesion on the initiation of foreign sales by new ventures. Strategic Management Journal, 2011, 32(4):424–446

[188] 叶庆祥 . 跨国公司本地嵌入：理论，实证与政策选择 . 浙江大学出版社，2008

[189] 何爽 . 国家创新系统国际化研究 . 上海交通大学博士论文 ,2011

[190] UNCTAD.World Investment Report: the Internationalization of R&D,2005

[191] 曾德明，禹献云，彭盾 . 跨国公司 R&D 国际化对我国企业创新网络结构的影响 . 中国科技论坛，2009, (8): 63–67

[192] Mathews J A, Cho D S. Combinative capabilities and organizational learning in latecomer firms: The case of the Korean semiconductor industry. Journal of World Business, 1999, 34(2): 139–156

[193] 陈雪芬，袁涛 . 国际分工格局中我国的地位分析及对策 . 当代经济，2008, (21): 94–95

[194] Kim J D. Impact of Foreign Direct Investment Liberalization: The Case of Korea. Korea Institute for International Economic Policy, 1997

[195] 魏江，叶波 . 产业集群技术能力增长机理研究 . 科学管理研究 ,2003,(1): 52–56

[196] 韩鹏，陈德棉，张黎．跨国公司对中国本地企业知识溢出模型分析．科学管理研究，2004,22(4): 78–81

[197] 王晓红，胡景岩．利用 FDI 技术外溢效应提高自主创新能力的研究．宏观经济研究，2006, (11): 11–16

[198] 郑勇军，廖伟，林巍．产业集群国际化模式与其驱动因子关联路径研究．科技进步与对策，2008,25(11):76–79

[199] 杜群阳 .R&D 全球化、反向外溢与技术获取型 FDI. 国际贸易问题，2006, (12):88–91

[200] 陈继勇，盛杨怿．外商直接投资的知识溢出与中国区域经济增长 .2008,(12),39–49

[201] 李伟，刘军，董瑞华．关系网络在技术创新知识流动过程中的作用——基于信息空间理论的视角．科学管理研究，2009, 4(2): 68–71

[202] Cowan R, Jonard N. Network structure and the diffusion of knowledge. Journal of economic Dynamics and Control, 2004, 28(8): 1557–1575

[203] 石琳娜，石娟，顾新．基于知识溢出的我国高技术企业自主创新能力提升途径研究．软科学，2011,(8): 27–30

[204] 张扬．社会资本和知识溢出对产业集群升级的影响研究．吉林大学博士论文，2009

[205] Lan P. Technology transfer to China through foreign direct investment. Aldershot: Avebury, 1996

[206] 缪小明，李刚．基于不同介质的产业集群知识溢出途径分析．科研管理，2006, 27(4): 44–47

[207] 申小莉，创新网络中知识转移的影响因素研究——基于中小企业实证样本的分析．科学学研究，2011,29(3):432–441

[208] 陈菲琼．我国企业与跨国公司知识联盟的知识转移层次研究．科研管理，2001, 22(2): 66–73

[209] 周青，曾德明，朱丹．高技术企业协作 R&D 网络与技术标准联盟的互动机制研究．科技管理研究，2006, (9): 35–38

[210] 朱丹 . 知识流动视角下跨国公司技术创新网络结构优化研究 . 湖南大学博士论文 ,2011

[211] 吴传荣 . 高技术企业技术创新网络中知识转移研究 . 湖南大学博士论文 , 2009.

[212] 李光泗 , 沈坤荣 . 技术引进方式 , 吸收能力与创新绩效研究 . 中国科技论坛 , 2011, (11): 15–20

[213] 王玉 , 翟青 , 王丽霞等 . 自主创新路径及技术并购后价值链整合——上海电气集团收购日本秋山印刷机械公司案例分析 . 管理现代化 ,2007,(3):38–41

[214] 王越 . 基于耗散结构理论的知识流分析 . 科学管理研究 ,2003,21(3):87–90

[215] 曾德明 , 彭盾 . 基于耗散结构理论的国家创新体系国际化研究 . 科学管理研究 ,2009,27(3):12–15

[216] 赵勇 , 白永秀 . 知识溢出 : 一个文献综述 . 经济研究 , 2009, (1): 144–155.

[217] 朱秀梅 , 蔡莉 , 张危宁 . 基于高技术产业集群的知识溢出传导机制研究 . 工业技术经济 , 2006, (5): 47–51

[218] 李金华 , 孙东川 . 复杂网络上的知识传播模型 . 华财理工大学学报 , 2006, 34(6): 99–102

[219] 陆园园 , 张阳 . 自组织理论视角下企业创新网络研究 . 科技管理研究 , 2007, (12): 27–30

[220] Sorenson O, W aguespack D. Soc ial structure and ex change: Sel–f confirm ing dynam ics in Hollywood. Administrative S cience Quarterly, 2006, (51): 589–560

[221] 刘辉群 . 跨国公司 R&D 投资对国家创新系统的影响 – 基于东道国的分析 . 国际贸易问题 , 2006(11): 92–96

[222] 周游 , 跨国公司在华申请专利活动对我国的技术外溢研究 . 湖南大学硕士论文 ,2009

[223] 刘凤朝 , 马荣康 . 跨国公司在华专利活动的技术溢出效应 . 管理学报 , 2012, 9(9): 1343–1348

[224] 黄玮强，庄新田，姚爽．基于动态知识互补的企业集群创新网络演化研究．科学学研究，2011, 21(10): 1557–1567

[225] 朱秀梅，李明芳．创业网络特征对资源获取的动态影响——基于中国转型经济的证据．管理世界，2011 (6): 105–116

[226] Ahuja, G., Katila, R. Where do resources come from? The role of idiosyncratic situations. Strategic Management Journal, 2004,(25): 887–907

[227] Rosenkopf, L., Almeida, P. Overcoming local search through alliances and mobility. Management Science, 2003.(49): 751–766

[228] J.Dunning.Multinational enterprises and the globalisation of innovatory capacity. Research Policy.1994,(26): 67–88

[229] Klaus E.Meyer.FDI Spillovers in Emerging Markets:A Literature Review and New Perspectives.DRC Working Papers.2003

[230] 潘菁，张家榕．跨国公司在华 R&D 投资对我国高技术产业创新能力影响的实证分析．中国科技论坛，2012, (1): 30–36

[231] 樊增强．跨国公司研发国际化的“挤出效应”及我国的战略选择．经济纵横，2007(8):38–40

[232] Feinberg S E, Majumdar S K. Technology spillovers from foreign direct investment in the Indian pharmaceutical industry. Journal of International Business Studies, 2001,32(3): 421–437

[233] Oltra V, Saint Jean M. Sectoral systems of environmental innovation: an application to the French automotive industry. Technological Forecasting and Social Change, 2009, 76(4): 567–583

[234] 魏守华，姜宁，吴贵生．内生创新努力，本土技术溢出与长三角高技术产业创新绩效．中国工业经济，2009, (2): 25–34

[235] 盛亚，范栋梁．结构洞分类理论及其在创新网络中的应用．科学学研究，2009, 27(9): 1407–1411

[236] 王岩．跨国公司 R&D 对国家创新系统的影响．吉林大学博士论文，2010

[237] Giovanna P. Enhancing the innovation performance of firm by balancing cohesiveness and bridging ties. Long Range Planning, 2008, 41(1): 395–419

[238] Chih–Hsing L. The effects of innovation alliance on network structure and density of cluster. Expert Systems with Applications, 2011, 38(1): 299–305

[239] Gulati R., Sytch M. Does familiarity breed trust? Revisiting the antecedents of trust. Managerial and Decision Economics, 2008, 29(2): 165–190

[240] A Zaheer, R Gulati, N Nohria. Strategic networks. Strategic management journal,2000 (21): 203–215

[241] 谢洪明，陈盈，程聪．网络密度、知识流人对企业管理创新的影响．科学学研究，2011, 29(10): 1542–1548

[242] Narula R, Santangelo G D. Location, collocation and R&D alliances in the European ICT industry. Research policy, 2009, 38(2): 393–403

[243] 解学梅．中小企业协同创新网络与创新绩效的实证研究．管理科学学报，2010, 13(8): 51–64

[244] 钱锡红．网络位置，吸收能力以及企业创新绩效．中山大学博士论文，2010

[245] Sternitzke C, Bartkowski A, Schramm R. Visualizing patent statistics by means of social network analysis tools. World Patent Information, 2008, 30(2): 115–131

[246] Schiffauerova A, Beaudry C. Star scientists and their positions in the Canadian biotechnology network. Economics of Innovation and New Technology, 2011, 20(4): 343–366

[247] Balconi M, Breschi S, Lissoni F. Networks of inventors and the role of academia: an exploration of Italian patent data. Research Policy, 2004, 33(1): 127–145

[248] 向希尧，蔡虹．跨国技术溢出网络结构分析与路径识别——基于专利引用的实证分析 [J]. 科学学研究，2009, 27(9): 1348–1354

[249] 陈伟，张永超，田世海．区域装备制造业产学研合作创新网络的实证研究——基于网络结构和网络聚类的视角．中国软科学，2012, (2): 96–107

[250] Guan Jiancheng, Chen Zifeng. Patent collaboration and international knowledge 、ow. Information Processing and Management, 2012, 48(1): 170-181

[251] Agrawal A, Kapur D, McHale J. How do spatial and social proximity influence knowledge flows? Evidence from patent data. Journal of urban economics, 2008, 64(2): 258-269

[252] 梅永红，封凯栋．吉利造车现象——关于吉利自主创新的调研报告[J]. 中国软科学，2005, (11): 1-10

[253] 王雪梅，雷家骕．以“市场换技术”政策在汽车行业的实施效果评估[J] 科学学与科学技术管理，2008, (4): 006

[254] Deeds D L, Hill C W L. An examination of opportunistic action within research alliances-the analysis of discrete structural alternatives. Journal of Business Venturing, 1999, 14(2): 141-163

[255] Lourens B. A Co-integration model for search equilibrium wage formation. Journal of Applied Economics, 2006, 4(2): 235-254

[256] Aurora A C, Teixeira, Natercia Foruna. Human capital, innovation capability and economic growth in Portugal. Port Econ, 2004, 3(3): 205-225

[257] 廖先玲，李洪伟，安广坤等．R&D 投入与经济增长的协整关系分析——基于青岛市的实证研究．技术与创新管理，2011, 32(6): 609-612

[258] 陈傲．技术转移与产品创、专利产出的关联机制研究——以 1991—2006 年大中型工业企业数据为例．研究与发展管理，2009, 21(3): 57-62

[259] 李梅．国际 R&D 溢出与中国技术进步——基于 FDI 和 OFDI 传导机制的实证研究．科研管理，2012, 23(4): 86-92

[260] 吴玉鸣，何建坤．研究型大学研发与首都区域专利产出的动态计量经济分析．科研管理，2007, 28(2): 93-98

[261] 赵立雨，师萍．政府财政研发投入与经济增长的协整检验——基于 1989—2007 年的数据分析．中国软科学，2010, (2): 53-58

[262] Liisa-Maija Sainio, Paavo Ritala, Pia Hurmelinna-Laukkanen. Constituents of radical innovation—exploring the role of strategic orientations and

market uncertainty. Technovation, 2012, 32(11): 591-599

[263] 任胜钢，吴娟，王龙伟．网络嵌入结构对企业创新行为影响的实证研究．管理工程学报，2011, 4(25): 75-80

[264] 潘松挺，郑亚莉．网络关系强度与企业技术创新绩效——基于探索式学习和利用式学习的实证研究．科学学研究，2011, 11(29): 1736-1743

[265] Ahuja G, Morris Lampert C. Entrepreneurship in the large corporation: A longitudinal study of how established firms create breakthrough inventions. Strategic Management Journal, 2001, 22(6-7): 521-543

[266] 朱建民，魏大鹏．我国产业自主创新的现状、问题及路径选择．经济与管理研究，2010, (1): 17-23

[267] 李正卫，曹耀艳，陈铁军．影响我国高校专利实施的关键因素：基于浙江的实证研究．科学学研究，2009, 8(27): 1185-1190

[268] 王凯华，连燕华．我国企业研发项目管理及研发经费核算中的问题及对策．技术经济与管理研究，2008, (6): 56-58

[269] 胡祖六．关于中国引进外资的三大问题．国际经济评论，2004, 2(3-4): 25-27

[270] 王红领，李稻葵，冯俊新．FDI 与自主研发：基于行业数据的经验研究．经济研究，2006, 2(41): 44-56

[271] 魏江．冯军政，企业知识搜索模式及其对企业技术创新的影响研究．科学管理研究，2009,27(6):55-60

[272] McGrath R. Exploratory Learning, Innovative Capacity and the Role of Managerial Oversight. Academy of Management Journal, 2001, 44(1): 118-133

[273] Murray, Peyrefitte.Knowledge type and communication media choice in the knowledge transfer process. Journal of managerial issues, 2007, (19):111-133

[274] 曾德明，文金艳，禹献云．技术创新网络结构与创新类型配适对企业创新绩效的影响 [J]. 软科学，2012, 26(5): 1-4,9

[275] Hansen M T. The search-transfer problem: The role of weak ties in sharing knowledge across organization subunits. Administrative Science Quarterly,

1999, 44(1): 82–112

[276] 海本禄 . 国际化背景下的企业动态能力绩效机制研究 . 华中科技大学博士学位论文，华中科技大学工商管理学院 , 2012

[277] Colazo J A. Collaboration Structure and Performance in New Software Development: Findings from The Study of Open Source Projects. International Journal of Innovation Management, 2010, 14(5): 735–758

[278] 范群林 , 邵云飞 , 唐小我 , 王剑峰 . 结构嵌入性对集群企业创新绩效影响的实证研究 . 科学学研究 , 2010, 28(12): 1891–1900

[279] 钱锡红 , 徐万里 , 杨永福 . 企业网络位置、间接联系与创新绩效 . 中国工业经济 , 2010, (2): 78–88

[280] Higgins M C, Kram K E. Conceptualizing mentoring at work: A developmental network Perspective. Academy of Management Review, 2001, 26(2): 264–288.

[281] Jiang R J, Tao Q T, Santoro M D. Alliance Portfolio diversity and firm Performance. Strategic Management Journal, 2010, 31(10): 1136–1144

[282] Simsek Z.Organizational ambidexterity: Towards a multilevel understanding. Joumal of Management Studies, 2009, 46(4): 597–624

[283] Goerzen A, Beamish P W. The effect of alliance network diversity on multinational enterprise Performance. Strategic Management Journal, 2005, 26(4): 333–354

[284] Batjargal B. Social capital and entrepreneurial performance in Russia: A longitudinal study. Organization Studies, 2003, 24(4): 535–556

[285] 谢洪明 , 赵丽 , 程聪 . 网络密度、学习能力与技术创新的关系研究 . 科学学与科学技术管理 , 2011, 32(10): 57–63

[286] 朱亚丽 , 孙元 , 狄瑞波 . 网络特性、知识缄默性对企业间知识转移效果的影响 : 基于网络特性调节效应的实证分析 . 科研管理 , 2012, 33(9): 107–115

[287] Kraatz M S. Learning by association? Interorganizational networks and adaptation to environmental change. Academy of Management Journal, 1998, 41(6):

621-43

[288] Katila R, Ahuja G. Something old, something new: a longitudinal study of search behavior and new product introduction. Academy of Management Journal, 2002, 45(8):1183-1194

[289] 丁树全.制造企业外部知识源搜索策略影响因素研究.浙江大学硕士学位论文,浙江大学管理学院,2007

[290] Goerzen A. Alliance networks and firm Performance: The impact of repeated Partnerships. Strategic Management Joumal, 2007, 28(5): 487-509

[291] Inkpen A C, Tsang E W K. Social capital, networks, and knowledge transfer. Academy of Management Review, 2005, 30(1): 146-165

[292] Portes A. Social Capital: its origins and applications in modern sociology. Annual Review of Sociology, 1998, 24(1): 1-24

[293] 周劲波,黄胜.国际社会资本与企业国际化特征关系研究.科研管理,2010, 31(1):46-55

[294] 张首魁、党兴华.关系结构、关系质量对合作创新企业间知识转移的影响研究.研究与发展管理,2009, 21(3): 1-14

[295] Das T K, Teng B S. Between Trust and Control: Developing Confidence in Partner Cooperation in Alliances. Academy of Management Review, 1998, 23(3): 491-512

[296] Lane P J, Lubatkin M. Relative Absorptive Capacity and Interorganizational Learning. Strategic Management Journal, 1998, 45(9): 461-47

[297] Van Den Bosch F A J, Volherda H W, Boer M. Coevolution of Firm Absorptive Capacity and Knowledge Environment: Organizational forms and Combinative Capabilities. Organization Science, 1999, 10(5): 551-568

[298] Zahra S A, George G. Absorptive capacity: A review, reconceptualization, and extension. Academy of management review, 2002, 27(2): 185-203

[299] Lane P J, Koka B R. The reification of absorptive capacity: A critical review and rejuvenation of the construct. Academy of Management Review, 2006, 31(40):

833-863

[300] Todorova G. Durisin B. Absorptive capacity: valuing a reconceptualization. Academy of Management, 2007,32 (3): 774-786

[301] 李慧 . 集群核心企业外向型知识吸收能力测量研究 . 管理学报 , 2013, 10(5): 761-767

[302] Jansen J, Van den Bosch F A J, Volberda H W. Managing potential and realized absorptive capacity: How do organizational antecedents matter?. Academy of Management Journal, 2005, 48(6): 999-1015

[303] Carlile P R. A Pragmatic View of Knowledge and Boundaries: Boundary Objects in New Product Development. Organization Science, 2002, 13(4): 442-455

[304] 张洁 , 戚安邦 , 熊琴琴 . 吸收能力形成的前因变量及其对企业创新绩效的影响分析——吸收能力作为中介变量的实证研究 . 科学学与科学技术管理 , 2012, 33(5): 29-37

[305] Inkpen A C. Learning and Knowledge Acquisition through International Strategic Alliances. Academy of Management Executive, 1998, 12(4):69-80

[306] 简兆权 , 占孙福 . 吸收能力、知识整合与组织知识及技术转移绩效的关系研究 . 科学学与科学技术管理 , 2009, 30(6): 81-86

[307] 吴家喜 , 吴贵生 . 组织整合与新产品开发绩效关系实证研究 : 基于吸收能力的视角 . 科学学研究 , 2009, 27(8): 1220-1227

[308] 林筠 , 孙晔 , 何婕 . 吸收能力作用下创业导向与企业成长绩效关系研究 . 软科学 , 2009, 23(7): 135-140

[309] Koput K W. A chaotic model of innovative search: some answers, many uestions. Organization Science, 1997, 8(5):528-542

[310] Laursen K, Salter A. Open for innovation: the role of openness in explaining innovation performance among UK manufacturing firms. Strategic management journal, 2006, 27(2): 131-150

[311] Ari J. Knowledge-processing capabilities and innovative performance: an empirical study. European Journal of Innovation Management, 2005, 8(3): 336-349.

[312] Kraaijenbrink J, Wijnhoven F, Groen A. Towards a kernel theory of external knowledge integration for high-tech firms: Exploring a failed theory test. Technological Forecasting and Social Change, 2007, 74(8): 1215-1233

[313] Camis ó n C, Villar A. Capabilities and propensity for cooperative internationalization. International Marketing Review, 2009, 26(2): 124-150.

[314] Henderson R, Cockburn I. Measuring competence? Exploring firm effects in pharmaceutical research. Strategic management journal, 1994, 15(S1): 63-84

[315] 符正平，曾素英．集群产业转移中的转移模式与行动特征——基于企业社会网络视角的分析．管理世界，2008,(12): 83-92

[316] 程开明．城市化促进技术创新的机制及证据．科研管理，2010, 31(2): 26-34

[317] Salman N, Saives A L. Indirect networks: an intangible resource for biotechnology innovation. r&d Management, 2005, 35(2): 203-215

[318] 杜群阳．跨国公司 R&D 资源转移与中国对接研究．浙江大学博士学位论文，2006